John Colet

ST. PAUL'S SCHOOL
LIBRARY

COLLECTION
FOLIO/ESSAIS

Marcel Proust

Contre
Sainte-Beuve

Préface de
Bernard de Fallois

Gallimard

PRÉFACE

 L'œuvre inédite de Proust n'existe pas. Le mot « fin » qu'il a tracé aux dernières lignes de son livre en marque bien, effectivement, la fin. Les milliers de pages qu'il a consacrées à le préparer ne sont pas autre chose non plus qu'une préparation. Même les plus anciennes, même Les Plaisirs et les Jours *nous frappent beaucoup moins par l'hésitation, les tâtonnements habituels chez un écrivain encore jeune, rêvant à des œuvres possibles, que par l'extraordinaire concentration d'un esprit déjà mûr, ayant reconnu les réalités essentielles de son art, et commençant avec application, avec maladresse parfois, à les peindre. La supériorité de Proust sur la plupart de ceux qui le précèdent vient de ce que ceux-ci, écrivant plusieurs livres, font toujours le même sans le savoir, alors que lui, le sachant, n'en a jamais écrit qu'un. C'est pourquoi il s'est servi des genres, il ne s'y est pas asservi. Poète, il n'a jamais songé à faire des vers, sinon pour se divertir. Romancier, il n'a pas été, comme tous le sont plus ou moins, un arbre à romans. Critique enfin, il n'a jamais sacrifié à cette activité son activité essentielle. Avant tout, Proust est l'homme d'un seul livre.*

 Il serait donc vain de vouloir découvrir, parmi les papiers qu'il nous a laissés, une nouveauté que son génie même contredit. On peut exhumer un récit de Balzac, un poème de Mallarmé, qui soient un Balzac, un Mallarmé inconnus. De

Proust, rien qui égale ni même approche A la Recherche du Temps perdu. *Et le* Contre Sainte-Beuve *que nous présentons aujourd'hui n'a peut-être pas une importance littéraire analogue aux* Cahiers de Montesquiou, *pas plus que* Jean Santeuil *ne ressemble vraiment à* Lucien Leuwen. *Ébauches et matériaux d'une œuvre à venir, qui les rassemble et les dépasse, ce ne sont, si l'on veut, que des documents. Mais ces documents, s'ils ne nous disent rien de plus que l'œuvre elle-même, ont encore beaucoup à nous dire sur elle, car ils nous renseignent sur une des créations les plus complètes, les plus complexes, de toute notre littérature. Par eux, nous remontons un fleuve que nous ne faisions jusqu'ici que descendre. Toutes les explications de Proust qu'on a pu lire jusqu'à présent, dans l'ignorance de ces affluents, devaient se contenter de nous offrir un récit de sa vie la plus extérieure ou un tableau de ses idées : un calendrier ou un système. L'histoire véritable d'un écrivain est aussi loin de l'un que de l'autre. Elle n'a rien de figé. Elle est faite de rencontres, de haltes, de surprises, de projets abandonnés qui reparaissent après dix ans, de personnages qui se dédoublent ou se rejoignent, d'éclairages mystérieusement transformés : l'histoire d'un roman est un roman.*

Et le héros de ce roman n'est autre que l'auteur lui-même. De la Recherche du Temps perdu, *les textes que nous retrouvons sont distants de quelques mois, de quelques années. Mais ils n'en diffèrent pas seulement par l'éclat et la sûreté du style, l'ampleur, la perfection. Les sujets et les modèles n'ont pas changé : le regard qui les observe n'est pas le même. C'est précisément une des lois de la psychologie proustienne, autant que de la poésie, que nous ne connaissons pas un être tant que nous ne pouvons pas, à une impression nouvelle, confronter une impression antérieure, que toute connaissance se fait « en deux temps ». Les inédits de Proust sont ce premier temps. Ils ne prétendent sans doute pas à une existence propre, distincte de son œuvre, mais ils sont aussi bien autre chose que des*

*brouillons. Ils sont comme la première, la seconde « manière »
d'un artiste qui n'a voulu nous donner de sa production que la
dernière. Et comme tout ce que Proust a confié de son expérience
à ses musiciens et à ses peintres, nous pouvons à notre tour le lui
appliquer, nous sommes devant ces essais de jeunesse, comme
Swann devant le portrait de Miss Sacripant, en qui il reconnaît
« vingt ans avant » la femme qu'il aime, ou comme l'auditeur
du septuor de Vinteuil qui perçoit soudain, à travers l'immense
arpège, la petite phrase de la sonate. Nous sommes entrés dans
l'atelier de Marcel Proust.*

*Que reste-t-il dans cet atelier ? Cette question est restée
longtemps sans réponse. Certes, tous les chercheurs se doutaient
bien qu'un édifice aussi vaste devait avoir des fondations plus
solides qu'un mince volume de jeunesse, deux traductions et une
demi-douzaine d'articles. Mais pouvait-on retrouver ces fondations ? Proust n'avait-il pas fait disparaître, volontairement ou
non, les traces de son travail ? Signe inquiétant, le manuscrit
d'un de ses romans avait été distribué par lui-même entre les
souscripteurs. Tout ce qu'on pouvait savoir de sa vie et de son
caractère, son goût du secret, son indifférence souvent professée
pour les éditions critiques et les variantes, les conditions
singulièrement précaires de son existence matérielle, ses trois
déménagements, le désordre légendaire et les oublis dont sa
correspondance offre tant d'exemples, tout pouvait laisser
craindre une disparition presque totale. Or il semble au
contraire qu'il n'en soit rien, et que les pertes, s'il y en a eu,
furent minimes. Des poèmes de jeunesse aux épreuves de La
Prisonnière, Proust avait tout conservé, si l'on en juge par
l'abondance des textes retrouvés après sa mort : plus de
cinquante cahiers, des centaines de feuillets, qui furent
recueillis on le sait, par le docteur Robert Proust, puis par
Mᵐᵉ Gérard Mante-Proust, nièce de l'écrivain. C'est à elle que
nous devons aujourd'hui de les lire. C'est elle qui veille, depuis
plus de dix ans, au classement et à la transcription de ces*

manuscrits, avec une intelligence, un dévouement et un scrupule, qui lui ont valu la reconnaissance de tous les proustiens, et auxquels nous tenons ici, parce que nous avons pu les apprécier mieux que d'autres, à rendre un hommage particulièrement affectueux.

*

Le premier effet de cette découverte a été de détruire une légende tenace. Si les critiques ont négligé de se pencher sur les antécédents de La Recherche, c'est qu'ils confondaient Proust avec le narrateur de son roman. Lui-même avait contribué à cette erreur, en représentant sa vie comme une de ces vies coupées en deux, vie de Pascal, de Tolstoï, de Maeterlinck. La simple vue des manuscrits prouve au contraire qu'il n'a jamais cessé de travailler, que jamais peut-être une création ne fut à ce point continue. Mais cette continuité ne pouvait apparaître, parce que certaines périodes étaient restées dans l'ombre. Entre 1896 où paraissent Les Plaisirs et les Jours, et 1910 où il commence à rédiger La Recherche, on ne trouvait guère que deux traductions de Ruskin et quelques articles. C'était peu. Cela suffisait en effet pour imaginer une existence oisive, consacrée à l'art, au monde, à l'amour, et totalement absorbée par eux. Mais on ignorait alors les travaux les plus importants de ces quinze années : celui de 1896-1904, c'est-à-dire le roman de Jean Santeuil ; et celui de 1908-1910, c'est-à-dire l'essai Contre Sainte-Beuve que nous publions ici, et sur lequel il nous faut donner à présent quelques éclaircissements indispensables.

Cette publication se heurte en effet à une difficulté majeure, qui tient à la nature même de l'ouvrage, à la dispersion et à la variété des manuscrits. Il ne s'agit pas en effet d'un récit inachevé, interrompu après un début de réalisation. Proust n'a jamais écrit de façon linéaire : encore moins à cette époque. Ses

ébauches se succèdent, s'accroissent, se défont, se rejoignent.
C'est un rêve dont les formes ne parviennent pas à se fixer. Ce
morcellement qui existait déjà dans Jean Santeuil n'en
rendait pas pourtant la lecture trop malaisée : l'ouvrage était
fait de courts chapitres, dont la trame, visiblement négligée par
l'auteur, importait au fond assez peu. Il n'en va pas de même
avec Sainte-Beuve, où Proust a constamment eu le souci
d'écrire un ouvrage suivi. D'ailleurs le mouvement a été inverse.
Jean Santeuil profite au début d'une grande richesse
d'épisodes, l'imagination de l'auteur travaille allégrement, puis
une certaine lassitude se fait sentir, et le roman se perd dans les
sables. Sainte-Beuve au contraire commence par un filet
d'eau, qui grossit peu à peu : les notes, les feuillets, les cahiers
s'accumulent, et tout aboutit à l'immense fleuve de La
Recherche.

Pour classer ces manuscrits, nous disposons toutefois d'un
guide précieux : c'est un petit agenda, étroit et long, sur lequel
Proust a noté, vers cette époque, des citations ou des références.
Beaucoup de ces notes sont à peine lisibles, d'autres, très
elliptiques, sont d'une interprétation difficile, mais leur intérêt
n'en est pas moins capital, car les idées de Proust y ont été
enregistrées à mesure qu'elles se présentaient à lui, c'est une
sorte de journal de bord de sa création. Et ce sont elles qui nous
permettent, en rétablissant l'ordre des manuscrits, de suivre les
principales étapes de cette création.

Le premier groupe se compose de soixante-quinze feuillets, de
très grand format, et comprend six épisodes, qui seront tous
repris dans La Recherche : ce sont la description de Venise,
le séjour à Balbec, la rencontre des jeunes filles, le coucher de
Combray, la poésie des noms et les deux « côtés ». Cet
ensemble est clairement désigné par une note de l'agenda[1].

1. Voici la note : « Pages écrites — Robert et le chevreau —
Maman part en voyage — le côté de Villebon et le côté de
Méséglise — le vice sceau et ouverture du visage — la déception

Après Jean Santeuil, *c'est le plus ancien état de* La
Recherche. *Guermantes s'appelle ici Villebon. Swann
n'existe pas : son rôle a été réparti entre l'oncle du narrateur, et
pour les soirées de Combray un certain M. de Bretteville. Deux
fillettes esquissent les jeunes filles en fleurs. Enfin Balbec ne
porte pas encore de nom. Il n'est pas question de Sainte-Beuve
dans ces épisodes et nous n'aurions pas eu à les mentionner ici,
s'ils ne contenaient trois renseignements importants : tout
d'abord ils nous donnent la preuve que Proust avait entrepris
une nouvelle rédaction de son roman, sous forme personnelle
cette fois, avant de commencer le* Sainte-Beuve. *Puis, parce
que ces épisodes constituent un fond dans lequel il puisera
constamment pour grossir son étude. Enfin parce que sur des
feuilles de même format, et d'une écriture identique, nous
trouvons une étude d'une vingtaine de pages, qui est l'essai sur
Sainte-Beuve.*

   *C'est la seconde étape. Cette étude utilise la plus grande
partie des notes de l'agenda, et elle est elle-même précédée d'une
série de notes, ainsi que d'indications concernant le plan à
suivre. Elle comporte en outre deux projets de préface : l'un très
court, d'une demi-page environ ; l'autre plus développé, où
figurent les exemples de la tasse de thé et des pavés inégaux,
c'est-à-dire à la fois le début et la fin de* La Recherche. *Rien
de tout cela n'a été terminé. Car Proust renonce bientôt à l'idée
d'une étude objective, et commence une nouvelle rédaction, sous
forme d'une conversation avec sa mère.*

   Le troisième groupe de manuscrits, de loin le plus considéra-

qui est une possession — Embrasser le visage — Ma grand-mère au
jardin : le dîner de M. de Bretteville — Je monte : le visage de
Maman alors et depuis dans mes rêves ; je ne peux pas m'endormir,
concessions — les Castellane, les hortensias normands, les dahlias
anglais, allemands — la petite fille de Louis-Philippe — Fantaisie
— le visage maternel sous un petit-fils débauché — ce que m'ont
appris le côté de Villebon et le côté de Méséglise. »

*ble, est constitué par les ébauches de cette seconde version.
Désormais Proust écrit sur des cahiers d'écolier, recouverts pour
la plupart de moleskine noire. Parmi tous ceux qui renferment
les brouillons de* La Recherche, *sept cahiers contiennent des
fragments relatifs à la conversation avec sa mère, et furent donc
destinés à* Sainte-Beuve. *Leur succession s'établit assez facilement : les deux premiers sont consacrés au récit de la matinée et
de la conversation* [1]. *Françoise s'y appelle encore Félicie, et il
n'est fait aucune allusion aux Guermantes. Dans les trois
cahiers suivants, où se situent les morceaux les plus importants,
Balzac, Nerval, Baudelaire, paraissent aussi les Guermantes,
Françoise, Julliot (plus tard Jupien), Venise et Combray.
Enfin dans les deux derniers les thèmes de* La Recherche
*envahissent tout, et l'on trouve alors, à côté des fragments qui se
rapportent à la conversation, des « crayons » de plus en plus
nombreux, de Cottard et de la princesse Sherbatoff, de Swann
et de Saint-Loup (ici Montargis), de Charlus (M. de Quercy).*

*On ne peut dater avec certitude chacun de ces fragments. La
chronologie de Proust repose presque uniquement sur sa
correspondance, elle-même on le sait, très incertaine, exigeant
de minutieux travaux de recoupement, qui laissent toujours
subsister une marge d'erreurs. Nous sommes pourtant favorisés
ici.* Contre Sainte-Beuve *est un des seuls projets, dont
Proust ait entretenu, de façon assez régulière, un de ses
correspondants, Georges de Lauris. C'est en novembre 1908
qu'il lui fait part de son désir d'écrire sur Sainte-Beuve une
étude pour laquelle il hésite entre deux types d'article :* « L'un
est un article de forme classique, l'essai de Taine en
moins bien. L'autre débuterait par le récit d'une
matinée, maman viendrait près de mon lit, et je lui
raconterais l'article que je veux faire sur Sainte-Beuve

---

1. Sur ces cahiers se trouve encore le manuscrit de deux
pastiches : Henri de Régnier et Maeterlinck.

et je le lui développerais. Qu'est-ce que vous trouvez
le mieux ? » *Les premières notes de l'agenda, qui ne font pas
allusion au second projet, seraient donc antérieures de quelques
semaines. Et de fait, en octobre, Proust avait écrit de Versailles
à M*ᵐᵉ *Strauss :* « Dans mes moins mauvaises heures,
j'ai commencé (deux fois vingt minutes) à travailler.
C'est si ennuyeux de penser tant de choses et de sentir
que l'esprit où elles s'agitent périra bientôt sans que
personne les connaisse. »

*On reconnaîtra là une des phrases de sa préface, comme on
retrouve dans une lettre à Lauris le commandement de saint
Jean :* « Travaillez pendant que vous avez encore la lumière. »
*Proust se serait donc mis au travail en rentrant de Cabourg à la
fin de l'été 1908. Quatre mois plus tard, l'ouvrage est avancé :*
« Ce qui a le plus de chance de paraître un jour est
Sainte-Beuve (pas le second pastiche, mais l'étude)
parce que cette malle pleine au milieu de mon esprit
me gêne, et qu'il faut se décider ou à partir ou à la
défaire. » *Au printemps de 1909, Proust demande des
renseignements sur le nom et les titres de Guermantes. Les trois
cahiers de la seconde version où figurent les Guermantes
seraient donc écrits à cette époque. Enfin à l'automne, le livre a
déjà pris des proportions importantes :* « Vallette me refuse
le *Sainte-Beuve* qui restera sans doute inédit... c'est trop
long, quatre ou cinq cents pages. »

*Tels sont les points de repère dont nous disposons. Il est
évident qu'on ne peut s'en tenir à ces limites — octobre 1908,
septembre 1909 — et que si l'on veut connaître l'origine
véritable de ce projet, il faut remonter beaucoup plus haut. A
Georges de Lauris, Proust explique en 1908 que* « l'année
dernière, déjà » *il songeait à cet article, et qu'il l'a refait
quatre fois dans sa tête. En octobre 1907, il cite dans une lettre
à Robert Dreyfus la préface de* Chateaubriand et son
groupe. *Dès 1905, il parle de Sainte-Beuve à M*ᵐᵉ *Strauss.*

L'idée a donc pu germer en lui pendant de longues années, de même qu'elle a mis longtemps à se défaire, puisqu'en 1912, c'est-à-dire quand Du Côté de chez Swann *est déjà terminé, il écrit encore à* Mme *Strauss :* « Ce désir d'écrire sur Sainte-Beuve — c'est-à-dire à la fois sur votre famille considérée comme un arbre de Jessé dont vous êtes la fleur et aussi sur Sainte-Beuve — est très ancien, car je me rappelle que croyant alors que mon roman paraîtrait il y a trois ans j'avais prévenu Beaunier qui comptait écrire sur Sainte-Beuve qu'il allait m'avoir dans ses plates-bandes. » *Dans le ciel littéraire de Proust, on peut admettre que Sainte-Beuve est apparu aux environs de 1905, qu'il y gravite et s'y élève jusqu'en 1908 où il occupe alors toute la place, pour décroître ensuite jusqu'en 1912.*

Ce mouvement plus lent ne doit pourtant pas nous cacher le jaillissement de l'œuvre qui naît en quelques mois, avec une rapidité foudroyante, comme si toutes les forces accumulées depuis longtemps venaient soudain se fondre en une sorte de creuset. Cette impression est confirmée par l'écriture des cahiers, dont il nous reste à dire un mot pour achever cette description sommaire des manuscrits. Elle n'a plus rien de l'ampleur, de la facile et souveraine aisance de Jean Santeuil. *Elle se resserre, se complique, enlace de ses guirlandes le premier jet de l'écrivain. Et ce n'est pas sans émotion qu'on voit apparaître alors ces lignes manuscrites, surchargées et lourdes de corrections, qui pendent après elles comme des grappes vivantes, comme un essaim de chrysalides. Car elles sont l'écriture même de* La Recherche. *Sur la surface du papier, ce dessin de la correction figure pour nous comme un volume. Cet espace en profondeur, c'est l'esprit du créateur, au moment où l'idée s'approche plus ou moins de lui, où elle lui présente une face tandis que d'autres sont cachées par une matière opaque, qui tombera et sera remplacée par la face même de la pensée.*

*

*Comment s'explique un tel phénomène ? La comparaison
avec* Jean Santeuil *nous incite à revenir en arrière, pour
mesurer le chemin parcouru depuis dix ans, et découvrir dans la
production littéraire de Proust, ces éclairs, ces appels, ces
tremblements par quoi se signale d'ordinaire la naissance d'une
œuvre importante. Or, on ne trouve au contraire rien de tel, rien
qu'un silence de plus en plus pesant. S'il y a eu dans sa vie une
période de résignation et d'échec, c'est bien, semble-t-il, celle
qui précède* Sainte-Beuve. *Déjà Ruskin marquait de sa part
un repli, un travail d'érudition qui le détournait de son activité
profonde. Au moins était-ce un travail véritable. Par la suite,
Proust ne publie plus que des articles : salons mondains ou
littéraires, comptes rendus de livres, éloges funèbres. Autant
d'alibis. Progressivement, une sorte de paralysie semble gagner
l'esprit de l'écrivain.*

*Autour de lui, tout s'est assombri. La mort de sa mère a fait
de lui un survivant plus qu'un vivant. C'est pour elle qu'il avait
trouvé jusque-là le courage de travailler, c'est elle qui
représentait, autant que l'affection dont il avait besoin, le but et
le sens de son effort, sa morale. Beaucoup de ses amis les plus
chers, comme Bertrand de Fénelon, se sont éloignés. En même
temps l'état de sa santé ne cesse d'empirer. C'est à partir de
1906, on le sait, que Proust commence à mener dans la chambre
inhospitalière du boulevard Haussmann, au milieu des fumiga-
tions et des narcotiques, sa vie de grand malade, qui lui laisse à
peine le loisir d'écrire. D'ailleurs, et c'est le plus grave, son
œuvre même est engagée dans une espèce d'impasse.* Jean Santeuil *a échoué contre des difficultés insurmontables, mais il
avait au moins une richesse incontestable d'invention, et, si peu
que ce fût, une forme. Ces bases fragiles ont disparu. Proust
n'est même plus sûr d'être romancier. Il est devenu traducteur,
critique, chroniqueur. C'est pour lui une défaite, le signe de*

l'inspiration déclinante, d'une imagination qui se dessèche et s'effrite.

Il est assez remarquable que ce soit précisément au moment où ses forces s'épuisent, à l'heure du déclin, que l'œuvre de Proust ait pris enfin son départ véritable. Mais c'est aussi que tous les accidents dont nous avons parlé avaient une double face. La maladie l'a sans doute gêné, mais elle lui a fait don de l'immobilité, de cette plongée dans la solitude qu'il n'aurait pas accomplie sans elle. La mort de sa mère l'a abattu, elle l'a aussi délivré : non seulement en donnant au passé tout son prix, mais en lui ouvrant l'avenir, en permettant des expériences qu'il n'aurait jamais connues de son vivant. Quant à l'impuissance littéraire, peut-être était-elle aussi nécessaire. Car le principe de guérison se trouvait pour lui au cœur du mal. Aucun genre ne lui convient plus : c'est qu'il les veut tous. Cette indécision qu'il s'ingénie à retrouver chez d'autres, chez Nerval ou Baudelaire, il y voit encore une faiblesse et il s'en plaint. Elle lui apparaîtra plus tard, lorsqu'il en aura triomphé, comme le signe même du génie, de la profusion et de la nouveauté de génie. Alors il écrira à Maurice Barrès cette lettre peu connue, dont chaque mot désigne en réalité sa propre découverte : C'est une chose admirable que chez vous le genre littéraire n'est que la forme d'utilisations possible d'impressions plus précieuses que lui, ou de vérités dont vous hésitez sous quelle forme vous devez les mettre au jour. Je vous imagine très bien, riche encore de trésors dont vous n'avez pas encore trouvé de quelle façon ils étaient réalisables. Aussi, quelle émotion de lire une phrase comme celle-ci, qui vérifie si bien cette idée de vous : J'ai eu le sentiment que je trouvais aux mains d'une étrangère, le livret sur lequel j'aurais le mieux fait chanter ma musique.

Il y a longtemps que ce problème est au centre des préoccupations de Proust. De là l'ampleur de ses exercices les

*plus minces. Déjà ses traductions ne sont pas que des
traductions, ses articles sont plus que des articles. Tout ce qu'il
fait déborde ce qu'il veut faire.* Sésame et les Lys, *par
exemple, se compose en plus de la traduction proprement dite,
d'une préface et de notes critiques : ces deux parties, considéra-
blement grossies, finissent par occuper dans le volume autant de
place que le texte de Ruskin. L'une est presque un roman : ce
sera* Combray. *L'autre presque une esthétique : ce sera* Le
Temps retrouvé. *Et c'est ainsi que dans cet ouvrage de 1906,
nous voyons apparaître le principe de cette composition ternaire,
qui s'imposera de nouveau à Proust à propos de Sainte-Beuve,
qui sera celle de* Du Côté de chez Swann, *et qu'il voulait
donner, primitivement, à* La Recherche *(annoncée en 1913
pour paraître en trois volumes :* Du Côté de chez Swann,
Le Côté des Guermantes, Le Temps retrouvé*).*

*Ce n'est pas seulement par leur forme, c'est aussi par leur
contenu que les articles de 1905-1908 préparent la voie au*
Sainte-Beuve, *et par-delà* Sainte-Beuve *à* La Recherche.
*Presque tous les thèmes du livre y sont esquissés. L'article sur
la* Lecture, *qui a servi de préface à la traduction de* Sésame
et les Lys *et ceux des* Églises assassinées, *écrits en 1904 à
l'occasion du projet Briand sur la séparation, donneront par
leur réunion l'ouverture enfantine et provinciale du livre :*
Combray. Les Sentiments filiaux d'un Parricide, *inspiré par un fait divers de 1907, dont Proust se trouvait avoir
connu le héros, seront en partie ceux du narrateur envers sa
mère, dont le dédoublement se pressent déjà dans* Une Grand-
Mère, *article nécrologique publié la même année sur la mort de
Mme de Rozière, grand-mère de son ami Robert de Flers. Les*
Journées en Automobile, *qui retiennent tous les souvenirs
de la campagne normande, ce sera Balbec, et ce sera aussi les
deux « côtés » de Guermantes et de Méséglise, inconciliables
durant l'enfance, et soudain réunis par le miracle du temps. Les
articles sur Montesquiou et Mme de Noailles sont les premières*

de ces longues études critiques, comme il en écrira sur Balzac ou Baudelaire. Les divers pastiches n'ont pas été seulement une sorte de critique préalable, ils ont découvert à Proust son prodigieux don de mimétisme, sa faculté d' « attraper » l'air, le ton d'un écrivain ou d'une personne, dont il va tirer bientôt des ressources infinies.

Il faut tenir compte enfin de réalisations partielles ou simplement projetées, dont nous pouvons avoir perdu la trace. Une lettre de 1908 à Robert Dreyfus fait allusion à un article qui pourrait être aussi une nouvelle, et que son correspondant lui déconseille de publier en revue. Peut-être sommes-nous là, à propos de l'affaire Eulenbourg qui vient d'éclater à Munich, devant l'amorce de Sodome et Gomorrhe *dont la célèbre ouverture sur les « hommes-femmes » figurera précisément dans le* Sainte-Beuve. *D'autres thèmes, comme les impressions ressenties à la lecture de l'article du* Figaro, *ou le voyage en chemin de fer avec l'épisode du café au lait matinal, se trouvent indiqués aussi dans la* Correspondance. *Ainsi voyons-nous se dessiner à l'avance presque tous les éléments du* Contre Sainte-Beuve, *au cours de ces années qui nous avaient d'abord paru stériles.*

En même temps que se constituent dans les écrits des années 1905-1908 la matière et la structure même de l'œuvre future, on y voit paraître aussi, de façon peut-être moins visible, un élément qui va jouer un rôle décisif : celui du narrateur, du personnage, comme le dit Proust, « qui dit : je ». L'expression est d'ailleurs trompeuse. Il s'agit moins d'un personnage que d'un ton. Et c'est pourquoi il faut y voir l'acquisition capitale de cette période. A travers les articles, les essais, les lettres, les comptes rendus, Proust a été amené, presque par force, à adopter cette première personne qui désormais va conduire tous ces récits. Jusque-là, il s'efforçait en vain de relier des fragments trop opposés de sa pensée. Il passera maintenant sans peine de la critique au roman, de la

*philosophie aux souvenirs. Car le personnage « qui dit : je »
est comme l'enchanteur des* Mille et une Nuits : *tous les
« moi » du romantisme s'y confondent, celui de Michelet et
celui de Sainte-Beuve, celui de Chateaubriand et celui de
Nerval. Il est un et il est multiple. Il donne au style le plus
riche et le plus varié qui soit dans nos lettres ce qu'il attendait
depuis quinze ans : son unité.*

Telles sont les conditions dans lesquelles un projet d'article,
à peine plus important que les précédents, va faire soudain
converger vers lui toutes les tendances antérieures, pour
s'épanouir ensuite en de nouvelles directions. Nous avons vu
comment ce phénomène pouvait être daté. On peut aussi en
suivre le développement interne. Au début Proust ne songeait
sans doute qu'à une étude limitée, qui le distrairait du roman
qu'il reculait toujours d'écrire. Puis cette étude est devenue
l'occasion d'une profession de foi esthétique, et ses dimensions
s'élargissent. Ce n'est plus un article, c'est un testament : il
écrit l'histoire du livre qu'il n'a pas pu écrire. C'est alors qu'à
ce testament littéraire il imagine d'associer un testament
sentimental, en y introduisant l'image de sa mère. L'origine, le
point d'insertion de cette seconde version se distingue d'ailleurs
assez bien, dans un paragraphe de l'essai primitif où Proust
évoque, à propos de Sainte-Beuve journaliste et de sa vieille
mère, d'une façon qui se rattache assez mal à l'ensemble, ses
propres souvenirs.

Cette seconde version comprenait, comme une longue préface,
le récit de la matinée, le réveil, la lecture de l'article et le début
de discussion avec sa mère. Puis venait la partie proprement
critique, sur Sainte-Beuve et ses principaux contemporains. Et
par Balzac et les lecteurs de Balzac, Proust en venait aux
Guermantes, dont la peinture formait une troisième partie. On
comprend alors ce qui s'est produit. A mesure que l'auteur
avançait dans son ouvrage, les deux ailes du bâtiment se
développaient de plus en plus largement, jusqu'à étouffer peu à

peu ce qui devait être, dans le dessin primitif, le corps principal. La préface est devenue le Côté de chez Swann, *la postface* Le Côté de Guermantes. Sainte-Beuve, *qui avait servi de prétexte, s'est vu peu à peu délaissé au profit de ses prolongements*

Pas tout à fait cependant. Car la théorie de l'art que Proust esquisse à son sujet se retrouvera quelque part : à la fin de l'œuvre, dans Le Temps retrouvé. *Dans le cours de la création, une sorte de renversement des proportions a fait soudain basculer tout l'édifice. La vie que l'auteur avait introduite dans son œuvre après coup en a progressivement chassé ce qui était seulement intelligence.* Sainte-Beuve *était un ouvrage critique qui s'achevait en roman : le roman du* Temps perdu *débouchera sur la réflexion artistique du* Temps retrouvé. *Dès lors, l'idée de* La Recherche *était trouvée : les dernières pages du livre étaient bien, comme Proust devait le déclarer plus tard, les premières qu'il eût écrites.*

On voit par là ce qu'a été pour lui cet ouvrage exceptionnel. Beaucoup moins qu'une partie de son œuvre, il a été un moment de sa vie. Un moment pendant lequel ses pensées, ses projets, ses travaux s'organisent autour d'une lecture et d'un commentaire de Sainte-Beuve. *C'est une terrasse où l'écrivain s'arrête un moment pour scruter de sa vue perçante le vaste et touffu dix-neuvième siècle, en distinguer les massifs, en percer les secrets : au-delà s'étend la sombre forêt de son œuvre à lui, où il va plonger. Aucune solution de continuité ne les sépare. Nous avons vu que ce livre n'a pas de commencement, puisqu'il plonge ses racines très loin dans la vie de Proust. Il n'a pas de fin non plus.* Swann *est déjà présent, invisible et caché, dans le* Sainte-Beuve. *Mais* Sainte-Beuve *est encore présent sous les premières versions de* Swann, *et son sillage mettra longtemps à s'effacer. Lorsque Proust, vers 1911, continue à parler à ses amis du* Sainte-Beuve *qu'il prépare, ce qu'il désigne ainsi, c'est simplement* La Recherche : *de l'ouvrage initial, dont elle est sortie comme les fameuses fleurs japonaises de leurs coquillages, il ne reste plus que ce nom.*

Ces indications permettront aussi de comprendre les principes qu'on a suivis pour l'établissement de ce volume. Entre une édition savante, destinée aux seuls spécialistes, qui eût présenté toutes les variantes, respecté l'incohérence des épisodes, et une reconstitution forcément arbitraire, on a pensé qu'il existait un moyen terme. Certains passages offraient avec la Recherche *une ressemblance déjà très grande : nous les avons délibérément laissés de côté. En revanche, il eût été dommage de s'en tenir à la conversation de Proust avec sa mère, c'est-à-dire de sacrifier tout les morceaux antérieurs, qui seraient entrés dans l'ouvrage avec de légères modifications. Nous avons donc essayé de respecter le plan suggéré par Proust, en classant sous forme de courts chapitres les divers passages qui trouvaient place dans ce plan. Nous avons donné des titres à ces chapitres, en nous inspirant de trois d'entre eux qui figuraient dans le manuscrit :* Sainte-Beuve et Baudelaire. — Le rayon de soleil sur le balcon. — Le Balzac de M. de Guermantes. *Parmi des manuscrits très abondants, contenant jusqu'à huit ou neuf versions d'un même fragment, nous avons dû naturellement faire un tri, en retenant celle qui nous paraissait la plus complète. Chaque fois qu'une lacune pouvait être comblée, nous avons essayé de le faire. C'est le cas en particulier du chapitre sur Sainte-Beuve, où presque toutes les citations se trouvaient seulement esquissées. Nous les avons restituées, avec l'aide du grand érudit M. Jean Bonnerot, éditeur de la correspondance de Sainte-Beuve, à qui nous adressons ici nos remerciements les plus vifs pour le concours précieux qu'il a bien voulu nous apporter dans cette recherche. De même l'étude sur Balzac comprenait, en plus du texte suivi, de nombreuses additions en marge ou au verso du manuscrit, précédées en général de la mention : « ajouter quelque part ». Nous les avons introduites*

dans le cours du chapitre, en signalant en note le début des
fragments intercalés. Le texte proustien ne comportant le plus
souvent ni ponctuation ni alinéas, il nous a semblé préférable
d'adopter une disposition plus claire et plus aérée. Enfin
lorsque certains mots se trouvaient écrits de façon trop
fantaisiste, nous les avons simplement corrigés au lieu de les
reproduire fidèlement, comme on le fait parfois, en les
accompagnant de la remarque (sic).

  Nous tenons à prévenir le lecteur de ces libertés. Elles
désoleront quelques professeurs, et des critiques à l'esprit
chagrin. Nous avouons ne pas partager leur scrupule ni leur
goût. C'est le génie d'un grand écrivain qui nous intéresse ici,
non ses lapsus ou son orthographe. Il est rare que les œuvres
posthumes soient achevées. Il y a donc une « préparation » des
œuvres de ce genre, qu'on peut regretter, mais à laquelle il faut
bien consentir si l'on veut qu'elles soient lisibles : ce qui est la
seule règle sûre, en un domaine où, par principe, il n'y a point
de perfection. Contre Sainte-Beuve au fond n'est pas un
livre : c'est le rêve d'un livre, c'est une idée de livre. Nous
n'avons pas voulu faire autre chose qu'en donner, nous aussi,
« une idée ».

                              *

  Cette idée restera forcément très incomplète. Entraîné par la
marée des souvenirs, des personnages, des réflexions qui
demandaient à être exprimés, Proust a dévié presque aussitôt de
son projet initial. Sa critique de Sainte-Beuve est fragmentaire.
Également inachevé, l'article sur Nerval, dont les derniers mots
annonçaient un développement capital, qui n'a pas été écrit.
Seuls ont été terminés les chapitres sur Baudelaire et sur
Balzac, ce dernier surtout, que Proust a eu le temps de corriger
et d'enrichir, selon son habitude, d'additions considérables.
Mais l'ensemble aurait eu des proportions beaucoup plus

*vastes, si l'on en juge par les notes du carnet. Très brèves,
limitées en général à un mot ou une allusion souvent obscure, ces
notes ne pouvaient malheureusement pas trouver place dans cette
édition. Aussi a-t-on pensé qu'il ne serait peut-être pas inutile
de présenter ici, sous une forme plus explicite, un choix des plus
importants. Elles nous font suivre Proust dans ses lectures, en
nous révélant d'abord leur étendue. Le plus grand nombre
provient des* Lundis, *des* Nouveaux Lundis, *des* Portraits
contemporains. *Mais Proust avait aussi lu ou relu* Chateaubriand et son groupe, l'Essai sur Virgile, Port-
Royal. *C'est là, dans les conditions de travail que l'on
connaît, une documentation assez remarquable. Les bonnes
habitudes acquises en compagnie de Ruskin ne sont pas loin.*

   *Le plan n'était pas moins bien établi. Trois notes nous
permettent de le reconstituer dans ses grandes lignes. La
première concerne la préface :* débuter par la méfiance de
l'intelligence. *Puis vient un schéma de la seconde version :*
Maman le matin me dit de me rendormir, me donne
mon article, lueur plus claire dans les rideaux, pluie
par un temps doux à l'aube, marche du boucher dans
la rue suffisant à . me faire voir la journée qui
commence et à la continuer tout en faisant dormir
mon corps. Odeur des automobiles en campagne.
Maeterlinck a tort et Barrès. *Quant à l'étude sur Sainte-
Beuve, quelques mots placés en tête résument la démonstration :*
Cette erreur consiste à. Erreur Stendhal. Les gens qui
nous ont connus poètes. En réalité la poésie est
quelque chose de secret. Sainte-Beuve ne l'a pas
compris. Dès le début salons. Plus tard lundis meilleurs, plus monde, femmes, mais encore extérieurs :
méthode salons, Louis XIV, politique, pas de postérité, belle saison poétique cette année, ceux qui nous
suivent. Mauvais écrivains à cause de cela. Allons
plus avant : l'intelligence... *Ce cryptogramme se déchiffre*

assez facilement. La sottise du jugement de Sainte-Beuve sur Stendhal montre l'erreur de sa méthode, qui consiste à interroger les témoins, les gens qui ont connu un écrivain. Car le moi du poète est caché, celui que Sainte-Beuve saisit est purement extérieur. Plus superficiel au début, au temps des salons, des femmes du monde auxquelles il destine ses articles, il n'a pas été beaucoup plus loin dans les Lundis, *où toute une série d'expressions nous le révèle sensible à l'époque, attaché aux formes sociales, à la littérature. Les défaillances de son style ne s'expliquent pas autrement.*

Presque toutes les citations relevées par Proust viennent s'ordonner autour de ces thèmes directeurs. Le plus grave et le plus fréquent reproche fait à Sainte-Beuve est d'avoir écrit dans son temps et pour son temps : Sainte-Beuve sensible au temps : « Une saison poétique » (Béranger). *Cette servitude se voit partout. Dans une expression :* nager en plein courant. *Dans sa façon même d'aimer la littérature :* Article sur Deschanel. Bientôt on n'aimera plus la littérature. Voit tout historiquement. *C'est pourquoi Sainte-Beuve regrette un siècle où la littérature lui paraît avoir été plus sociale :* Regret qu'il n'y ait pas de Louis XIV. « M. Despréaux avait plus de goût que moi », *car pour Sainte-Beuve le goût reste une question de personnes, il est fait de l'opinion d'une élite. Et c'est ainsi que sa critique, au lieu d'éclairer de l'intérieur, finit par ressembler à une conversation, par être vide :* Oui, c'est agréable de dire : Mendelssohn, qui s'y connaissait autant que vous, et Musset, admiraient Horace Vernet. Mais cela fait cet ensemble de jugements insignifiants. *Et toute la finesse que Sainte-Beuve introduit dans des propos de ce genre ne l'empêche pas de rester superficiel et mondain :* Sainte-Beuve *(Causeries du Lundi, t. XIII)* nous disant que Musset avait été adopté par la meilleure société. Naturellement tout cela avec intelligence (les demi-juges, Villemain), mais c'est la vie spirituelle prise à l'envers, par ce qui ne donne aucune idée d'elle.

Et c'est ainsi qu'est née cette fameuse méthode, dont l'article sur Stendhal montre bien les conséquences désastreuses. Sainte-Beuve ne demande qu'aux autres ce qu'on ne peut demander qu'à soi. Il croit que la vérité peut sortir d'une enquête, non de la sympathie qui lui livrerait le moi profond d'un écrivain. Pour juger Chateaubriand, il s'imagine avoir un avantage sur Javrin, qui n'a pas assisté à la lecture des *Mémoires d'Outre-Tombe. C'est pourquoi, pense-t-il, on connaît mieux les écrivains contemporains.* Sur Béranger. Articles faits du vivant, gênés par l'affection. Mais après la mort, que d'erreurs : gens qui n'ont pas connu, qui interprètent mal. Regrets que Valincourt n'ait pas laissé sur Racine. L'incessant bavardage de Sainte-Beuve — qu'il y a peu de consistance dans ses notes mondaines. *Ses références, sa culture même et sa curiosité inlassable, tout cela recouvre cet esprit de conversation que Proust a déjà condamné chez d'autres, parce qu'il masque et nous dérobe à nous-mêmes notre pensée véritable :* il faut l'opinion du XVIIIe sur les salons du XVIIe *(Chateaubriand et son groupe).* Erreur qui vient de ne pas comprendre l'originalité du génie et la nullité de la conversation. *Incompréhension qui s'explique d'ailleurs, si l'on pense à l'idée que Sainte-Beuve se fait du génie.* M. de Régnier (article sur Chateaubriand), Sainte-Beuve à Paris (Pontmartin) et à ce propos, Sainte-Beuve croit qu'on est soi d'abord, non qu'on se met à jour lentement. *Mais si la conversation nous cache notre personnalité, l'érudition est plus grave encore, car elle la tue, en nous laissant attendre la vérité d'une révélation extérieure : elle est l'idolâtrie artistique. Et Proust qui a fait lui-même l'expérience de cette hérésie note encore :* on change vite. Idolâtrie dans Préface de Bible d'Amiens. Tout le contraire maintenant et article sur lecture.

Cette faiblesse de sa méthode, Proust en cherche une explication dans le caractère de Sainte-Beuve. Plusieurs de ses notes semblent en effet réunir les éléments d'un portrait moral assez peu flatteur. Dernière page du volume *(C.L., VI)* marquée de mesquinerie et de petitesse: — Lettre où il se croit obligé d'aligner toutes les banalités. — Obscur quand il loue (ces aimables frères, pris sur la réalité), franc quand il blâme (Béranger, illustre commère, qu'en savez-vous?). — Toujours des justifi-cations, des lâchages après la mort. Mauvaise humeur contre le critique qui dit : Vous écoutiez le Maître, après article sur Chateaubriand. — Rosserie : autant que M. Villemain, j'ai le droit de dire. — Content d'entendre ces vers dits par M. Favart. Insincérité de ce plaisir.

Tous ces défauts sont bien connus. Mais la conclusion qu'en tire Proust est importante, car elle nous montre les incidences du caractère sur la pensée. Cette médiocrité du moi l'em-pêche de se placer dans l'état où était l'écrivain. Elle l'empêche aussi de comprendre. *Et finalement, la fameuse sagesse de Sainte-Beuve n'est pas moins dangereuse. Car pour reprendre un principe de définition qui lui était cher, aimer Sainte-Beuve, ce n'est pas aimer l'art et le mieux comprendre.* Aimer Sainte-Beuve, c'est sans doute aimer dans le monde ce qui y perce à jour le ridicule, ce qu'il y a de niais dans la fatuité de Lamartine, d'indélicat dans l'égoïsme de Cousin, de risible dans le poète Vigny. *Sainte-Beuve, au fond, n'écoute pas un écrivain, il juge un homme, il est* un redresseur : dit à Vigny : Ce n'est pas le mot qui convient ; à Lamartine : Ce n'est pas cela Bossuet. A Musset : Vous n'étiez pas noble, etc., *et Proust ajoute :* Cette sagesse est le contraire de la devination littéraire.

De là les fautes de goût, les sottises que Sainte-Beuve accumule au long de son œuvre et que Proust s'amuse à relever avec un humour féroce. Il insiste particulièrement sur les contradictions : Le style des *Mémoires d'Outre-Tombe* dans les *Nouveaux Lundis* et dans *Chateaubriand et son groupe,* qui « sent un peu le bas-breton », « dont il avait si fort préconisé la jeunesse ». — Article sur la lecture des *Mémoires :* autres contradictions. *Tantôt c'est une erreur esthétique :* Bêtise artistique, pages 445 et 446 des *Nouveaux Lundis. Tantôt un éloge injustifié :* Erreur de l'admiration pour le passage de Taine sur les Pyrénées. *Mais ce sont surtout les jugements de Sainte-Beuve sur ses contemporains qui enchantent Proust. Certains rapprochements ont une saveur particulière :* « Antony Deschamps et Musset, voilà les deux contraires. » *Sainte-Beuve, qui assignait pour tâche essentielle au critique de discerner les vrais talents de son époque, a toujours méconnu précisément les génies de son temps, qu'il confond avec les plus médiocres écrivains.* Flaubert entre Barrière et Dumas fils. — Balzac mêlé à Eugène Sue et Soulié. — Baudelaire à Monselet. *Il lui arrive même de les ignorer de façon plus complète :* Gérard de Nerval qui était comme le commis voyageur de Paris à Munich, *ou de les condamner absolument :* il trouve Vernet merveilleux, et Flaubert, Stendhal, etc., mauvais. *En dépit des retouches et des scrupules, l'idéal de Sainte-Beuve ne s'est jamais beaucoup élevé :* Penser que tous ces gens ont été plus grands que lui. Il admirait surtout Taine (tout de travers) et Renan. C'est-à-dire rien de merveilleux.

La plus grande partie de ces notes est consacrée, comme on pouvait s'y attendre, aux expressions de Sainte-Beuve, et à son style. C'est lui le grand révélateur : ce sont les tics de l'écriture, les mots favoris, qui peuvent le mieux dévoiler un caractère, comme plus tard ce sera par leur conversation que se révéleront Charles ou Albertine. Et Proust qui a déjà écrit deux pastiches de Sainte-Beuve et en possède à merveille toutes les nuances se montre alors inépuisable. Il relève la manie du double adjectif : « Quand il écrit, il est nature et exquis. — L'ami aliéné et ulcéré. Les nuits composées et méditées. — L'habitude aimée et préférée. » *Les impropriétés (que Sainte-Beuve partagera plus tard avec le duc de Guermantes) :* « sa bénigne figure — une société regrettable » ; *les fausses élégances :* « En musique, en peinture, Beyle perça aussitôt d'une veine nouvelle » ; *la vulgarité de ses apostrophes :* « Sur Gautier : Bravo, ô stoïcien d'art ! Bonnes gens, je vous arrête ! Sur Flaubert : Bonnes gens, il était parti pour Carthage. Sur Royer-Collard : Et voilà notre homme coiffé ! » ; *la vanité secrète :* « Le poète, notre ami... le docteur, notre ami... » *et la bonhomie protectrice :* « Je leur en demande bien pardon. J'y étais et je l'ai entendue. »

Tout cela ne veut pas dire que Proust refuse à Sainte-Beuve tout mérite. Il se plaît au contraire à souligner l'ouverture d'un esprit curieux, l'effort infatigable qui lui a fait sacrifier tant de pensées personnelles, pour apporter chaque semaine à ses lecteurs des connaissances nouvelles. « Bien dire (à propos d'articles sur Diderot, le duc de Luynes, etc.) : comme il est charmant, fin, s'intéresse à tout... » *Il reconnaît son sens du pittoresque, la finesse avec laquelle Sainte-Beuve analyse une lettre, raconte une anecdote (très jolie anecdote sur Victor Hugo voyant Chateaubriand au Luxembourg), enfin tout ce qui a fait de son œuvre critique, sans même parler de l'épicurien ni du poète, une sorte de bréviaire du XIXe siècle intellectuel et cultivé. Mais précisément ce sont là les limites d'un esprit incapable de création véritable.* « Je dirai : si vous vous plaisez à ~etrouver une vieille édition... »

Et il serait dangereux de laisser de ses livres prendre le pas sur de vrais livres. *Car le génie de Sainte-Beuve est un génie de classement, c'est le génie des groupes, des races.* « Groupe de la pitié et de la pudeur pour Aïssé. Toujours groupes littéraires. Que de races chez Sainte-Beuve, et comme chaque littérature en commande une. » *C'est le Buffon de la critique. Un écrivain n'est pas pour lui un univers irremplaçable, lentement mis à jour dans une œuvre. Aimer Molière, pour Sainte-Beuve, ce n'est pas aimer le monde et les mots de Molière, ce n'est pas aimer Molière lui-même, c'est aimer une famille d'esprits :* « Aimer Molière (volume sur Vernet). Vérification par les ennemis (article sur Chateaubriand). France, France (fin de l'article sur Vernet). Tout cela signifie que les écrivains sont des critériums, des représentatifs. » *Ni l'ampleur, ni la richesse, ni les nuances de Sainte-Beuve ne font de lui un artiste. C'est un immense clavier sur lequel on ne peut jouer aucun air. L'intelligence ne lui manque pas, mais c'est l'intelligence des espèces, il n'a jamais été qu'*un Chateaubriand épicier.

Cette dernière critique est la plus forte. Car le principe que Proust vient de dénoncer, parce qu'il ôte à ses yeux toute valeur à Sainte-Beuve, est justement celui qui a fait la richesse et la fécondité de son œuvre. La littérature est pour Sainte-Beuve un commerce, il ne cherche pas l'individuel. C'est pourquoi nous l'avons vu si souvent mêler à son jugement des appréciations morales qui étaient sans rapport avec lui. Mais sous toutes ces erreurs se cache une erreur plus profonde : le prix accordé à l'intelligence. « Allons plus avant : l'intelligence... » *Ainsi s'achève le plan esquissé par Proust pour son étude. Et celle qu'il ébauche sur Nerval se termine de façon identique :* « Peut-être y a-t-il trop d'intelligence dans sa nouvelle », *et la première phrase de sa préface déclarait déjà :* Je crois de moins en moins à l'intelligence. *Telle est la préoccupation constante de Proust à cette époque. Le but de l'art n'est pas l'intelligence. Ce n'est pas parce que Sainte-Beuve écrit mal qu'il est un mauvais écrivain, c'est parce qu'il s'est trompé d'un bout à l'autre sur la signification de la littérature et la tâche qu'un écrivain doit se fixer. Proust le souligne encore une fois dans une de ses notes, la dernière où il soit fait allusion à Sainte-Beuve :* Dans la dernière partie, montrer le point de vue opposé des gens intelligents et des artistes : Sylvie, Baudoche. Et indiquer que les gens du monde tiendront bête précisément ce que j'ai voulu faire, en ayant toujours de l'irrationnel comme objet. Dans la politique, émotion pour Waldeck, etc., faux. Sainte-Beuve, homme de grande érudition se rend compte des nuances, et d'ailleurs comprend tout. Mais ne cherche pas assez à faire de l'irrationnel.

*

Il ne faut donc pas s'étonner si les trois écrivains choisis par Proust pour confondre Sainte-Beuve sont de ceux pour qui l'irrationnel existe. C'est bien pourquoi Sainte-Beuve ne pouvait les comprendre. Il est toujours resté fidèle à un certain goût de la mesure et sans doute est-ce à lui que nous devons la brillante et si fausse formule de « la France modérée ». Tout ce qui lui échappe de son époque, c'est précisément ce qui par la folie, la sensibilité ou la puissance, atteint une grandeur sans mesure. Mais si Proust interroge avec passion les œuvres de Balzac, de Nerval, de Baudelaire, c'est au fond bien moins pour y trouver des arguments contre Sainte-Beuve que des encouragements pour lui-même, et comme une préfiguration de son œuvre à lui. Et c'est alors que son jugement, déjà infaillible sur Sainte-Beuve, s'enrichit d'une pénétration particulière. Toute critique suppose une esthétique, et l'étude sur la méthode de Sainte-Beuve le montre bien. Elle exige aussi une soumission à l'artiste envisagé, une faculté de sentir, jusque dans les moindres nuances ou faiblesses de l'écriture, une sensibilité étrangère : les pastiches, les notes sur le style de Sainte-Beuve nous donnent un exemple de cette faculté. Mais un critique n'est rien si à ces deux qualités, il n'en joint pas une troisième, si la vie dont il s'interdit de faire usage dans une œuvre de pensée n'est pas toujours présente derrière sa pensée, prête à en crever les digues, si les livres qu'il juge ne retentissent pas en lui, dans les livres qu'il porte en lui, bref s'il ne fait pas, plus qu'une critique de critique, une critique de créateur.

Le cas de Baudelaire est à cet égard le plus significatif. Certes, Proust nous donnera, pour finir, du monde baudelairien, l'image la plus sûre et la plus complète. Il insistera sur cet étrange mélange de cruauté et de sensibilité, qui rend par moments ce monde si proche du sien. Mais ce qui l'intéresse avant tout, c'est la condition même du poète, parce que cette condition, c'est la sienne. La grandeur et la misère de Baudelaire, le conflit torturant qui l'a opposé à sa mère, l'humilité et le respect qu'il manifeste envers des hommes qui ne le valent pas, tout cela fait de sa vie, aux yeux de Proust, une vie fraternelle. Mais plus encore sa paresse, la maladie de la volonté qui a menacé l'œuvre de Baudelaire, et dont lui-même à ce moment décèle et combat en lui les symptômes. Une réflexion de son carnet nous l'apprend : La paresse ou le doute ou l'impuissance se réfugiant dans le doute sur la forme d'art. Faut-il faire un roman ? une étude philosophique ? suis-je romancier ? Ce qui me console c'est que Baudelaire a fait les *Petits Poèmes en prose* et *les Fleurs du Mal* sur les mêmes sujets, que Gérard de Nerval a fait une pièce en vers et dans un passage de *Sylvie* le même château Louis XIII, le myrte de Virgile, etc. En réalité, ce sont des faiblesses. Nous autorisons en lisant les grands écrivains les défaillances de notre idéal qui valait mieux que leur œuvre.

Nerval répond à ces questions, et se montre par là un excitant plus puissant. Car il a tout pressenti. Le Valois de Sylvie *c'est la campagne de Combray, le pays de l'enfance retrouvé, âme et décor du roman. L'attaque du récit, lorsque Gérard sur la route de Loisy, revoit les scènes de sa jeunesse, c'est le début de* La Recherche, *et les chambres qui défilent successivement devant les yeux du narrateur. Et c'est encore dans* Sylvie *que Proust retrouve cette alternance de douleur et de joie, les deux états, l'un de plaisir dans la journée, l'autre de tristesse au coucher, que vont symboliser les deux « côtés ». La description minutieuse des rêves, leur importance, l'analyse et le récit de ces amours où la folie, c'est-à-dire l'imagination, a tant de place, nous les devons en partie aussi à Nerval, car* Sylvie, *car* Aurélia, *c'est déjà « La vie rêvée », selon le titre que Proust devait retenir un moment pour son œuvre, et ce sont bien, en tout cas, les intermittences du cœur. Si Gérard a mis « encore trop d'intelligence dans sa nouvelle », c'est qu'il n'a pas osé étendre à l'existence tout entière cette expérience, et qu'elle se limite chez lui à une période et à un cas précis. D'autres iront plus loin, sauront que ces accidents du sentiment sont en réalité ses lois les plus profondes :* « J'écrivis à Aurélia une lettre signée un inconnu. Je me dis : voilà du pain sur la planche pour l'avenir, et je partis pour l'Allemagne. » On peut dire ici ce qu'il dit à la fin de *Sylvie :* « Bien des cœurs me comprendront. » Allons plus loin que Gérard. Pourquoi se borner à tel rêve, tel moment cristallisé dans une seule chose ? y sacrifier tout, rester à Paris pour Mme J. de Castellane une année, pour la Sainte-Eugénie une autre.

Si Nerval enseigne à Proust le rôle de l'imagination, Balzac lui apprend au contraire l'importance de la réalité. Mais ici la leçon est moins simple, car c'est par leur opposition autant que par leurs affinités que le contact de Balzac a été précieux à Proust. Le style de Balzac, inorganisé, vulgaire, reflétant la

2

matière sans l'assimiler, ce style qui explique au lieu de
peindre, c'est exactement le contraire du style proustien. Les
titres, les personnages, ne sont guère que des demi-réussites,
puisque nous perdons toujours, selon Proust, en avançant dans
le récit, la poésie que nous avions pu rêver d'y trouver, et qu'eux
aussi nous ramènent trop brutalement à la réalité. Mais
justement, il s'agit d'une réalité si brutale, si agressive, que
Proust éprouve devant elle une sorte d'admiration, et qu'elle
finit par devenir elle-même romanesque. C'est par elle que
Balzac est grand. *Secrets de* La Princesse de Cadignan,
secret de Vautrin dans Illusions perdues, *secret de* La Fille
aux Yeux d'or, *l'œuvre de Balzac est pleine de secrets, de
secrets qui sont déjà des secrets proustiens. Si bien qu'on ne sait
plus ce qu'il faut admirer davantage, si c'est Proust découvrant
Balzac, ou si ce n'est pas plutôt Balzac devinant Proust, ayant
fait sans le savoir, avec un siècle d'avance, et parce que dans
son invention prodigieuse il a encore créé bien des choses qui
nous échappent, du Proust. De plus, ce romancier, naïf
lorsqu'il analyse des types sociaux, devient, pour faire parler
ses personnages, un admirable écrivain : les expressions, les
mots clés, tout ce qui formera plus tard le vocabulaire d'Aimé
ou du duc de Guermantes, cet étonnant mimétisme qui sera,
dans la création romanesque, ce que les pastiches ont été dans la
critique, Proust en trouve un exemple chez Balzac. Tous les à-
côtés, les fonds mystérieux, les drames cachés qui affleurent à la
surface de la vie par d'imperceptibles ondulations, la couleur
d'une robe, la bizarrerie d'un refrain, ces mots qui échappent
mais qui « en disent long » sur un personnage, voilà ce qui fait
la poésie des destinées balzaciennes et ce que Proust en
retiendra. Mais surtout, il y a l'idée de génie de Balzac,
méconnue par Sainte-Beuve, l'idée du retour des personnages,
qui a permis au romancier, bien plus encore que d'unifier sa
description sociale, de rendre sensible la durée, le vieillissement,
le temps qui forme et transforme les êtres, faisant de la

*Comédie humaine une sorte de Recherche, non plus cette fois de
l'Absolu, mais du Temps perdu. La leçon de Balzac ici rejoint
la leçon de Monet, qui l'altère et qui la complète : l'un étend
dans l'espace les ramifications innombrables de son univers,
l'autre concentre sur un même thème, indéfiniment, ses nuances
et ses couleurs. Et ce n'est pas par hasard que Proust ajoute à
leur exemple celui de Wagner introduisant dans* Parsifal
L'Enchantement du Vendredi saint, *et réunit ainsi trois
des plus grands génies du siècle. L'œuvre de Proust commence
où ceux-là se sont arrêtés. Ce que Nerval a fait partiellement,
ce que Balzac a fait après coup, ce que Wagner a fait une fois,
lui le fera consciemment, plaçant cette intuition géniale au cœur
de son œuvre, en qui s'achèvent et se résument ainsi toutes les
audaces artistiques du XIXᵉ.*

*Sur Proust, l'influence de Balzac ne fera d'ailleurs que
grandir. Tout jeune, il écrit à une amie qu'il vient de lire un
roman ridicule et déplaisant : c'est* Illusions perdues, *un de
ceux qu'il admirera plus tard sans réserves. Au contraire, vers
la fin de sa vie, il s'amusera lui-même à reprendre les célèbres
« voici pourquoi » de Balzac, et la prolifération, le fourmille-
ment des épisodes donneront à la fin de* La Recherche *une
allure très balzacienne d'envers d'histoire contemporaine. Avec
Sainte-Beuve, Proust est seulement au milieu de cette courbe.
Il est encore trop artiste, trop attaché à la pureté du style pour
aimer pleinement Balzac, et surtout il invente avec peine, son
imagination garde quelque chose de laborieux. Pourtant, c'est
bien de Balzac que sortent les premiers personnages de son
roman. On dirait qu'en abordant la création romanesque la
plus puissante et la plus féconde qui soit, une partie de ses
pouvoirs sont passés en lui, et qu'une chaîne continue, de
Sainte-Beuve à sa mère, de sa mère aux Guermantes, de
Guermantes à Swann, relie tous les lecteurs de Balzac. Car
c'est en balzacienne que nous apparaît ici pour la première fois
la fille de Swann, celle qui sera Gilberte et qui s'appelle ici*

*Mlle de Cardaillec, parce que Proust, tout ébloui, vient
seulement d'entrer dans le grand salon de son œuvre, et qu'il n'a
pu encore y saluer ni Forcheville ni Saint-Loup. Les premiers
épisodes qu'il invente viennent aussi en droite ligne de Balzac :
non des grands drames, mais de ces détails insignifiants, scènes
rapides et muettes où il voit à juste titre les vérités les plus
frappantes de Balzac : la rencontre de Vautrin et de Rubempré, ce sera, à peine transposée, celle de Charlus et de Morel,
sur le quai de la gare de Doncières. Le voyageur au passé
douteux qui sur une route de campagne se hâte vers la demeure
de ses amis, comme dans* La Princesse de Cadignan, *ce sont
les visites de Charlus à la Raspelière.*

*Mais justement cette proximité de Balzac, ce climat
balzacien donnent aux premiers « crayons » des Guermantes
une couleur que nous ne connaissons pas. Ils ne sont plus
évidemment, comme les Réveillons de* Jean Santeuil, *de
simples souvenirs d'amitiés ou relations mondaines de Proust.
Ils sont devenus balzaciens parce qu'ils datent, parce qu'ils sont
des « originaux », parce que leur conversation, comme les
meubles de leur hôtel, contient toute la poésie du passé. Mais
plus tard, au lieu de comte et marquis, ils seront duc et prince de
Guermantes, c'est-à-dire qu'en plus de personnages de Balzac,
ils seront des personnages de Saint-Simon. Autour d'eux, toute
une cour de parents, de vieilles cousines, de diplomates et de
jeunes femmes va se développer, qui les isolera dans une sorte de
monde irréel. Ces premiers Guermantes ont quelque chose de
trop familier. Ce sont les Guiche, les La Rochefoucauld, les
Castellane surtout, mais c'est aussi le salon de Mme Strauss. Et
l'expérience de Proust interviendra pour modifier les éclairages : dans le snobisme comme dans l'amour, il faut rêver
avant de connaître. La comtesse dont le narrateur est amoureux,
bien qu'il n'écrive pas encore son nom, ce sera la comtesse de
Guermantes. Charlus qui s'appelle encore Quercy ou Querchy,
deviendra son cousin. La petite fille des Champs-Élysées*

rejoindra la marquise de Cardaillec, et ce sera Gilberte. Mais au lieu du nom de Cardaillec, elle prendra celui de Saint-Loup, c'est-à-dire d'un neveu des Guermantes. Il y a, dans tous ces portraits, la hâte et le désordre qui précèdent un vernissage. Certains ne sont qu'une silhouette sans visage. D'autres sont figés dans leur cadre, veulent en descendre pour se mêler à la foule. Le monde de La Recherche *est en train de naître.*

Ce monde en gestation n'a pourtant rien de vague. Tous les thèmes qui vont se développer, étendre leurs ramifications dans le roman, s'y détachent au contraire avec une netteté surprenante. Sainte-Beuve *devient ainsi une sorte d'ouverture symphonique où les motifs qu'on entendra dans l'œuvre se trouvent par avance indiqués. Certains se forment sous nos yeux : telle page sur les jeunes filles de la bourgeoisie, associée à une autre page sur les deux fillettes rencontrées au bord de la mer, aboutit au thème des « jeunes filles ». Comme ces corps purs que les chimistes ont mis très longtemps à isoler, ils tranchent vivement sur l'ensemble du récit : c'est Venise, qu'on retrouvera dans* Albertine disparue, *ce sont les Noms, c'est le prologue de* Sodome et Gomorrhe. *Les pages les plus célèbres de* La Recherche *— le portrait de Françoise, la mort de la grand-mère, le côté de Méséglise — sont presque toutes ébauchées dans les brouillons de* Sainte-Beuve.

En même temps, par un phénomène inverse, nous voyons Proust occupé à relier ces thèmes entre eux, à les insérer dans la trame de son livre. Après avoir « isolé » les corps précieux, il s'agit de les faire tenir « en suspension » dans le roman. Le fragment sur les noms, par exemple, qui constitue, dans une première version, une sorte d'article indépendant, sera repris, plus loin, dans le chapitre sur les Guermantes, comme une pièce de l'édifice. Le seul récit de la matinée nous permet d'étudier sur le vif ce phénomène. Non seulement, en effet, il s'enrichit de thèmes secondaires, la nuit en chemin de fer, les Champs-

Élysées, Venise, qui seront tous affectés dans la suite à d'autres secteurs de roman, mais le thème central lui-même est si riche qu'il sera dédoublé : les chambres successives donnant le début de Du Côté de chez Swann, *tandis que les bruits de la rue serviront d'ouverture à* La Prisonnière.

Ainsi voyons-nous paraître, dans cette coupe géologique de son esprit qu'est le Sainte-Beuve, *la pensée créatrice de Proust, tandis qu'une couche superficielle, qui est celle de sa pensée critique, s'efface déjà. L'équilibre du livre s'en est ressenti. Il a quelque chose de trop ramassé, de tendu. L'auteur voit les épisodes, il ne voit pas tout le sens ni le prolongement des épisodes. Il croit s'être engagé dans une course rapide :* La Recherche *sera au contraire un ouvrage de fond. Parfois le souffle manque. Et pourtant cette image imparfaite de Proust reste une image assez fidèle, bien éloignée du Proust de vingt-cinq ans qui écrivait* Jean Santeuil *avec tant de confiance, un tel appétit de vie, une sorte de jouissance physique à parler des lieux, des personnes, des objets qui l'avaient enchanté. Avec ses mille pages, ses essais de peinture sociale, son effort pour être un vrai roman,* Jean Santeuil *n'était jamais qu'un immense poème en prose.* Sainte-Beuve, *écrit dans la fièvre, par un écrivain de trente-cinq ans, dévoré par son art, a déjà dépassé toutes ces catégories : ce n'est plus un essai ni un roman, c'est une œuvre.*

On sait ce qu'on a gagné à cette transformation. Mais n'y a-t-on pas aussi perdu quelque chose ? Pour que naisse le psychologue et l'écrivain de La Recherche, *il ne suffisait pas de l'âge et des souffrances : il fallait que s'évanouissent entièrement cette ardeur à vivre, cette communion naturelle qui donne à tous les écrits de jeunesse de Proust comme une chaude vibration. Le critique de* Sainte-Beuve *porte en lui un poète mort jeune : celui de* Jean Santeuil. *Et cette mort l'a tellement frappé qu'il s'en fait à lui-même la confidence dans une note de son carnet, utilisée plus tard dans* Le Temps

retrouvé *pour figurer une des étapes de sa vocation artistique,
mais qui prend ici sa véritable signification :* Arbres vous
n'avez plus rien à me dire. Mon cœur refroidi ne vous
entend plus. Mon œil constate froidement la ligne qui
vous divise en parties d'ombre et de lumière. Ce sont
les hommes qui m'intéressent maintenant. L'autre
partie de ma vie, où je vous ai chantés, ne reviendra
jamais.

*Cette métamorphose est d'autant plus pénible qu'elle ne
déchire pas seulement l'artiste. Toute la vie de Proust y est
soumise. L'année de* Sainte-Beuve *divise en fait son existence
bien plus exactement que celle de la mort de sa mère. Car son
passé, brisé par cette mort, pèse encore sur lui de toutes ses
forces, tandis qu'un avenir long et incertain commence à
l'attirer. Il y a quelques mois que Proust vient de rencontrer, à
Cabourg, le jeune Agostinelli, dont il fera un jour son principal
personnage : il est trop tôt pour parler d'Albertine. Inverse-
ment, il est peut-être trop tard pour parler de sa mère, comme il
veut le faire. Le destin voulait qu'il la perde deux fois : dans sa
vie tout d'abord, en 1905, et une seconde fois dans cette œuvre où
il veut lui donner le premier rôle, mais dont elle ne cessera, à
mesure qu'il écrit, de s'effacer. Car une des lois de son art est
que tous les éléments de la vie y sont conservés, mais selon une
transposition qui nous les voile. Les traits de sa mère serviront à
créer ceux de sa grand-mère. Et par un échange plus significatif
encore, la seule trace de la conversation, que nous retrouverons
dans* La Recherche, *sera celle du narrateur et d'Albertine
parlant de Stendhal, au bois de Boulogne, dans une de leurs
dernières promenades.*

*Pour le moment, c'est sa mère seule que Proust place au
centre de son livre, que cette figure votive illumine d'un bout à
l'autre. Bien plus que lui, elle est l'antithèse vivante de Sainte-
Beuve, elle qui cache sous tant d'humilité et de silence sa
culture, et sa bonté, et son courage. Et c'est pourquoi elle n'a pu*

disparaître tout à fait. Comme cette héroïne de conte de fées anglais dont il ne reste plus qu'un sourire, il restera d'elle, malgré son effacement dans La Recherche, *un certain ton : ce ton de sérieux et de simplicité, ce ton dépouillé de tout artifice littéraire qui caractérise dès lors le style de Proust. Et pas plus que celui de sa mère, l'exemple de Sainte-Beuve ne sera perdu. Seulement, à ces deux êtres réels, trop réels, il substituera deux personnages fictifs, et aux opinions de sa grand-mère sur l'art et les écrivains s'opposera très précisément le point de vue de M*^{me} *de Villeparisis, chez qui nous retrouverons, en résumé, tout l'esprit des* Lundis. *Au fond, du côté de Sainte-Beuve, Proust n'a pas moins appris que du côté de Ruskin. L'un et l'autre ont fait son éducation en lui révélant deux grandes erreurs artistiques qu'il appellera « l'idolâtrie », faire tenir la beauté dans l'objet, la vérité dans l'histoire, l'art dans l'intelligence, et non dans les seules intuitions de l'esprit. La seule différence est que cette idolâtrie, noble et grande chez Ruskin, est remplie chez Sainte-Beuve de mesquinerie et de petitesse : et comme l'esprit de Sainte-Beuve aura servi à former l'esprit de M*^{me} *de Villeparisis, Ruskin, l'accent de Ruskin serviront à leur tour à créer l'accent d'un autre personnage, celui de Charlus.*

Bientôt un troisième adversaire va donner à Proust l'occasion d'affirmer avec plus de force cette idée de l'art de plus en plus exigeante et exclusive. C'est au cours de l'été 1909. Le Journal des Débats *publie un article de Daniel Halévy sur Nietzsche, où se trouve évoquée l'éclatante rupture avec Wagner. « Wagner est un génie, mais un génie de mensonge, écrivait le philosophe à Lou Salomé. Et j'ai l'honneur d'être le contraire : un génie de vérité. » En réponse, Proust jette sur son carnet les premiers mots de sa fameuse dénonciation de l'amitié, qui plus tard entrera dans son œuvre :* on sait ce que je pense de l'amitié. Je la crois si nulle que je ne suis même pas exigeant intellectuellement pour elle, et quand Nietzsche dit qu'il n'admet pas une amitié où il n'y ait pas estime intellectuelle, cela me semble bien mensonger pour ce détracteur de Wagner, « génie du mensonge ». *Il suffit de penser à la place que tient l'amitié dans* Jean Santeuil *pour mesurer le chemin parcouru par Proust en dix ans. Il n'entre d'ailleurs dans sa critique ni amertume ni égoïsme : c'est à la vérité seule qu'il sacrifie un sentiment trompeur.* On dira que je suis un cœur sec. Je ne crois pas qu'il y en ait de plus tendre. Mais comme vertu d'un athée... Pas comme les autres... Je jouis de l'amitié, mais je n'y crois pas. Eux : j'y crois mais je n'en jouis pas. *Le mensonge de l'amitié, ce goût des petits cercles intimes qui l'agaçait déjà dans Sainte-Beuve et qui lui a inspiré le petit clan des Verdurin, n'est d'ailleurs qu'un des mensonges menaçant la vie intérieure, seule source de l'art. Il y en a d'autres. Il y a l'intelligence, à laquelle Nietzsche, comme Sainte-Beuve, accorde trop :* Approfondir des idées (Nietzsche, philosophie) est moins grand qu'approfondir des réminiscences, parce que, comme l'intelligence ne crée pas et ne fait que débrouiller, non seulement son but est moins grand, mais sa tâche est moins grande. *Il y a la conversation. Il y a l'action :* Que peut nous faire ce qui n'est pas en nous ? que signifie, pour exprimer quelque chose, une action (aller voir, signer une liste, etc.) ? *Bientôt le personnage de Bergotte incarnera cette morale particulière, qui soumet toute la vie de l'artiste aux seules nécessités de son art. La rupture avec Nietzsche, que Proust admira jadis, au temps des* Plaisirs et des Jours, *est en ce sens une conclusion logique de l'essai sur Sainte-Beuve. Elle en consacre toutes les propositions, en nous montrant que désormais rien ne saurait plus arrêter l'écrivain sur la route où il s'est engagé. Elle a brisé les derniers ponts qui pouvaient le relier au monde, aux amitiés et aux mensonges du monde. En même temps qu'il charge son navire de tous les trésors du passé, le voyageur se déleste de tout ce qui pourrait l'alourdir inutilement, ouvre les voiles au vent de la création et rompt joyeusement les amarres.*

Bernard de Fallois

PRÉFACE

Chaque jour j'attache moins de prix à l'intelligence. Chaque jour je me rends mieux compte que ce n'est qu'en dehors d'elle que l'écrivain peut ressaisir quelque chose de nos impressions, c'est-à-dire atteindre quelque chose de lui-même et la seule matière de l'art. Ce que l'intelligence nous rend sous le nom de passé n'est pas lui. En réalité, comme il arrive pour les âmes des trépassés dans certaines légendes populaires, chaque heure de notre vie, aussitôt morte, s'incarne et se cache en quelque objet matériel. Elle y reste captive, à jamais captive, à moins que nous ne rencontrions l'objet. A travers lui nous la reconnaissons, nous l'appelons, et elle est délivrée. L'objet où elle se cache — ou la sensation, puisque tout objet par rapport à nous est sensation —, nous pouvons très bien ne le rencontrer jamais. Et c'est ainsi qu'il y a des heures de notre vie qui ne ressusciteront jamais. C'est que cet objet est si petit, si perdu dans le monde, il y a si peu de chances qu'il se trouve sur notre chemin ! Il y a une maison de campagne où j'ai passé plusieurs étés de ma vie. Parfois je pensais à ces étés, mais ce n'étaient pas eux. Il y avait grande chance pour qu'ils restent à jamais morts pour moi. Leur résurrection a

tenu, comme toutes les résurrections, à un simple
hasard. L'autre soir, étant rentré glacé par la neige, et
ne pouvant me réchauffer, comme je m'étais mis à lire
dans ma chambre sous la lampe, ma vieille cuisinière
me proposa de me faire une tasse de thé, dont je ne
prends jamais. Et le hasard fit qu'elle m'apporta
quelques tranches de pain grillé. Je fis tremper le pain
grillé dans la tasse de thé, et au moment où je mis le
pain grillé dans ma bouche et où j'eus la sensation de
son amollissement pénétré d'un goût de thé contre
mon palais, je ressentis un trouble, des odeurs de
géraniums, d'orangers, une sensation d'extraordinaire
lumière, de bonheur ; je restai immobile, craignant
par un seul mouvement d'arrêter ce qui se passait en
moi et que je ne comprenais pas, et m'attachant
toujours à ce bout de pain trempé qui semblait
produire tant de merveilles, quand soudain les cloi-
sons ébranlées de ma mémoire cédèrent, et ce furent
les étés que je passais dans la maison de campagne
que j'ai dite qui firent irruption dans ma conscience,
avec leurs matins, entraînant avec eux le défilé, la
charge incessante des heures bienheureuses. Alors je
me rappelai : tous les jours, quand j'étais habillé, je
descendais dans la chambre de mon grand-père qui
venait de s'éveiller et prenait son thé. Il y trempait
une biscotte et me la donnait à manger. Et quand ces
étés furent passés, la sensation de la biscotte ramollie
dans le thé fut un des refuges où les heures mortes —
mortes pour l'intelligence — allèrent se blottir, et où
je ne les aurais sans doute jamais retrouvées, si ce soir
d'hiver, rentré glacé par la neige, ma cuisinière ne
m'avait proposé le breuvage auquel la résurrection
était liée, en vertu d'un pacte magique que je ne savais
pas.

Mais aussitôt que j'eus goûté à la biscotte, ce fut tout un jardin, jusque-là vague et terne, qui se peignit, avec ses allées oubliées, corbeille par corbeille, avec toutes ses fleurs, dans la petite tasse de thé, comme ces fleurs japonaises qui ne reprennent que dans l'eau. De même bien des journées de Venise que l'intelligence n'avait pu me rendre étaient mortes pour moi, quand l'an dernier, en traversant une cour, je m'arrêtai net au milieu des pavés inégaux et brillants. Les amis avec qui j'étais craignaient que je n'eusse glissé, mais je leur fis signe de continuer leur route, que j'allais les rejoindre ; un objet plus important m'attachait, je ne savais pas encore lequel, mais je sentais au fond de moi-même tressaillir un passé que je ne reconnaissais pas : c'était en posant le pied sur ce pavé que j'avais éprouvé ce trouble. Je sentais un bonheur qui m'envahissait, et que j'allais être enrichi de cette pure substance de nous-mêmes qu'est une impression passée, de la vie pure conservée pure (et que nous ne pouvons connaître que conservée, car en ce moment où nous la vivons, elle ne se présente pas à notre mémoire, mais au milieu des sensations qui la suppriment) et qui ne demandait qu'à être délivrée, qu'à venir accroître mes trésors de poésie et de vie. Mais je ne me sentais pas la puissance de la délivrer. Ah ! l'intelligence ne m'eût servi à rien en un pareil moment. Je refis quelques pas en arrière pour revenir à nouveau sur ces pavés inégaux et brillants, pour tâcher de me remettre dans le même état. C'était une même sensation du pied que j'avais éprouvée sur le pavage un peu inégal et lisse du baptistère de Saint-Marc. L'ombre qu'il y avait ce jour-là sur le canal où m'attendait une gondole, tout le bonheur, tout le trésor de ces heures se précipitèrent à la suite de cette

sensation reconnue, et ce jour-là lui-même revécut
pour moi.

Non seulement l'intelligence ne peut rien pour nous
pour ces résurrections, mais encore ces heures du
passé ne vont se blottir que dans des objets où
l'intelligence n'a pas cherché à les incarner. Les objets
en qui vous avez cherché à établir consciemment des
rapports avec les heures que vous viviez, dans ceux-là
elle ne pourra pas trouver asile. Et bien plus, si une
autre chose peut les ressusciter, eux, quand ils renaî-
tront avec elle, seront dépouillés de poésie.

Je me souviens qu'un jour de voyage, de la fenêtre
du wagon, je m'efforçais d'extraire des impressions du
paysage qui passait devant moi. J'écrivais tout en
voyant passer le petit cimetière de campagne, je notais
des barres lumineuses de soleil sur les arbres, les fleurs
du chemin pareilles à celles du *Lys dans la Vallée*.
Depuis, souvent j'essayais, en repensant à ces arbres
rayés de lumière, à ce petit cimetière de campagne,
d'évoquer cette journée, j'entends cette journée *elle-
même*, et non son froid fantôme. Jamais je n'y parve-
nais et je désespérais d'y réussir, quand l'autre jour,
en déjeunant, je laissai tomber ma cuiller sur mon
assiette. Et il se produisit alors le même son que celui
du marteau des aiguilleurs qui frappaient ce jour-là
les roues du train, dans les arrêts. A la même minute,
l'heure brûlante et aveuglée où ce bruit tintait revécut
pour moi, et toute cette journée dans sa poésie, d'où
s'exceptaient seulement, acquis pour l'observation
voulue et perdue pour la résurrection poétique, le
cimetière du village, les arbres rayés de lumière et les
fleurs balzaciennes du chemin.

Hélas ! parfois l'objet, nous le rencontrons, la
sensation perdue nous fait tressaillir, mais le temps est

trop lointain, nous ne pouvons pas nommer la sensation, l'appeler, elle ne ressuscite pas. En traversant
l'autre jour une office, un morceau de toile verte
bouchant une partie de vitrage qui était cassée me fit
arrêter net, écouter en moi-même. Un rayonnement
d'été m'arrivait. Pourquoi ? J'essayai de me souvenir.
Je voyais des guêpes dans un rayon de soleil, une
odeur de cerises sur la table, je ne pus pas me
souvenir. Pendant un instant, je fus comme ces
dormeurs qui en s'éveillant dans la nuit ne savent pas
où ils sont, essaient d'orienter leur corps pour prendre
conscience du lieu où ils se trouvent, ne sachant dans
quel lit, dans quelle maison, dans quel lieu de la terre,
dans quelle année de leur vie ils se trouvent. J'hésitai
ainsi un instant, cherchant à tâtons autour du carré de
toile verte, les lieux, le temps où mon souvenir qui
s'éveillait à peine devait se situer. J'hésitais à la fois
entre toutes les sensations confuses, connues ou
oubliées de ma vie ; cela ne dura qu'un instant.
Bientôt je ne vis plus rien, mon souvenir s'était à
jamais rendormi.

Que de fois des amis m'ont vu ainsi, au cours d'une
promenade, m'arrêter devant une allée, qui s'ouvrait
devant nous, ou devant un groupe d'arbres, leur
demander de me laisser seul un moment ! C'était en
vain ; j'avais beau, pour reprendre des forces fraîches
pour ma poursuite du passé, fermer les yeux, ne plus
penser à rien, puis tout d'un coup les ouvrir, afin de
tâcher de revoir ces arbres comme la première fois, je
ne pouvais savoir où je les avais vus. Je reconnaissais
leur forme, leur disposition, la ligne qu'ils dessinaient
semblait calquée sur quelque mystérieux dessin aimé,
qui tremblait dans mon cœur. Mais je ne pouvais en
dire plus, eux-mêmes semblaient de leur attitude

naïve et passionnée dire leur regret de ne pouvoir
s'exprimer, de ne pouvoir me dire le secret qu'ils
sentaient bien que je ne pouvais démêler. Fantômes
d'un passé cher, si cher que mon cœur battait à se
rompre, ils me tendaient des bras impuissants, comme
ces ombres qu'Énée rencontre aux Enfers. Était-ce
dans les promenades autour de la ville où j'étais
heureux petit enfant, était-ce seulement dans ce pays
imaginaire où, plus tard, je rêvais maman si malade,
auprès d'un lac, dans une forêt où il faisait clair toute
la nuit, pays rêvé seulement mais presque aussi réel
que le pays de mon enfance, qui n'était déjà plus
qu'un songe ? Je n'en saurais rien. Et j'étais obligé de
rejoindre mes amis qui m'attendaient au coin de la
route, avec l'angoisse de tourner le dos pour jamais à
un passé que je ne reverrais plus, de renier des morts
qui me tendaient des bras impuissants et tendres, et
semblaient dire : Ressuscite-nous. Et avant de reprendre rang et causerie avec mes camarades, je me
retournais encore un moment pour jeter un regard de
moins en moins perspicace vers la ligne courbe et
fuyante des arbres expressifs et muets, qui sinuait
encore à mes yeux.

A côté de ce passé, essence intime de nous-mêmes,
les vérités de l'intelligence semble bien peu réelles.
Aussi, surtout à partir du moment où nos forces
décroissent, est-ce vers tout ce qui peut nous aider à le
retrouver que nous nous portons, dussions-nous être
peu compris de ces personnes intelligentes qui ne
savent pas que l'artiste vit seul, que la valeur absolue
des choses qu'il voit n'importe pas pour lui, que
l'échelle des valeurs ne peut être trouvée qu'en lui-
même. Il pourra se faire qu'une détestable représentation musicale dans un théâtre de province, un bal que

les gens de goût trouvent ridicule, soit évoquent en lui des souvenirs, soit se rapportent en lui à un ordre de rêveries et de préoccupations, bien plus qu'une admirable exécution à l'Opéra, qu'une soirée ultra-élégante dans le faubourg Saint-Germain. Le nom des stations dans un indicateur de chemin de fer, où il aimerait imaginer qu'il descend de wagon par un soir d'automne, quand les arbres sont déjà dépouillés et sentent fort dans l'air vif, un livre insipide pour les gens de goût, plein de noms qu'il n'a pas entendus depuis l'enfance, peuvent avoir pour lui un tout autre prix que de beaux livres de philosophie, et font dire aux gens de goût que pour un homme de talent il a des goûts très bêtes.

On s'étonnera peut-être que, faisant peu de cas de l'intelligence, j'aie donné pour sujet aux quelques pages qui vont suivre justement quelques-unes de ces remarques que notre intelligence nous suggère, en contradiction avec les banalités que nous entendons dire ou que nous lisons. A une heure où mes heures sont peut-être comptées (d'ailleurs tous les hommes n'en sont-ils pas là?) c'est peut-être bien frivole que de faire œuvre intellectuelle. Mais d'une part les vérités de l'intelligence, si elles sont moins précieuses que ces secrets du sentiment dont je parlais tout à l'heure, ont aussi leur intérêt. Un écrivain n'est pas qu'un poète. Même les plus grands de notre siècle, dans notre monde imparfait où les chefs-d'œuvre de l'art ne sont que les épaves naufragées de grandes intelligences, ont relié d'une trame d'intelligence les joyaux de sentiment où ils n'apparaissent que çà et là. Et si on croit que sur ce point important on entend les meilleurs de son temps se tromper, il vient un moment où on secoue sa paresse et où on éprouve le besoin de

le dire. La méthode de Sainte-Beuve n'est peut-être
pas au premier abord un objet si important. Mais
peut-être sera-t-on amené, au cours de ces pages, à
voir qu'elle touche à de très importants problèmes
intellectuels, peut-être au plus grand de tous pour un
artiste, à cette infériorité de l'intelligence dont je
parlais au commencement. Et cette infériorité de
l'intelligence, c'est tout de même à l'intelligence qu'il
faut demander de l'établir. Car si l'intelligence ne
mérite pas la couronne suprême, c'est elle seule qui est
capable de la décerner. Et si elle n'a dans la hiérarchie
des vertus que la seconde place, il n'y a qu'elle qui soit
capable de proclamer que l'instinct doit occuper la
première.

M. P.

I

SOMMEILS

Au temps de cette matinée dont je veux fixer je ne sais pourquoi, le souvenir, j'étais déjà malade, je restais levé toute la nuit, me couchais le matin et dormais le jour. Mais alors était encore très près de moi un temps, que j'espérais voir revenir, et qui aujourd'hui me semble avoir été vécu par une autre personne, où j'entrais dans mon lit, à dix heures du soir et, avec quelques courts réveils, dormais jusqu'au lendemain matin. Souvent, à peine ma lampe éteinte, je m'endormais si vite que je n'avais pas le temps de me dire que je m'endormais. Aussi une demi-heure après, la pensée qu'il était temps de m'endormir m'éveillait, je voulais jeter le journal que je croyais avoir encore en main, je me disais : « Il est temps d'éteindre ma lampe et de chercher le sommeil », et j'étais bien étonné de ne voir autour de moi qu'une obscurité qui n'était peut-être pas encore aussi reposante pour mes yeux que pour mon esprit, à qui elle apparaissait comme une chose sans cause et incompréhensible, comme une chose vraiment obscure.

Je rallumais, je regardais l'heure : il n'était pas encore minuit. J'entendais le sifflement plus ou moins éloigné des trains, qui décrit l'étendue de la campagne

déserte où se hate le voyageur qui va rejoindre la
prochaine gare sur une route, par une de ces nuits
parées de clair de lune, en train de graver dans son
souvenir le plaisir goûté avec les amis qu'il vient de
quitter, le plaisir du retour. J'appuyais mes joues
contre les belles joues de l'oreiller qui, toujours pleines
et fraîches, sont comme les joues de notre enfance, sur
qui nous nous serrons. Je rallumais un instant pour
regarder ma montre ; il n'était pas encore minuit.
C'est l'heure où le malade, qui passe la nuit dans un
hôtel étranger et qui est réveillé par une crise affreuse,
se réjouit en apercevant sous la porte une raie du jour.
Quel bonheur, c'est déjà le jour, dans un moment on
sera levé dans l'hôtel, il pourra sonner, on viendra lui
porter secours ! Il prend patience de sa souffrance.
Justement il a cru entendre un pas... A ce moment la
raie du jour qui brillait sous sa porte s'éteint. C'est
minuit, on vient d'éteindre le gaz qu'il avait pris pour
le matin, et il lui faudra rester toute la longue nuit à
souffrir intolérablement sans secours.

J'éteignais, je me rendormais. Quelquefois, comme
Ève naquit d'une côte d'Adam, une femme naissait
d'une fausse position de ma cuisse ; formée par le
plaisir que j'étais sur le point de goûter, je m'imaginais que c'était elle qui me l'offrait. Mon corps qui
sentait en elle sa proche chaleur voulait se rejoindre à
elle, je m'éveillais. Tout le reste des humains m'appa-
raisait comme bien lointain au prix de cette femme
que je venais de quitter, j'avais la joue encore chaude
de ses baisers, le corps courbaturé par le poids de sa
taille. Peu à peu son souvenir s'évanouissait, j'avais
oublié la fille de mon rêve aussi vite que si c'eût été
une amante véritable. D'autres fois, je me promenais
en dormant dans ces jours de notre enfance, j'éprou-

vais sans effort ces sensations qui ont à jamais disparu avec la dixième année et que dans leur insignifiance nous voudrions tant connaître de nouveau, comme quelqu'un qui saurait ne plus jamais revoir l'été aurait la nostalgie même du bruit des mouches dans la chambre, qui signifie le chaud soleil dehors, même du grincement des moustiques qui signifie la nuit parfumée. Je rêvais que notre vieux curé allait me tirer par mes boucles, ce qui avait été la terreur, la dure loi de mon enfance. La chute de Kronos, la découverte de Prométhée, la naissance du Christ n'avaient pas pu soulever aussi haut le ciel au-dessus de l'humanité jusque-là écrasée, que n'avait fait la coupe de mes boucles, qui avait entraîné avec elle à jamais l'affreuse appréhension. A vrai dire d'autres souffrances et d'autres craintes étaient venues, mais l'axe du monde avait été déplacé. Ce monde de l'ancienne loi, j'y rentrais aisément en dormant, je ne m'éveillais qu'au moment où, ayant vainement essayé d'échapper au pauvre curé, mort après tant d'années, je sentais mes boucles vivement tirées derrière ma tête. Et avant de me rendormir, me rappelant bien que le curé était mort et que j'avais les cheveux courts, j'avais tout de même soin de me cimenter avec l'oreiller, la couverture, mon mouchoir et le mur un nid protecteur, avant de rentrer dans ce monde bizarre où tout de même le curé vivait et j'avais des boucles.

Des sensations qui, elles aussi, ne reviendront plus qu'en rêve, caractérisent les années qui s'en vont et, si peu poétiques qu'elles soient, se chargent de toute la poésie de cet âge, comme rien n'est si plein du son des cloches de Pâques et des premières violettes que ces derniers froids de l'année qui gâtent nos vacances et forcent à faire du feu pour le déjeuner. De ces

sensations, qui revenaient alors quelquefois dans mon
sommeil, je n'oserais pas parler si elles n'y étaient
apparues presque poétiques, détachées de toute ma
vie présente, blanches comme ces fleurs d'eau dont la
racine ne tient pas à la terre. La Rochefoucauld a dit
que nos premières amours seules sont involontaires. Il
en est ainsi aussi de ces plaisirs solitaires, qui plus
tard ne nous servent qu'à tromper l'absence d'une
femme, à nous figurer qu'*elle* est avec nous. Mais à
douze ans, quand j'allais m'enfermer pour la première
fois dans le cabinet qui était en haut de notre maison à
Combray, où les colliers de graines d'iris étaient
suspendus, ce que je venais chercher, c'était un plaisir
inconnu, original, qui n'était pas la substitution d'un
autre.

C'était pour un cabinet une très grande pièce. Elle
fermait parfaitement à clef, mais la fenêtre en était
toujours ouverte, laissant passage à un jeune lilas qui
avait poussé sur le mur extérieur et avait passé par
l'entrebâillement sa tête odorante. Si haut (dans les
combles du château), j'étais absolument seul, mais
cette apparence d'être en plein air ajoutait un trouble
délicieux au sentiment de sécurité que de solides
verrous donnaient à ma solitude. L'exploration que je
fis alors en moi-même, à la recherche d'un plaisir que
je ne connaissais pas, ne m'aurait pas donné plus
d'émoi, plus d'effroi s'il s'était agi pour moi de
pratiquer à même ma moelle et mon cerveau une
opération chirurgicale. A tout moment je croyais que
j'allais mourir. Mais que m'importait! ma pensée
exaltée par le plaisir sentait bien qu'elle était plus
vaste, plus puissante que cet univers que j'apercevais
au loin par la fenêtre, dans l'immensité et l'éternité
duquel je pensais en temps habituel avec tristesse que

je n'étais qu'une parcelle éphémère. En ce moment, aussi loin que les nuages s'arrondissaient au-dessus de la forêt, je sentais que mon esprit allait encore un peu plus loin, n'était pas entièrement rempli par elle, laissait une petite marge encore. Je sentais mon regard puissant dans mes prunelles porter comme de simples reflets sans réalité les belles collines bombées qui s'élevaient comme des seins des deux côtés du fleuve. Tout cela reposait sur moi, j'étais plus que tout cela, je ne pouvais mourir. Je repris haleine un instant ; pour m'asseoir sur le siège sans être dérangé par le soleil qui le chauffait, je lui dis : « Ote-toi de là, mon petit, que je m'y mette » et je tirai le rideau de la fenêtre, mais la branche du lilas l'empêchait de fermer. Enfin, s'éleva un jet d'opale, par élans successifs, comme au moment où s'élance le jet d'eau de Saint-Cloud, que nous pouvons reconnaître — car dans l'écoulement incessant de ses eaux, il a son individualité que dessine gracieusement sa courbe résistante — dans le portrait qu'en a laissé Hubert Robert, alors seulement que la foule qui l'admirait avait des...[1] qui font dans le tableau du vieux maître de petites valves roses, vermillonnées ou noires.

A ce moment, je sentis comme une tendresse qui m'entourait. C'était l'odeur du lilas, que dans mon exaltation j'avais cessé de percevoir et qui venait à moi. Mais une odeur âcre, une odeur de sève s'y mêlait, comme si j'eusse cassé la branche. J'avais seulement laissé sur la feuille une trace argentée et naturelle, comme fait le fil de la Vierge ou le colimaçon. Mais sur cette branche, il m'apparaissait comme le fruit défendu sur l'arbre du mal. Et comme

---

1. Lacune dans le manuscrit.

les peuples qui donnent à leurs divinités des formes
inorganisées, ce fut sous l'apparence de ce fil d'argent
qu'on pouvait tendre presque indéfiniment sans le
voir finir, et que je devais tirer de moi-même en allant
tout au rebours de ma vie naturelle, que je me
représentai dès lors pour quelque temps le diable.

Malgré cette odeur de branche cassée, de linge
mouillé, ce qui surnageait, c'était la tendre odeur des
lilas. Elle venait à moi comme tous les jours, quand
j'allais jouer au parc situé hors de la ville, bien avant
même d'avoir aperçu de loin la porte blanche près de
laquelle ils balançaient, comme des vieilles dames
bien faites et maniérées, leur taille flexible, leur tête
emplumée, l'odeur des lilas venait au-devant de nous,
nous souhaitait la bienvenue sur le petit chemin qui
longe en contre-haut la rivière, là où des bouteilles
sont mises par des gamins dans le courant pour
prendre le poisson, donnant une double idée de
fraîcheur, parce qu'elles ne contiennent pas seulement
de l'eau, comme sur une table où elles lui donnent
l'air du cristal, mais sont contenues par elle et en
reçoivent une sorte de liquidité, là où, autour des
petites boules de pain que nous jetions, s'aggloméraient en une nébuleuse vivante les têtards, tous en
dissolution dans l'eau et invisibles l'instant d'avant,
un peu avant de passer le petit pont de bois dans
l'encoignure duquel, à la belle maison, un pêcheur en
chapeau de paille avait poussé entre les pruniers
bleus. Il saluait mon oncle qui devait le connaître et
nous faisait signe de ne pas faire de bruit. Mais
pourtant je n'ai jamais su qui c'était, je ne l'ai jamais
rencontré dans la ville et tandis que même le chanteur, le suisse et les enfants de chœur avaient, comme
les dieux de l'Olympe, une existence moins glorieuse

où j'avais affaire à eux, comme maréchal-ferrant, crémier et fils de l'épicière, en revanche, comme je n'ai jamais vu que jardinant le petit jardinier en stuc qu'il y avait dans le jardin du notaire, je n'ai jamais vu le pêcheur que pêchant, à la saison où le chemin s'était touffu de feuilles des pruniers, de sa veste d'alpaga et de son chapeau de paille, à l'heure où même les cloches et les nuages flânent avec désœuvrement dans le ciel vide, où les carpes ne peuvent plus soutenir l'ennui de l'heure, et dans un étouffement nerveux sautent passionnément en l'air dans l'inconnu, où les gouvernantes regardent leur montre pour dire qu'il n'est pas encore l'heure de goûter.

II

CHAMBRES

Si parfois je reprenais aisément en dormant cet âge
où l'on a des craintes et des plaisirs aujourd'hui
inexistants, le plus souvent je dormais à peu près aussi
obscurément que pouvaient faire le lit, les fauteuils,
toute la chambre. Et je m'éveillais seulement le temps
que, petite partie du tout dormant, je puisse prendre
un instant conscience du sommeil total et le savourer,
entendre les craquements des boiseries qu'on ne
perçoit que quand la chambre dort, fixer le kaléidos-
cope de l'obscurité et retourner bien vite m'unir à
cette insensibilité de mon lit contre lequel j'étendais
mes membres comme une vigne contre un espalier. Je
n'étais dans ces courts réveils-là que ce que seraient
une pomme ou un pot de confiture, qui, sur la planche
où ils sont placés, seraient appelés un instant à une
vague conscience, et qui, ayant constaté qu'il fait noir
dans le buffet et que le bois joue, n'auraient rien de
plus pressé que de retourner à la délicieuse insensibilité des autres pommes et des autres pots de confiture.

Quelquefois même mon sommeil était si profond ou
m'avait pris si brusquement que j'y avais perdu le
plan du lieu où je me trouvais. Je me demande
quelquefois si l'immobilité des choses autour de nous

ne leur est pas imposée par notre certitude qu'elles
sont elles et non pas d'autres. Toujours est-il que,
quand je m'éveillais sans savoir où j'étais, tout
tournait autour de moi dans l'obscurité, les choses, les
pays, les années.

Mon côté, trop engourdi encore pour pouvoir se
remuer, cherchait à deviner son orientation. Toutes
celles qu'il avait eues depuis mon enfance se présentaient successivement à sa mémoire obscure, recons-
truisant autour d'elle tous les lieux où j'avais été
couché, ceux même auxquels je n'avais jamais repensé
depuis des années, auxquels je n'aurais peut-être
jamais repensé jusqu'à ma mort, des lieux pourtant
que je n'aurais pas dû oublier. Il se souvenait de la
chambre, de la porte, du couloir, de la pensée sur
laquelle on s'endort et qu'on retrouve au réveil. A la
direction du lit il se rappelait la place du crucifix,
l'haleine de l'alcôve dans cette chambre à coucher
chez mes grands-parents, dans ce temps où il y avait
encore des chambres à coucher et des parents, une
heure pour chaque chose, où on n'aimait pas ses
parents parce qu'on les trouvait intelligents, mais
parce qu'ils étaient ses parents, où on allait se coucher
non parce qu'on avait envie, mais parce que c'était
l'heure, et où l'on marquait la volonté, l'acceptation et
toute la cérémonie de dormir en montant par deux
degrés jusqu'au grand lit, sur lequel on refermait les
rideaux de reps bleu aux bandes de velours bleu
frappé, et où la vieille médecine, quand on était
malade, vous laissait plusieurs jours de suite la nuit
avec une veilleuse sur la cheminée en marbre de
Sienne, sans médicaments immoraux qui vous permettent de vous lever et de croire qu'on peut mener la
vie d'un homme bien portant quand on est malade,

suant sous les couvertures grâce à des tisanes bien
innocentes, qui portent les fleurs et la sagesse des prés
et des vieilles femmes depuis deux mille ans. C'est
dans ce lit que mon côté se croyait couché, et vite il
avait retrouvé ma pensée d'alors, celle qui apparaît la
première au moment où il s'étire : il était temps que je
me lève et que j'allume la lampe pour apprendre une
leçon avant de partir en classe, si je ne voulais pas être
puni.

Mais une autre attitude venait à la mémoire de mon
côté, mon corps tournait pour la prendre, le lit avait
changé de direction, la chambre de forme : c'était
cette chambre si haute, si étroite, cette chambre en
pyramide où j'étais venu finir ma convalescence à
Dieppe, et à la forme de laquelle mon âme avait eu
tant de peine à s'habituer, les deux premiers soirs. Car
notre âme est obligée de remplir et de repeindre tout
espace nouveau qu'on lui offre, d'y vaporiser ses
parfums et d'y accorder ses sonorités, et jusque-là je
sais ce qu'on peut souffrir les premiers soirs, tant que
notre âme est isolée et qu'il lui faut accepter la couleur
du fauteuil, le tic-tac de la pendule, l'odeur du couvre-
pied et essayer sans y parvenir, en se distendant, en
s'allongeant et en se rétrécissant, de prendre la forme
d'une chambre pyramidale. Mais alors, si je suis dans
cette chambre et convalescent, maman couche près de
moi ! Je n'entends pas le bruit de sa respiration, ni non
plus le bruit de la mer... Mais déjà mon corps a
évoqué une autre attitude : il n'est plus couché, mais
assis. Où ça ? Dans un fauteuil d'osier dans le jardin
d'Auteuil. Non, il fait trop chaud : dans le salon du
cercle de jeu d'Évian, où on aura éteint sans s'apercevoir que je m'y étais endormi... Mais les murs se
rapprochent, mon fauteuil fait volte-face et s'adosse à

la fenêtre. Je suis dans ma chambre au château de
Réveillon. Je suis monté comme d'habitude me reposer avant le dîner ; je me serais endormi dans mon
fauteuil ; le dîner est peut-être fini.

*

On ne m'en aurait pas voulu. Bien des années
avaient passé depuis le temps où je vivais chez mes
grands-parents. A Réveillon, on ne dînait qu'à neuf
heures, en rentrant de la promenade, pour laquelle on
partait à peu près au moment où autrefois je rentrais
des plus longues. Au plaisir de rentrer au château
quand il se détachait sur le ciel rouge, que l'eau des
étangs est rouge aussi, et de lire une heure à la lampe
avant le dîner de sept heures, un autre plaisir, plus
mystérieux a succédé. Nous partions à la nuit venue,
nous traversions la grande rue du village ; çà et là, une
boutique éclairée de l'intérieur comme un aquarium
et remplie par la lumière onctueuse et pailletée de la
lampe nous montrait sous sa paroi de verre des
personnages prolongés par de grandes ombres qui se
déplaçaient avec lenteur dans la liqueur d'or, et qui,
ignorant que nous les regardions, mettaient toute leur
attention à jouer pour nous les scènes éclatantes et
secrètes de leur vie usuelle et fantastique.

Puis j'arrivais dans les champs ; sur une moitié le
couchant s'était éteint, sur l'autre la lune était déjà
allumée. Bientôt le clair de lune les remplissait tout
entières. Nous ne rencontrions plus que le triangle
irrégulier, bleuâtre et mouvant des moutons qui
rentraient. Je m'avançais comme une barque qui
accomplit sa navigation solitaire. Déjà, suivi de mon
sillage d'ombre, j'avais traversé, puis laissé derrière

moi une étendue enchantée. Quelquefois la dame du
château m'accompagnait. Nous avions vite dépassé
ces champs à l'extrémité desquels n'atteignaient pas
mes plus longues promenades d'avant, mes promenades d'après-midi ; nous dépassions cette église, ce
château dont je n'avais jamais connu que le nom, qui
me semblaient ne devoir se trouver que sur une carte
du Rêve. Le pays changeait, il fallait monter, descendre, gravir des coteaux et parfois, au moment de
descendre dans le mystère d'une vallée profonde,
tapissée par le clair de lune, nous nous arrêtions un
instant, ma compagne et moi, avant de descendre
dans ce calice d'opale. La dame indifférente avait un
de ces mots par qui je m'apercevais tout d'un coup
placé à mon insu dans sa vie à elle, où je n'aurais pas
cru que je fusse entré pour toujours, et d'où, le
lendemain du jour où je quittais le château, elle
m'aurait déjà fait sortir.

Ainsi mon côté dresse autour de lui les chambres
après les chambres, celles d'hiver où on aime à être
séparé du dehors, où on entretient du feu toute la nuit,
ou maintient attaché autour de ses épaules un man-
teau sombre et fumeux d'air chaud, traversé de
lueurs, celles d'été où on aime être uni à la douceur de
la nature, où on dort, une chambre où je couchais à
Bruxelles et dont la forme était si riante, si vaste et
pourtant si close qu'on se sentait caché comme dans
un nid et libre comme dans un monde.

Toute cette évocation n'a pas duré plus de quelques
secondes. Encore un instant je me sens dans un lit
étroit entre d'autres lits dans la chambre. Le réveil
n'est pas encore sonné et il faudra se lever vite pour
avoir le temps d'aller boire un verre de café au lait à la

cantine avant de partir dans la campagne, en marche, musique en tête.

La nuit s'achevait tandis que défilaient lentement dans mon souvenir les diverses chambres entre lesquelles mon corps, incertain de l'endroit où il s'était réveillé, avait hésité, avant que ma mémoire lui ait permis d'affirmer qu'il était dans ma chambre actuelle. Aussitôt il l'avait reconstruite entièrement, mais partant de sa propre position qui était assez incertaine, il avait mal calculé la position du tout. J'avais établi que se trouvaient autour de moi ici la commode, là la cheminée, plus loin la fenêtre. Tout d'un coup je voyais, au-dessus de l'endroit que j'avais assigné à la commode, la ligne du jour qui s'était levé.

JOURNÉES

Cette mince raie, au-dessus des rideaux, selon qu'elle est plus ou moins claire, me dit le temps qu'il fait, avant même de me le dire m'en donne l'humeur ; mais je n'ai même pas besoin d'elle. Encore tourné contre le mur et avant même qu'elle ait paru, à la sonorité du premier tramway qui s'approche et de son timbre d'appel, je peux dire s'il roule avec résignation dans la pluie ou s'il est en partance pour l'azur. Car non seulement chaque saison mais chaque sorte de temps lui offre son atmosphère, comme un instrument particulier sur lequel il exécutera l'air toujours pareil de son roulement et de son timbre ; et ce même air non seulement nous arrivera différent mais prendra une couleur et une signification, et exprimera un senti-ment tout différent, s'il s'assourdit comme un tam-bour de brouillard, se fluidifie et chante comme un violon, tout prêt alors à recevoir cette orchestration colorée et légère, dans l'atmosphère où le vent fait courir ses ruisseaux, ou s'il perce avec la vrille d'un fifre la glace bleue d'un temps ensoleillé et froid.

Les premiers bruits de la rue m'apportent l'ennui de la pluie où ils se morfondent, la lumière de l'air glacé où ils vibrent, l'abattement du brouillard qui les éteint, la douceur et les bouffées d'un jour tempétueux et tiède, où l'ondée légère ne les mouille qu'à peine, vite essuyée d'un souffle ou séchée d'un rayon.

Ces jours-là, surtout si le vent fait entendre dans la cheminée un irrésistible appel, qui me fait plus battre le cœur qu'à une jeune fille le roulement des voitures allant au bal où elle n'est pas invitée, le bruit de l'orchestre arrivant par la fenêtre ouverte, je voudrais avoir passé la nuit en chemin de fer, arriver au petit jour dans quelque ville de Normandie, Caudebec ou Bayeux, qui m'apparaît sous son nom et son clocher anciens comme sous sa coiffe traditionnelle de la paysanne cauchoise ou son bonnet de dentelle de la reine Mathilde, et partir aussitôt en promenade, au bord de la mer en tempête, jusqu'à l'église des pêcheurs, moralement protégée des flots qui semblent ruisseler encore dans la transparence des vitraux où ils soulèvent la flotte d'azur et de pourpre de Guillaume et des guerriers, et s'être écartés pour réserver entre leur houle circulaire et verte cette crypte sous-marine de silence étouffé et d'humidité, où un peu d'eau stagne encore çà et là au creux de la pierre des bénitiers.

Et le temps qu'il fait n'a même pas plus besoin que de la couleur du jour de la sonorité des bruits de la rue pour se révéler à moi et m'appeler vers la saison et le climat dont il semble envoyé. A sentir le calme et la lenteur de communications et d'échanges qui règnent dans la petite cité intérieure de nerfs et de vaisseaux que je porte en moi, je sais qu'il pleut, et je voudrais être à Bruges où, près du four rouge comme un soleil d'hiver, les gélines, les poules d'eau, le cochon cuiraient pour mon déjeuner comme dans un tableau de Breughel.

Si déjà à travers mon sommeil, j'ai senti tout ce petit peuple de mes nerfs actif et réveillé bien avant moi, je me frotte les yeux, je regarde l'heure pour voir si j'aurais le temps d'arriver à Amiens, pour voir près de la Somme gelée sa cathédrale, ses statues abritées du vent par les corniches adossées à son mur d'or y dessiner au soleil de midi toute une vigne d'ombre.

Mais les jours de brume, je voudrais m'éveiller pour la première fois dans un château que je n'aurais vu qu'à la nuit, me lever tard, et grelottant dans ma chemise de nuit, revenant gaîment me brûler près du grand feu dans la cheminée, près duquel le soleil glacé d'hiver vient se chauffer sur le tapis, je verrais par la fenêtre un espace que je ne connais pas, et entre les ailes du château qui paraissent fort belles, une vaste cour où les cochers poussent les chevaux, qui tantôt nous emmèneront en forêt voir les étangs et le monastère, tandis que la châtelaine tôt levée recommande qu'on ne fasse pas de bruit pour ne pas m'éveiller.

Parfois, un matin de printemps égaré dans l'hiver, où la crécelle du conducteur de chèvres résonne plus claire dans l'azur que la flûte d'un pasteur de Sicile, je voudrais passer le Saint-Gothard neigeux et descendre dans l'Italie en fleurs. Et déjà, touché par ce rayon de soleil matinal, j'ai sauté à bas du lit, j'ai fait mille danses et gesticulations heureuses que je constate dans la glace, je dis avec joie des mots qui n'ont rien d'heureux, et je chante, car le poète est comme la statue de Memnon : il suffit d'un rayon de soleil levant pour le faire chanter.

*

Quand successivement tous les autres hommes que j'ai en moi, l'un par-dessus l'autre, sont tous réduits au silence, que l'extrême souffrance physique, ou le sommeil, les a tous fait tomber l'un après l'autre, celui qui reste le dernier, qui reste toujours debout, c'est, mon Dieu, quelqu'un qui ressemble parfaitement à ce capucin qu'au temps de mon enfance les opticiens avaient sous la vitre de leur devanture et qui ouvrait son parapluie s'il pleuvait, et ôtait son chapeau s'il faisait beau. S'il fait beau, mes volets ont beau être hermétiquement fermés, mes yeux peuvent être clos une crise terrible causée précisément par le beau temps, par une jolie brume mêlée de soleil qui me fait râler, peut m'ôter à force de souffrance presque la connaissance, m'ôter toute possibilité de parler, je ne peux plus rien dire, je ne pense plus à rien, même le désir que la pluie mette fin à ma crise, je n'ai plus la force de me le formuler. Alors, dans ce grand silence de tout, que domine le bruit de mes râles, j'entends tout au fond de moi une petite voix gaie qui dit : il fait beau — il fait beau —, des larmes de souffrance me tombent des yeux, je ne peux pas parler, mais si je pouvais retrouver un instant le souffle, je chanterais, et le petit capucin d'opticien, qui est la seule chose que je suis resté, ôte son chapeau et annonce le soleil.

*

Aussi quand je pris plus tard l'habitude de rester levé toute la nuit et de rester couché toute la journée, je la sentais près de moi sans la voir, en un appétit d'autant plus vif d'elle et de la vie, que je ne pouvais le satisfaire. Dès les premiers pâles sons des cloches, à peine blanchissants, de l'angélus du matin, qui pas-

sent dans l'air, faibles et rapides, comme la brise qui
précède la levée du jour, clairsemés comme les gouttes
d'une pluie matinale, j'aurais voulu goûter le plaisir
de ceux qui partent en excursion avant le jour, sont
exacts au rendez-vous dans la cour d'un petit hôtel de
province et qui battent la semelle en attendant que la
voiture soit attelée, assez fiers de montrer à ceux qui
n'avaient pas cru à leur promesse de la veille qu'ils
s'étaient réveillés à temps. On aura beau temps. Par
les beaux jours d'été le sommeil de l'après-midi a le
charme d'une sieste.

Qu'importait que je fusse couché, les rideaux
fermés ! A une seule de ses manifestations de lumière
ou d'odeur, je savais que l'heure *était,* non pas dans
mon imagination, mais dans la réalité présente du
temps, avec toutes les possibilités de vie qu'elle offrait
aux hommes, non pas une heure rêvée, mais une
réalité à laquelle je participais, comme un degré de
plus ajouté à la vérité des plaisirs.

Je ne sortais pas, je ne déjeunais pas, je ne quittais
pas Paris. Mais quand l'air onctueux d'une matinée
d'été avait fini de vernir et d'isoler les simples odeurs
de mon lavabo et de mon armoire à glace, et qu'elles
reposaient, immobiles et distinctes dans un clair-
obscur nacré qu'achevait de « glacer » le reflet des
grands rideaux de soie bleue, je savais qu'en ce
moment des collégiens comme j'étais encore il y a
quelques années, des « hommes occupés » comme je
pourrais être, descendaient de train ou de bateau pour
rentrer déjeuner chez eux à la campagne, et que, sous
les tilleuls de l'avenue, devant la boutique torride du
boucher, tirant leur montre pour voir s'ils « n'avaient
pas de retard » ils goûtaient déjà le plaisir de traverser
tout un arc-en-ciel de parfums, dans le petit salon noir

et fleuri dont un rayon de jour immobile semble avoir
anesthésié l'atmosphère ; et que après s'être dirigé
dans l'office obscure où luisent soudain des irisations
comme dans une grotte, et où rafraîchit dans des
auges pleines d'eau le cidre, que tout à l'heure — si
« frais » en effet qu'il appuiera au passage sur toutes
les parois de la gorge en une adhérence entière,
glaciale et embaumée — on boira dans de jolis verres
troubles et trop épais, qui comme certaines chairs de
femme donnent envie de pousser jusqu'à la morsure
l'insuffisance du baiser, ils goûtaient déjà la fraîcheur
de la salle à manger où l'atmosphère — en sa
congélation lumineuse que striaient comme l'intérieur
d'une agate les parfums distincts de la nappe, du
buffet, du cidre, celui aussi du gruyère auquel le
voisinage des prismes de verre destinés à supporter les
couteaux ajoutait quelque mysticité — se veinait
délicatement quand on apportait les compotiers de
l'odeur des cerises d'abord et des abricots. Des bulles
montaient dans le cidre et elles étaient si nombreuses
que d'autres restaient pendues le long du verre où
avec une cuiller on aurait pu les prendre, comme cette
vie qui pullule dans les mers d'Orient et où, d'un coup
de filet, on prend des milliers d'œufs. Et du dehors
elles grumelaient le verre comme un verre de Venise,
et lui donnaient une extrême délicatesse en brodant de
mille points délicats sa surface que le cidre rosait.

A peine, comme un musicien qui entend dans sa
tête la symphonie qu'il compose sur le papier a besoin
de jouer une note pour s'assurer qu'il est bien
d'accord avec la sonorité réelle des instruments, je me
levais un instant et j'écartais le rideau de la fenêtre
pour bien me mettre au diapason de la lumière. Je m'y
mettais aussi au diapason de ces autres réalités dont

l'appétit est surexcité dans la solitude et dont la possibilité, la réalité donne une valeur à la vie : les femmes qu'on ne connaît pas. Voici qu'il en passe une, qui regarde de droite et de gauche, ne se presse pas, change de direction, comme un poisson dans une eau transparente. La beauté n'est pas comme un superlatif de ce que nous imaginons, comme un type abstrait que nous avons devant les yeux, mais au contraire un type nouveau, impossible à imaginer que la réalité nous présente. Ainsi, de cette grande fille de dix-huit ans, à l'air dégourdi, aux joues pâles, aux cheveux qui frisent. Ah ! si j'étais levé. Mais du moins, je sais que les jours sont riches de telles possibilités, mon appétit de la vie s'en accroît. Car parce que chaque beauté est un type différent, qu'il n'y a pas de beauté mais des femmes belles, elle est une invitation à un bonheur qu'elle seule peut réaliser.

Qu'ils sont délicieux et douloureux, ces bals où se mêlent devant nous non pas seulement les jolies jeunes filles à la peau embaumée, mais les files insaisissables, invisibles, de toutes ces vies inconnues de chacune d'elles où nous voudrions pénétrer ! Parfois l'une, du silence d'un regard de désir et de regret, nous entrouvre sa vie, mais nous ne pouvons pas y entrer autrement que par le désir. Et le désir seul est aveugle, et désirer une jeune fille dont on ne sait même pas le nom, c'est se promener les yeux bandés dans un lieu dont on sait que ce serait le paradis de pouvoir y revenir et que rien ne nous fera reconnaître...

Mais elle, combien nous en reste inconnu ! Nous voudrions savoir son nom qui du moins pourrait nous permettre de la retrouver, et qui peut-être est tel qu'elle mépriserait le nôtre, les parents dont les ordres

et les habitudes sont ses obligations et ses habitudes,
la maison qu'elle habite, les rues qu'elle traverse, les
amis qu'elle rencontre, ceux qui, plus heureux, viennent la voir, la campagne où elle ira l'été et qui
l'éloignera plus encore de nous, ses goûts, ses pensées,
tout ce qui certifie son identité, constitue sa vie, frappe
ses regards, contient sa présence, emplit sa pensée,
reçoit son corps.

Parfois, j'allais jusqu'à la fenêtre, je soulevais un
coin du rideau. Dans une flaque d'or, suivies de leur
institutrice, se rendant au catéchisme ou au cours,
ayant épuré de leur souple démarche tout mouvement
involontaire, je voyais passer de ces jeunes filles,
pétries dans une chair précieuse, qui semblent faire
partie d'une petite société impénétrable, ne pas voir le
peuple vulgaire au milieu duquel elles passent, si ce
n'est pour en rire sans se gêner, avec une insolence qui
leur semble l'affirmation de leur supériorité. Jeunes
filles qui semblent dans un regard mettre entre elles et
vous cette distance que leur beauté rend douloureuse ;
jeunes filles non pas de l'aristocratie, car les cruelles
distances de l'argent, du luxe, de l'élégance ne sont
nulle part supprimées aussi complètement que dans
l'aristocratie. Elle peut rechercher par plaisir les
richesses mais n'y attribue aucune valeur et les met
sans façon et sincèrement sur le même pied que notre
gaucherie et notre pauvreté. Jeunes filles non du
monde de l'intelligence, car il pourrait y avoir avec
elles d'autres divins plain-pieds. Jeunes filles pas
même du monde de la pure finance, car elle révère ce
qu'elle souhaite d'acheter, est encore plus près du
travail et de la considération. Non, jeunes filles élevées
dans ce monde qui peut mettre entre lui et vous la
distance la plus grande et la plus cruelle, coterie du

monde de l'argent, qui à la faveur de la jolie tournure
de la femme ou de la frivolité du mari commence à
frayer dans les chasses avec l'aristocratie, cherchera
demain à s'allier avec elle, aujourd'hui a encore
contre elle le préjugé bourgeois, mais déjà souffre que
son nom roturier ne laisse pas deviner qu'elles rencon-
trent en visite une duchesse, et que la profession
d'agent de change ou de notaire de leur père puisse
laisser supposer qu'il mène la même vie que la plupart
de ses collègues dont ils ne veulent pas voir les filles.
Milieu où il est difficile de pénétrer parce que déjà les
collègues du père en sont exclus, et que les nobles
seraient obligés de trop s'abaisser pour vous y faire
entrer ; affinées par plusieurs générations de luxe et de
sport, que de fois, dans le moment même où je
m'enchantais de leur beauté, elles m'ont fait sentir
dans un seul regard toute la distance vraiment
infranchissable qu'il y avait entre elles et moi, et
d'autant plus inaccessible pour moi que les nobles que
je connais ne les connaissaient pas et ne pourraient
pas me présenter à elles.

J'aperçois un de ces êtres qui nous dit par son
visage particulier la possibilité d'un bonheur nouveau. La beauté, en étant particulière, multiplie les
possibilités de bonheur. Chaque être est comme un
idéal encore inconnu qui s'ouvre à nous. Et de voir
passer un visage désirable que nous ne connaissions
pas nous ouvre de nouvelles vies que nous désirons
vivre. Ils disparaissent au coin de la rue, mais nous
espérons les revoir, nous restons avec l'idée qu'il y a
bien plus de vies que nous ne pensions à vivre, et cela
donne plus de valeur à notre personne. Un nouveau
visage qui a passé, c'est comme le charme d'un
nouveau pays qui s'est révélé à nous par un livre.

Nous lisons son nom, le train va partir. Qu'importe si nous ne partons pas, nous savons qu'il existe, nous avons une raison de plus de vivre. Ainsi, je regardais par la fenêtre pour voir que la réalité, la possibilité de la vie que je sentais en chaque heure près de moi contenaient d'innombrables possibilités de bonheurs différents. Une jolie fille de plus me garantissait la réalité, la multiformité du bonheur. Hélas ! nous ne connaîtrons pas tous les bonheurs, celui qu'il y aurait à suivre la gaîté de cette fillette blonde, à être connu des yeux graves de ce dur visage sombre, à pouvoir tenir sur ses genoux ce corps élancé, à connaître les commandements et la loi de ce nez busqué, de ces yeux durs, de ce grand front blanc. Du moins nous donnent-ils de nouvelles raisons de vivre...

Parfois l'odeur fétide d'une automobile entrait par la fenêtre, cette odeur que trouvent nous gâter la campagne de nouveaux penseurs qui croient que les joies de l'âme humaine seraient différentes si on voulait, etc., qui croient que l'originalité est dans le fait et non dans l'impression. Mais le fait est si immédiatement transformé par l'impression que cette odeur de l'automobile entrait dans ma chambre tout simplement comme la plus enivrante des odeurs de la campagne en été, celle qui résumait sa beauté et la joie aussi de la parcourir toute, d'approcher d'un but désiré. L'odeur même de l'aubépine ne m'eût apporté l'évocation que d'un bonheur en quelque sorte immobile et limité, celui qui est attaché à une haie. Cette délicieuse odeur de pétrole, couleur du ciel et du soleil, c'était toute l'immensité de la campagne, la joie de partir, d'aller loin entre les bleuets, les coquelicots et les trèfles violets, et de savoir que l'on arrivera au lieu désiré, où notre amie nous attend. Pendant toute

la matinée, je m'en souviens, dans ces champs de la
Beauce, la promenade m'éloignait d'elle. Elle était
restée à une dizaine de lieues de là. Par moments un
grand souffle venait, qui couchait les blés au soleil et
faisait frémir les arbres. Et dans ce grand pays plat, où
les pays les plus lointains semblent la continuation à
perte de vue des mêmes lieux, je sentais que ce souffle
venait en droite ligne de l'endroit où elle m'attendait,
qu'il avait passé sur son visage avant de venir à moi,
sans avoir rien rencontré, sur son chemin d'elle à moi,
que ces champs indéfinis de blé, de bleuets, de
coquelicots, qui étaient comme un seul champ aux
deux bouts duquel nous nous serions mis et tendrement attendus, à cette distance où les yeux n'atteignaient pas, mais que franchissait un souffle doux
comme un baiser qu'elle m'envoyait, comme son
haleine qui venait jusqu'à moi, et que l'automobile me
ferait si vite franchir quand il serait l'heure de
retourner près d'elle. J'ai aimé d'autres femmes, j'ai
aimé d'autres pays. Le charme des promenades est
resté attaché moins à la présence de celle que j'aimais,
qui me devenait vite si douloureuse, par la peur de
l'ennuyer et de lui déplaire, que je ne la prolongeais
pas, qu'à l'espoir d'aller vers elle, où je ne restais que
sous le prétexte de quelque nécessité et avec l'espoir
d'être prié de revenir avec elle. Ainsi un pays était
suspendu à un visage. Peut-être ainsi ce visage était-il
suspendu à un pays. Dans l'idée que je me faisais de
son charme, le pays qu'il habitait, qu'il me ferait
aimer, où il m'aiderait à vivre, qu'il partagerait avec
moi, où il me ferait trouver de la joie, était un des
éléments même du charme, de l'espoir de vie, était
dans le désir d'aimer. Ainsi au fond d'un paysage
palpitait le charme d'un être. Ainsi dans un être tout

un paysage mettait sa poésie. Ainsi chacun de mes étés eut le visage, la forme d'un être et la forme d'un pays, plutôt la forme d'un même rêve qui était le désir d'un être et d'un pays que je mêlais vite ; des quenouilles de fleurs rouges et bleues dépassant d'un mur ensoleillé, avec des feuilles luisantes d'humidité, étaient la signature à quoi étaient reconnaissables tous mes désirs de nature, une année ; la suivante ce fut un triste lac le matin, sous la brume. L'une après l'autre, et ceux que je tâchai de conduire dans de tels pays, ou pour rester près desquels je renonçai à y aller, ou dont je devenais amoureux parce que j'avais cru — souvent inexactement, mais le prestige restait une fois que je savais m'être trompé — qu'ils y habitaient, l'odeur de l'automobile en passant m'a rendu tous ces plaisirs et m'a invité à de nouveaux, c'est une odeur d'été, de puissance, de liberté, de nature et d'amour.

IV

LA COMTESSE

Nous habitions un appartement au second étage, dans le corps de logis latéral d'un de ces anciens hôtels comme il n'y en a plus guère dans Paris, où la cour d'honneur était — soit flot envahissant de la démocratie, soit survivance des métiers assemblés sous la protection du seigneur — encombrée d'autant de petites boutiques que le sont les abords d'une cathédrale que l'esthétique moderne n'a pas encore « dégradée », à commencer à la place de « loge » par une échoppe de savetier entourée d'un carré de lilas et occupée par le concierge, qui rapetassait des chaussures, élevait des poules et des lapins, pendant que dans le fond de la cour habitait naturellement, en vertu d'une location récente, mais, me semblait-il, de par un privilège immémorial, la « comtesse » qu'il y avait toujours à cette époque-là dans les petits « hôtels au fond de la cour », et qui, quand elle sortait dans sa grande calèche à deux chevaux, sous les iris de son chapeau qui ressemblaient à ceux qu'il y avait sur le rebord de la fenêtre du concierge-savetier-tailleur, sans s'arrêter et pour montrer qu'elle n'était pas fière, envoyait des sourires et des petits bonjours de la main

indistinctement au porteur d'eau, à mes parents et
aux enfants du concierge...

Puis le dernier roulement de sa calèche éteint, on
refermait la porte cochère, pendant que très lentement, au pas de chevaux énormes, avec un valet de
pied dont le chapeau arrivait à la hauteur des
premiers étages, la calèche longue comme la façade
des maisons allait de maison en maison, elle sanctifiait
les rues insensibles d'un parfum d'aristocratie, s'arrêtait pour faire déposer des cartes, faisait venir les
fournisseurs lui parler à la voiture, croisant des amies,
qui allaient à une matinée où elle était invitée, ou
même en revenaient déjà. Mais la calèche prenait une
rue de traverse, la comtesse voulait d'abord aller faire
un tour au Bois, et n'irait à la matinée qu'en rentrant,
quand il n'y aurait plus personne et qu'on appellerait
dans la cour les dernières voitures. Elle savait si bien
dire à une maîtresse de maison, en lui serrant les deux
mains de ses gants de Suède, les deux coudes au corps
et en touchant sa taille pour admirer sa toilette et
comme un sculpteur qui pose sa statue, comme une
couturière qui essaye un corsage, avec ce sérieux qui
allait si bien à ses yeux doux et à sa voix grave :
« Vraiment cela n'a pas été *possible* de venir plus tôt,
avec toute la bonne volonté » et en jetant un joli
regard violet sur toute la série d'empêchements qui
s'étaient dressés, et sur lesquels elle se taisait en
personne bien élevée, qui n'aime pas parler de soi.

Notre appartement étant dans une seconde cour
donnait sur celui de la comtesse. Quand je pense
aujourd'hui à la comtesse, je me rends compte qu'elle
contenait une espèce de charme, mais qu'il suffisait de
causer avec elle pour qu'il se dissipât, et qu'elle n'en
avait aucunement conscience. Elle était une de ces

personnes qui ont une petite lampe magique, mais
dont elles ne connaîtront jamais la lumière. Et quand
on fait leur connaissance, quand on cause avec eux, on
devient comme eux, on ne voit plus la mystérieuse
lumière, le petit charme, la petite couleur, ils perdent
toute poésie. Il faut cesser de les connaître, les revoir
tout d'un coup dans le passé, comme quand on ne les
connaissait pas, pour que la petite lumière se rallume,
pour que la sensation de poésie se produise. Il semble
qu'il en soit ainsi des objets, des pays, des chagrins,
des amours. Ceux qui les possèdent n'en aperçoivent
pas la poésie. Elle n'éclaire qu'au loin. C'est ce qui
rend la vie si décevante pour ceux qui ont la faculté de
voir la petite lumière poétique. Si nous songeons aux
personnes que nous avons eu envie de connaître, nous
sommes forcés de nous avouer qu'alors il y avait un
bel inconnu dont nous avons cherché à faire la
connaissance, et qui à ce moment-là a disparu. Nous
le revoyons comme le portrait de quelqu'un que nous
n'avons jamais connu depuis, et avec lequel certes
notre ami X... n'a aucun rapport. Visages de ceux que
nous avons connus depuis, vous vous êtes éclipsés
alors. Toute notre vie se passe à laisser s'effacer à
l'aide de l'habitude ces grandes peintures d'inconnus
que la première impression nous avait données. Et
dans les moments où nous avons la force de défaire
tous les maladroits repeints qui couvrent la physiono-
mie première, nous voyons apparaître le visage de
ceux que nous ne connaissions pas encore alors, le
visage que la première impression avait gravé, et nous
sentons que nous ne les avons jamais connus... Ami
intelligent, c'est-à-dire comme tout le monde, avec qui
je cause tous les jours, qu'avez-vous du jeune homme
rapide, aux yeux trop pleins qui débordaient des

orbites, que je voyais passer rapidement dans les couloirs du théâtre, comme un héros de Burne-Jones ou un ange de Mantegna?

D'ailleurs même dans l'amour, le visage de la femme change pour nous si vite. Un visage qui nous plaît, c'est un visage que nous avons créé avec tel regard, telle partie de la joue, telle indication du nez, c'est une des mille personnes, qu'on pouvait faire jaillir d'une personne. Et bien vite c'est un autre visage qui sera pour nous la personne. [Tantôt c'est sa][1] pâleur bistrée, et ses épaules qui ont l'air d'esquisser un dédaigneux haussement. Maintenant c'est une douce figure de face, presque timide, où l'opposition des joues blanches et des cheveux noirs ne joue plus aucun rôle. Que de personnes successives sont pour nous une personne, qu'elle est loin celle qu'elle fut pour nous le premier jour! L'autre soir, ramenant d'une soirée la comtesse dans cette maison où elle habite encore et où je n'habite plus depuis tant d'années, tout en l'embrassant, j'éloignais sa figure de la mienne, pour tâcher de la voir comme une chose loin de moi, comme une image, comme je la voyais autrefois, quand elle s'arrêtait dans la rue pour parler à la laitière. J'aurais voulu retrouver l'harmonie qui unissait le regard violet, le nez pur, la bouche dédaigneuse, la taille longue, l'air triste, et en gardant bien dans mes yeux le passé retrouvé, approcher mes lèvres et embrasser ce que j'aurais voulu embrasser alors. Mais hélas, les visages que nous embrassons, les pays que nous habitons, les morts même dont nous portons le deuil ne contiennent plus rien de ce qui nous fait souhaiter de les aimer, d'y vivre, trembler de

1. Lacune dans le manuscrit.

les perdre. Cette vérité des impressions de l'imagination, si précieuse, l'art qui prétend ressembler à la vie,
en la supprimant, supprime la seule chose précieuse.
Et en revanche s'il la peint, il donne du prix aux
choses les plus vulgaires ; il pourrait en donner au
snobisme, si au lieu de peindre ce qu'il est dans la
société, c'est-à-dire rien, comme l'amour, le voyage, la
douleur réalisés, il cherchait à le retrouver dans la
couleur irréelle — seule réelle — que le désir des
jeunes snobs met sur la comtesse aux yeux violets, qui
part dans sa victoria les dimanches d'été.

Naturellement, la première fois que je vis la
comtesse et que j'en tombai amoureux, je ne vis de son
visage que quelque chose d'aussi fuyant et d'aussi
fugitif que ce que choisit arbitrairement un dessina-
teur dont nous voyons un « profil perdu ». Mais
c'était pour moi, cette espèce de ligne serpentine qui
unissait un rien du regard avec l'inflexion du nez et
une moue d'un coin de la bouche en omettant tout le
reste ; et quand je la rencontrais dans la cour ou dans
la rue, en même temps, sous sa toilette différente, dans
son visage dont la plus grande partie me restait
inconnue, j'avais à la fois l'impression de voir quelqu'un que je ne connaissais pas, et en même temps je
recevais un grand coup au cœur, parce que sous le
déguisement du chapeau de bleuets et du visage
inconnu j'avais aperçu la possibilité du profil serpen-
tin et le coin de bouche qui l'autre jour avait la moue.
Quelquefois, je restais des heures à la guetter sans la
voir, et tout d'un coup elle était là, j'avais vu la petite
ligne onduleuse qui se terminait par des yeux violets.
Mais bientôt ce premier visage arbitraire qu'est pour
nous une personne, ne présentant jamais que le même
profil, ayant toujours le même léger haussement de

sourcil, le même sourire prêt à poindre dans les yeux,
le même commencement de moue dans le seul coin de
bouche qu'on voit — et tout cela aussi arbitrairement
découpé dans le visage et dans la succession des
expressions possibles, aussi partiel, aussi momentané,
aussi immuable que si c'était un dessin fixant une
expression et qui ne peut plus changer — cela c'est
pour nous la personne, les premiers jours. Et puis c'est
une autre expression, un autre visage les jours qui
suivent : l'opposition du noir des cheveux et de la
pâleur de la joue qui le constituait presque entièrement au début, nous n'en tenons plus aucun compte
ensuite. Et ce n'est plus la gaîté d'un œil moqueur,
mais la douceur d'un regard timide.

L'amour qu'elle m'inspirait augmentant l'idée de
ce que sa noblesse avait de rare, son petit hôtel au
fond de notre cour m'apparaissait comme inaccessible
et on m'aurait dit qu'une loi de la nature empêchait
tout roturier comme moi de pénétrer jamais dans sa
maison aussi bien que de voler au milieu des nuages
que je n'aurais pas été extrêmement étonné. J'étais à
l'heureux temps où on ne connaît pas la vie, où les
êtres et les choses ne sont pas rangés pour nous dans
des catégories communes, mais où les noms les
différencient, leur imposent quelque chose de leur
particularité. J'étais un peu comme notre Françoise,
qui croyait que, entre le titre de marquise de la belle-
mère de la comtesse et l'espèce de véranda appelée
marquise qu'il y avait au-dessus de l'appartement de
cette dame, il y avait un lien mystérieux, et qu'aucune
autre sorte de personne qu'une marquise ne pouvait
avoir cette sorte de véranda.

Quelquefois, pensant à elle et me disant que je
n'avais pas de chance de l'apercevoir aujourd'hui, je

descendais tranquillement la rue, quand tout d'un coup, au moment où je passais devant la laitière, je me sentais bouleversé comme peut l'être un petit oiseau qui aurait aperçu un serpent. Près du comptoir, sur le visage d'une personne qui parlait à la laitière en choisissant un fromage à la crème, j'avais aperçu frémir et onduler une petite ligne serpentine au-dessus de deux yeux violets fascinateurs. Le lendemain, pensant qu'elle retournerait chez la crémière, je me postais pendant des heures au coin de la rue, mais je ne la voyais pas et je m'en retournais navré, quand en traversant la rue j'étais obligé de me garer d'une voiture qui manquait de m'écraser. Et je voyais sous un chapeau inconnu, dans un visage autre, le petit serpent endormi et les yeux qui comme cela paraissaient à peine violets, mais que je reconnaissais bien, et j'avais eu le coup au cœur avant de les avoir reconnus. Chaque fois que je l'apercevais, je pâlissais, je chancelais, j'aurais voulu me prosterner, elle me trouvait « bien élevé ». Il y a dans *Salammbô* un serpent qui incarne le génie d'une famille. Il me semblait ainsi que cette petite ligne serpentine se retrouvait chez sa sœur, ses neveux. Il me semblait que si j'avais pu les connaître j'aurais goûté en eux un peu de cette essence qui était elle. Ils semblaient toutes les esquisses différentes faites d'après un même visage commun à toute la race.

Quand au détour d'une rue je reconnaissais venant dans ma direction les favoris blonds de son maître d'hôtel qui lui parlait, qui la voyait déjeuner, qui était comme de ses amis, j'avais un triple coup au cœur, comme si de lui aussi j'avais été amoureux.

Ces matinées, ces jours n'étaient que des sortes de fils de perles qui la rattachaient aux plaisirs les plus

élégants qu'il y eût alors ; dans cette robe bleue après
cette promenade, elle repartait déjeuner chez la
duchesse de Mortagne ; à la fin du jour, quand on
reçoit aux lumières, elle allait chez la princesse
d'Aleriouvres, chez Mme de Bruyvres, et après le
dîner, quand sa voiture l'attendait et qu'elle y intro-
duisait un frémissement opalin de soie, de regard et de
perles, elle partait chez la duchesse de Rouen ou la
comtesse de Dreux. Plus tard, quand ces mêmes
personnes furent devenues pour moi des personnes
ennuyeuses, où je ne tenais plus à aller, et que je vis
qu'il en était de même pour elle, sa vie perdit de son
mystère et souvent elle préféra rester avec moi à
causer, plutôt que nous allions dans ces fêtes, où alors
je me figurais qu'elle devait seulement être elle-même,
le reste de ce que je voyais n'étant qu'une sorte de
coulisse où l'on ne peut rien soupçonner de la beauté
de la pièce et du génie de l'actrice. Quelquefois le
raisonnement retira plus tard d'elle, de sa vie, des
vérités, qui, exprimées, ont l'air de signifier la même
chose que mes rêves : elle est particulière, elle ne voit
que des gens d'ancienne race. Ce n'étaient plus que
des mots.

V

L'ARTICLE
DANS « LE FIGARO »

Je fermai les yeux en attendant le jour. Je pensai à cet article que j'avais envoyé il y a longtemps déjà au *Figaro*. J'avais même corrigé les épreuves. Tous les matins, en ouvrant le journal, j'espérais le trouver. Depuis plusieurs jours, j'avais cessé d'espérer et je me demandais si on les refusait tous ainsi. Bientôt j'entendis tout le monde se lever. Maman ne tarderait pas à entrer dans ma chambre, car déjà je ne dormais que le jour et on me disait bonsoir après le courrier. Je rouvris les yeux, le jour avait paru. On entra dans ma chambre. Bientôt Maman entra aussi. Il n'y avait jamais besoin d'hésiter, quand on voulait comprendre ce qu'elle faisait. Comme pendant toute sa vie elle n'a jamais pensé une fois à elle, et comme le seul but de ses plus petites actions comme de ses plus grandes a été notre bien — et, à partir du moment où j'ai été malade et où il a fallu renoncer à mon bien, a été mon plaisir et ma consolation — il était assez facile, avec cette clef que j'ai possédée dès le premier jour, de deviner ses intentions dans ses gestes, et de m'apercevoir au bout de ses intentions. Quand je vis, après qu'elle m'eut dit bonjour, son visage prendre un air de distraction, d'indifférence, tandis qu'elle posait négli-

gemment *Le Figaro* près de moi — mais si près que je
ne pouvais pas faire un mouvement sans le voir —
quand je la vis, aussitôt cela fait, sortir précipitamment de la chambre, comme un anarchiste qui a posé
une bombe, et repousser dans le couloir avec une
violence inaccoutumée ma vieille bonne, qui entrait
précisément à ce moment-là, et qui ne comprit pas ce
qui allait se passer de prodigieux dans la chambre et à
quoi elle ne devait pas assister, je compris immédiatement ce que Maman avait voulu me cacher, à savoir
que l'article avait paru, qu'elle ne m'en avait rien dit
pour ne pas déflorer ma surprise, et qu'elle ne voulait
pas que personne fût là qui pourrait troubler ma joie
par sa présence, seulement m'obliger par respect
humain à dissimuler. Maman n'a jamais déposé ainsi
le courrier d'un air négligent près de moi, sans qu'il y
eût soit un article de moi ou sur moi, ou sur quelqu'un
que j'aime, soit une page de Jammes ou de Boylesve,
qui sont pour moi un enchantement, soit une lettre
d'une écriture aimée.

*

J'ouvris le journal. Tiens, justement un article sur
le même sujet que moi ! Non, mais c'est trop fort, juste
les mêmes mots... Je protesterai... mais encore les
mêmes mots, ma signature... c'est mon article. Mais
pendant une seconde ma pensée entraînée par la
vitesse acquise et peut-être déjà un peu fatiguée à
cette époque continue à croire que ce n'est pas lui,
comme les vieux qui continuent un mouvement
commencé; mais vite je reviens à cette idée : c'est
mon article.

Alors je prends cette feuille qui est à la fois une et

dix mille par une multiplication mystérieuse, tout en
la laissant identique et sans l'enlever à personne,
qu'on donne à autant de camelots qui la demandent,
et sous le ciel rouge étendu sur Paris, humide et de
brouillard et d'encre, l'apportent avec le café au lait à
tous ceux qui viennent de s'éveiller. Ce que je tiens
dans ma main, ce n'est pas seulement ma pensée
vraie, c'est, recevant cette pensée, des milliers d'atten-
tions éveillées. Et pour me rendre compte du phénomène qui se passe, il faut que je sorte de moi, que je
sois un instant un quelconque des dix mille lecteurs
dont on vient d'ouvrir les rideaux et dans l'esprit
fraîchement éveillé de qui va se lever ma pensée en
une aurore innombrable, qui me remplit de plus
d'espérance et de foi que celle que je vois en ce
moment au ciel. Alors je prends le journal comme si je
ne savais pas qu'il y a un article de moi ; j'écarte
exprès les yeux de l'endroit où sont mes phrases,
essayant de recréer ce qu'il y a plus de chance
d'arriver, et faisant pencher la chance du côté que je
crois, comme quelqu'un qui attend laisse de l'intervalle entre les minutes, pour ne pas se laisser aller à
compter trop vite. Je sens sur ma figure la moue de
mon indifférence de lecteur non averti, puis mes yeux
tombent sur mon article, au milieu, et je commence.
Chaque mot m'apporte l'image que j'avais l'intention
d'évoquer. A chaque phrase, dès le premier mot se
dessine d'avance l'idée que je voulais exprimer ; mais
ma phrase me l'apporte plus nombreuse, plus détail-
lée, enrichie, car auteur, je suis cependant lecteur, en
simple état de réceptivité et l'état où j'étais en écrivant
était plus fécond, et à la même idée qui se recrée en
moi en ce moment, j'ai ajouté alors des prolongements
symétriques, auxquels je ne pensais pas à l'instant en

commençant la phrase, et qui m'émerveillent par leur
ingéniosité. Réellement, il me paraît impossible que
les dix mille personnes qui lisent en ce moment
l'article ne ressentent pas pour moi l'admiration que
j'éprouve en ce moment pour moi-même. Et leur
admiration bouche les petites fissures qu'il y a dans la
mienne. Si je mettais mon article face à face de ce que
j'aurais voulu faire, comme hélas cela m'arrivera plus
tard, il est probable que je lui trouverais un bégaie-
ment d'aphasique en face d'une phrase délicieuse et
suivie, pouvant à peine faire comprendre à la personne douée de la meilleure volonté ce que je m'étais
cru, avant de prendre la plume, capable de faire. Ce
sentiment-là, je l'ai en écrivant, en me relisant, je
l'aurai dans une heure ; mais en ce moment ce n'est
pas dans ma pensée que je verse ainsi lentement
chaque phrase, c'est dans les mille et mille pensées des
lecteurs réveillés, à qui on vient d'apporter *Le Figaro*.
    Dans l'effort que je fais pour être l'un d'eux, je me
dépouille des intentions que j'avais, je me fais une
pensée nue, qui s'attendait à lire n'importe quoi et
que viennent assaillir, charmer, remplir de l'idée de
mon talent, me faire préférer sans aucun doute à tous
les autres écrivains, cette image charmante, cette idée
rare, ce trait d'esprit, cette vue profonde, cette
expression éloquente, qui ne cessent pas de se succé-
der. Au-dessus de tous ces cerveaux qui s'éveillent,
l'idée de ma gloire se levant sur chaque esprit
m'apparaît plus vermeille que l'aurore innombrable
qui rosit à chaque fenêtre. Si un mot me paraît
mauvais, oh ! ils ne s'en apercevront pas ; et puis ce
n'est déjà pas mal comme cela, ils ne sont pas
habitués à si bien. Le sentiment de mon impuissance,
qui est la tristesse de ma vie, se change, maintenant

que je m'appuie à la matière de dix mille admirations
que je m'imagine, en un sentiment de force joyeuse. Je
sors de mon triste jugement sur moi-même, je vis dans
les paroles d'éloge, ma pensée se fait tour à tour à la
mesure de l'admiration particulière que j'imagine en
chacun, de ces éloges que je recevrai tout à l'heure, et
sur qui je me déchargerai du douloureux devoir de me
juger.

Hélas, au moment même où je bénéficie de ne plus
avoir à me juger moi-même, c'est moi qui me juge !
Ces images que je vois sous mes mots, je les vois parce
que j'ai voulu les y mettre ; elles n'y sont pas. Et si
même pour quelques-unes j'ai réussi en effet à les faire
passer dans la phrase, mais pour les voir et les aimer il
faudrait que le lecteur les ait dans son esprit et les
chérisse ! En relisant quelques phrases bien faites je
me dis : Oui, dans ces mots il y a cette pensée, cette
image, je suis tranquille, mon rôle est fini, chacun n'a
qu'à ouvrir ces mots, ils l'y trouveraient, le journal
leur apporte ce trésor d'images et d'idées. Comme si
les idées étaient sur le papier, que les yeux n'eussent
qu'à s'ouvrir pour les lire et les faire pénétrer en un
esprit où elles n'étaient pas déjà ! Tout ce que les
miens peuvent faire c'est d'en éveiller de semblables
dans les esprits qui en possèdent naturellement de
pareilles. Pour les autres, en qui mes mots n'en
trouveront point à éveiller, quelle idée absurde de moi
éveillent-ils ! Qu'est-ce que cela pourra leur dire, ces
mots qui signifient des choses, non seulement qu'ils ne
comprendront jamais, mais qui ne peuvent se présenter à leur esprit ? Alors, au moment où ils lisent ces
mots-là, qu'est-ce qu'ils voient ? Et c'est ainsi que tous
ceux de mes lecteurs que je connais me diront : « Pas
fameux, votre article », « Bien mauvais », « Vous

avez tort d'écrire », tandis que moi, pensant qu'ils ont
raison, voulant me ranger à leur avis, j'essaye de lire
mon article avec leur esprit. Mais je ne peux pas plus
prendre le leur qu'ils n'ont pu prendre le mien. Dès le
premier mot, les ravissantes images se lèvent en moi,
sans partialité, elles m'émerveillent l'une après l'autre, il me semble que c'est fini, que c'est ainsi là, dans
le journal, qu'on ne peut pas faire autrement que de
les recevoir, que s'ils faisaient attention, si je le leur
disais, ils penseraient comme moi.

Je voudrais penser que ces idées merveilleuses
pénètrent à ce même moment dans tous les cerveaux,
mais aussitôt je pense à tous les gens qui ne lisent pas
Le Figaro, qui peut-être ne le liront pas aujourd'hui,
qui vont partir pour la chasse, ou ne l'ont pas ouvert.
Et puis, ceux qui le lisent liront-ils mon article ? Hélas !
ceux qui me connaissent le liront s'ils voient ma
signature. Mais la verront-ils ? Je me réjouissais d'être
en première page, mais je crois au fond qu'il y a des
gens qui ne lisent que la deuxième. Il est vrai que,
pour lire la seconde, il faut déplier le journal, et ma
signature est juste au milieu de la première page.
Pourtant, il me semble que, quand on va tourner
la deuxième page, on n'aperçoit de la première page
que les colonnes de droite. J'essaye, je suis le monsieur
pressé de voir qui il y avait chez Mme de Fitz-
James, je prends *Le Figaro* avec intention de ne rien
voir de la première page. Ça y est, je vois bien les deux
dernières colonnes, mais pas plus de Marcel Proust
que s'il n'y en avait pas ! Tout de même, même si on
ne s'intéresse qu'à la seconde page, on doit regarder
qui a fait le premier article. Alors je me demande qui
l'avait fait hier, avant-hier, et je me rends compte que
bien souvent moi-même je ne vois pas la signature du

premier article. Je me promets dorénavant de toujours
le regarder, comme un amant jaloux, pour se persuader que sa maîtresse ne le trompe pas, ne le trompe
plus. Mais hélas! je sais bien que mon attention
n'entraînera pas les autres, que ce n'est pas parce que
cela arrivera désormais pour moi, que je regarderai la
première page, que cela me permettra de conclure que
les autres font de même. Au contraire, je n'ai pas
l'idée que la réalité puisse ressembler tant à mon
désir, comme autrefois, quand j'espérais une lettre de
ma maîtresse, je l'écrivais en pensée telle que j'aurais
voulu la recevoir. Puis sachant qu'il n'était pas
possible, le hasard n'étant pas si grand, qu'elle
m'écrive juste ce que j'imagine, je cessais d'imaginer,
pour ne pas exclure du possible ce que j'avais
imaginé, pour qu'elle pû m'écrire cette lettre. Si même
un hasard avait fait qu'elle me l'écrivît, je n'aurais pas
eu de plaisir, j'aurais cru lire une lettre écrite par moi-
même. Hélas, dès le premier amour passé, nous
connaissons si bien toutes les phrases qui peuvent
faire plaisir en amour, qu'aucune, la plus désirée, ne
nous apporte rien d'extérieur à nous. Il suffit qu'elles
soient écrites avec des mots qui sont aussi bien des
mots à nous qu'à notre maîtresse, avec des pensées
que nous pouvons créer aussi bien qu'elle, pour qu'en
les lisant nous ne sortions pas de nous, et qu'il y ait
peu de différence pour nous entre les avoir désirées et
les recevoir, puisque l'accomplissement parle le même
langage que le désir.

Je me suis fait racheter quelques exemplaires du
Figaro par le valet de chambre, j'ai dit que c'était pour
en donner à quelques amis et c'est vrai. Mais c'est
surtout pour toucher du doigt l'incarnation de ma
pensée en ces milliers de feuilles humides, pour avoir

un autre journal qu'un nouveau monsieur aurait eu
s'il était venu au même moment que mon valet de
chambre le prendre dans le kiosque, et pour m'imaginer, devant un exemplaire autre, être un nouveau
lecteur. Aussi, lecteur nouveau, je prends mon article
comme si je ne l'avais pas lu, j'ai une bonne volonté
toute fraîche, mais en réalité les impressions du
second lecteur ne sont pas très différentes et sont tout
aussi personnelles que celles du premier. Je sais bien
au fond que beaucoup ne comprendront rien à
l'article, et des gens que je connais le mieux. Mais,
même pour ceux-là, cela me donne l'agréable impression d'occuper aujourd'hui leurs pensées, sinon de
mes pensées qu'ils ne voient point apparaître, du
moins de mon nom, de ma personnalité, du mérite
qu'ils supposent à quelqu'un qui a pu écrire tant de
choses qu'ils ne comprennent point. Il y a une
personne à qui cela donnera de moi l'idée que je désire
tant qu'elle ait ; cet article qu'elle ne comprendra pas
est de son fait même une louange explicite qu'elle
entendra de moi. Hélas, la louange de quelqu'un
qu'elle n'aime pas n'enchantera pas plus son cœur
que des mots pleins d'idées qui ne sont pas en elle
n'enchaîneront son esprit.

*

Voyons, j'allais embrasser Maman avant de me
recoucher et de m'endormir et lui demander ce qu'elle
pensait de l'article ! Et déjà j'étais impatient, ne
pouvant vérifier par l'expérimentation si les dix mille
lecteurs du *Figaro* l'auraient lu et aimé, de pratiquer
quelques sondages dans les gens que je connaissais.

C'était le jour de Maman, peut-être on lui en parlerait.

Avant d'aller lui dire adieu, j'allai fermer les
rideaux. Maintenant sous le ciel rose on sentait que le
soleil s'était formé et que par sa propre élasticité, il
allait jaillir. Ce ciel rose me donnait un grand désir de
voyage, car je l'avais vu souvent par les carreaux du
wagon, après une nuit où j'avais dormi non pas
comme ici dans l'entouffement des choses renfermées
et immobilisées sur moi, mais au milieu de mouvement, emporté moi-même, comme les poissons qui en
dormant flottent et se déplacent encore, entourés des
eaux bruissantes. Ainsi j'avais veillé ou dormi, bercé
par ces bruits du train, que l'oreille accouple deux par
deux, quatre par quatre, à sa fantaisie, comme les
sons des cloches, suivant un rythme qu'elle s'imagine
écouter, qui semble précipiter une cloche sur une
autre, ainsi de suite, jusqu'à ce qu'elle l'ait remplacé
par un autre auquel les cloches, ou les bruits du train
obéissent aussi docilement. C'est après de telles nuits
que, tandis que le train m'emportait à toute vitesse
vers les pays désirés, j'apercevais au carreau de la
fenêtre le ciel rose au-dessus des bois. Puis la voie
tournait, il était remplacé par un ciel nocturne
d'étoiles, au-dessus d'un village dont les rues étaient
encore pleines de la lumière bleuâtre de la nuit. Alors
je courais à l'autre portière où le beau ciel rose brillait
de plus en plus sur les bois, et j'allais ainsi de fenêtre
en fenêtre pour ne pas le quitter, le rattrapant, selon
les changements de direction du train, à la fenêtre de
droite quand je l'avais perdu à la fenêtre de gauche.
Alors on se promet de voyager sans cesse. Et maintenant ce désir me revenait ; j'aurais voulu revoir devant
ce même ciel cette gorge sauvage du Jura, et la petite

maison de gare qui ne connaît que le tournant qui passe à côté d'elle.

Mais ce n'est pas tout ce que j'aurais voulu y voir. Là le train s'arrêta et, comme je me mettais à la fenêtre où entrait une odeur de brouillard de charbon, une fille de seize ans, grande et rose, passait offrant du café au lait fumant. Le désir abstrait de la beauté est fade, car il l'imagine d'après ce que nous connaissons, il nous montre l'univers fait et terminé devant nous. Mais une nouvelle fille belle nous apporte précisément quelque chose que nous n'imaginions pas, ce n'est pas la beauté, quelque chose de commun à d'autres, c'est une personne, quelque chose de particulier, qui n'est pas une autre chose, et aussi quelque chose d'individuel, qui est, avec qui nous voudrions mêler notre vie. Je lui criai « du café au lait »; elle ne m'entendit pas, je voyais s'éloigner cette vie où je n'étais pour rien, ses yeux qui ne me connaissaient pas, hélas, ses pensées où je n'existais pas; je l'appelai, elle m'entendit, elle se retourna, sourit, vint, et tandis que je buvais le café au lait, tandis que le train allait partir, je fixais ses yeux : ils ne me fuyaient pas, fixant aussi les miens avec une certaine surprise, mais où mon désir croyait voir de la sympathie. Que j'aurais voulu capter sa vie, voyager avec elle, avoir à moi sinon son corps, au moins son attention, son temps, son amitié, ses habitudes? Il fallait se presser, le train allait partir. Je me dis : je reviendrai demain. Et maintenant, après deux ans, je sens que je retournerai là-bas, que je tâcherai d'habiter dans le voisinage et au petit jour, sous le ciel rose, au-dessus de la gorge sauvage, d'embrasser la fille rousse qui me tend du café au lait. Un autre emmène sa maîtresse et étouffe sur elle, quand le train repart, le dési· des filles du pays qu'il a rencontrées. Mais c'est une abdication, un renoncement à connaître ce que le pays nous donne, à aller au fond de la réalité. Ceux qui cherchent dans la réalité tel ou tel plaisir, peuvent oublier en embrassant leur maîtresse la fille qui leur donnait du café au lait en souriant. Ils peuvent en voyant une autre belle cathédrale assouvir leur désir de voir les tours de la cathédrale d'Amiens. Pour moi la réalité est individuelle, ce n'est pas la jouissance avec une femme que je cherche, c'est telles femmes, ce n'est pas une belle cathédrale, c'est la cathédrale d'Amiens, au lieu où elle est enchaînée, au sol, non pas son équivalent, son double, mais elle, avec la fatigue pour l'atteindre, par le temps qu'il fait, sous le même rayon de soleil qui nous touche, elle et moi. Et souvent deux désirs s'unissent, et c'est pendant deux ans de retourner à Chartres et, après avoir vu le porche, de monter dans la tour avec la fille du sacristain.

Il faisait maintenant grand jour, je voyais à cette terre ces lueurs fantastiques d'or qui indiquent à ceux qui ouvrent leurs fenêtres que le soleil n'est pas levé depuis longtemps, et qui font frémir les grands soleils du jardin, le parc en pente et au loin la Loire immobile, dans cette poussière d'or qu'ils ne reverront plus qu'au coucher, mais qui n'aura plus alors cette beauté d'espérance, qui les fait se hâter de descendre dans le chemin encore silencieux.

VI

LE RAYON DE SOLEIL
SUR LE BALCON

Avant de me recoucher, je voulais savoir comment
Maman avait trouvé mon article :

— Félicie [1], où est Madame ?

— Madame est dans son cabinet de toilette, j'étais
en train de la coiffer. Madame croyait que Monsieur
était endormi.

Je profite de ce que je suis encore levé pour entrer
chez Maman, où ma venue, à une pareille heure
(l'heure où je viens habituellement de me coucher et
de m'endormir) est tout à fait inaccoutumée. Maman
est assise devant sa toilette, dans un grand peignoir
blanc, ses beaux cheveux noirs répandus sur ses
épaules.

— Que vois-je, mon Loup à cette heure-ci ?

— « Il faut que mon maître ait pris le soir pour le
matin. »

— Non, mais mon Loup n'aura pas voulu se
coucher sans avoir parlé de son article avec sa
Maman.

— Comment le trouves-tu ?

1. C'est encore Françoise. Il s'agit d'un fragment plus ancien.

— Ta Maman, qui n'a pas étudié dans *le grand Cyre*, trouve que c'est très bien.

— N'est-ce pas que le passage sur le téléphone n'est pas mal ?

— C'est très bien ; comme aurait dit ta vieille Louise, je ne sais pas où ce que cet enfant-là va chercher tout cela, que je suis encore arrivée jusqu'à mon âge sans en avoir entendu parler.

— Non, mais enfin sérieusement, si tu avais lu cela sans savoir que c'était de moi, l'aurais-tu trouvé bien ?

— Je l'aurais trouvé très bien, et aurais cru que c'était de quelqu'un de bien plus intelligent que mon petit serin, qui ne sait pas dormir comme tout le monde et qui est à cette heure-ci chez sa Maman en chemise de nuit. Félicie, faites attention, vous me tirez les cheveux. Va vite t'habiller ou te recoucher, mon chéri, parce que c'est samedi et je n'ai pas trop de temps. Crois-tu que, si les gens qui te lisent te voyaient comme ça à cette heure-ci, ils auraient l'ombre d'estime pour toi ?

Le samedi en effet, comme mon père faisait un cours, le déjeuner était une heure plus tôt. Ce petit changement d'heure donnait d'ailleurs pour nous tous au samedi une figure particulière et assez sympathique. On savait qu'on allait déjeuner d'un instant à l'autre, qu'on avait droit à entrer en possession de l'omelette et du biftek aux pommes à un moment où d'habitude il faut les mériter pendant une heure encore. Bien plus le retour de ce samedi était un de ces petits événements qui dans les vies tranquilles absorbent tout l'intérêt, toute la gaîté, au besoin tout le sens d'invention et d'esprit qui surabondent dans ces petites communautés provinciales, où rien ne les réclame jamais. Le samedi était le thème permanent,

inépuisable et chéri de conversations, et si quelqu'un
de nous avait eu la tête épique, nul doute qu'il ne fût
devenu le sujet d'un cycle. Comme les Bretons ne
goûtaient jamais tant un chant que s'il rappelait les
aventures du roi Arthur, les plaisanteries sur le
samedi étaient au fond les seules qui nous amusassent,
car elles avaient quelque chose de national et nous
aidaient à nous différencier fortement des étrangers,
des barbares, c'est-à-dire de tous ceux qui déjeunaient
le samedi à la même heure que de coutume. L'étonne-
ment d'une personne, qui, ne sachant pas que nous
déjeunions plus tôt le samedi, était venue pour nous
parler le matin et nous avait trouvés à table, était un
des thèmes de plaisanteries le plus fréquent. Françoise
en riait seule plusieurs jours de suite. Et on savait si
bien qu'on ferait rire avec cela et d'un rire si
sympathique, où on communierait dans un sentiment
de patriotisme si exclusif autour d'une coutume
locale, qu'on invitait exprès, on ajoutait à l'étonne-
ment de la personne, on provoquait la scène, on
supposait un dialogue. On disait : « Comment, seulement deux heures de l'après-midi ? J'aurais cru bien
plus. » Et on répondait : « Mais oui, ce qui vous
trompe, c'est que c'est samedi. »

— Attends, encore un petit mot ; suppose que tu ne
me connaisses pas, que tu n'aies pas su qu'il devait y
avoir ces jours-ci un article de moi ; crois-tu que tu
l'aurais vu ? Moi, il me semble que cette partie-là ne
se lit pas.

— Mais, petit crétin, comment veux-tu qu'on ne la
voie pas ? C'est la première chose qu'on voit en
ouvrant le journal. Et un article de cinq colonnes !

— Oui, cela va ennuyer M. Calmette. Il trouve que

cela fait mauvais effet dans le journal, les lecteurs
n'aiment pas cela.

Ici la figure de Maman devient sérieusement
ennuyée.

— Mais alors pourquoi l'as-tu fait ? Ce n'est vraiment pas gentil, puisqu'il est si bon pour toi, et puis tu
comprends, si cela ne plaît pas, s'il en a des critiques,
il ne t'en redemandera plus. Il y a peut-être des
choses que tu aurais pu supprimer. Et Maman prend
le journal dont elle avait fait prendre un numéro pour
elle, pour ne pas avoir à me redemander le mien.

Le ciel s'était obscurci, j'entendis dans la cheminée
de ces coups de vent qui emportent mon cœur
jusqu'au bord de la mer où je veux partir, quand,
ramenant mon regard sur *Le Figaro* que Maman lit
pour voir si je n'aurais rien pu supprimer, il tombe sur
un article que je n'avais pas remarqué : *La Tempête :
Brest. Le vent souffle en tempête depuis hier soir, les amarres
du port ont été brisées,* etc. La vue d'une carte d'invitation pour un premier bal où elle voudrait être invitée
ne surexcite pas plus le désir d'une jeune fille que la
vue de ces mots : La tempête. Elle donne à l'objet de
mon désir sa forme, sa réalité. Et le coup au cœur que
me donnent ces mots est douloureux, car, en même
temps que le désir du départ, c'est l'anxiété du voyage
qui depuis des années empêche au dernier moment
tous les départs.

— Maman, il y a une tempête, j'ai bien envie de
profiter de ce que je suis levé pour partir à Brest.

Maman tourne la tête vers Félicie qui rit :

— Félicie, qu'est-ce que je vous avais dis ! Si
M. Marcel voit qu'il y a une tempête, il va vouloir
partir.

Félicie regarde avec admiration Maman, qui devine

toujours tout. De plus elle a à nous voir l'un près de l'autre, et moi embrassant Maman de temps en temps, un attendrissement causé par cette scène familiale qui, je le sens, agace un peu Maman, si bien qu'elle finit par lui dire que ses cheveux sont bien maintenant, qu'elle finira de se coiffer seule. Je suis toujours anxieux, deux images se disputent ma pensée dont l'une m'entraîne vers Brest et dont l'autre me ramène vers mon lit, la première me représente finissant de boire après déjeuner une tasse de café bouillant, tandis qu'un marin m'attend pour me conduire voir la tempête sur les rochers, il fait un peu de soleil ; l'autre me représente au moment où tout le monde se couche et où il me faut monter à une chambre inconnue, me coucher dans des draps humides, et savoir que je ne verrai pas Maman.

*

A ce moment, je vis palpiter sur l'appui de la fenêtre une pulsation sans couleur ni lumière, mais à tout moment enflée et grandissante, et qu'on sentait qui allait devenir un rayon de soleil. Et en effet au bout d'un instant l'appui de la fenêtre fut à demi envahi, puis avec une courte hésitation, un timide recul, entièrement inondé d'une lumière pâle sur laquelle flottaient les ombres un peu frustes du treillis de fer ouvragé du balcon. Un souffle les dispersa, mais déjà apprivoisées elles revinrent, puis sous mes yeux je vis cette lumière sur l'appui de la fenêtre croître d'intensité, par une progression rapide mais incessante et soutenue, comme cette note de musique sur laquelle finit souvent une ouverture. Elle a commencé si faible qu'on a perçu son crescendo avant de l'avoir

elle-même entendue, puis elle grandit, grandit, et
traverse avec une telle rapidité et sans faiblir tous les
degrés d'intensité que c'est, au bout d'un moment, sur
son cri assourdissant et triomphal que se termine
l'ouverture. Ainsi au bout d'un moment l'appui du
balcon était peint tout entier et comme à jamais de cet
or soutenu que composent les splendeurs invariables
d'un jour d'été, et les ombres de ce treillis de fer
ouvragé du balcon, qui m'avait toujours semblé la
chose la plus laide qu'il y eût au monde, y étaient
presque belles. Elles développaient sur un seul plan
avec une telle finesse les volutes et les enroulements,
qui dans le treillis même étaient peu perceptibles,
conduisant jusqu'à son antenne la plus ténue et
toujours avec la même précision leurs enroulements
les plus subtils, qu'elles semblaient trahir le plaisir
qu'aurait pris à les parfaire un artiste amoureux de
l'extrême fini et qui peut ajouter à la reproduction
fidèle d'un objet une beauté qui n'est pas dans l'objet
même. Et par elles-mêmes elles reposaient avec un tel
relief, si haut de formes et si palpable, sur cette
étendue lumineuse, qu'elles semblaient se laisser
porter par elle dans une sorte de consistance heureuse
et de repos silencieux.

*

Si personnelles que nous tâchions de rendre nos
paroles, nous nous conformons pourtant quand nous
écrivons à certains usages anciens et collectifs, et
l'idée de décrire l'aspect d'une chose qui nous fait
éprouver une impression est peut-être quelque chose
qui aurait pu ne pas exister, comme l'usage de cuire la
viande ou de se vêtir, si le cours de la civilisation av. it

été autre. Il semble en tout cas que la description plus
exact des ombres que le balcon faisait sur la pierre
ensoleillée peut bien peu rendre compte du plaisir que
j'éprouvais alors. Car de toutes les végétations fami-
lières et domestiques qui grimpent aux fenêtres,
s'attachent aux portes du mur et embellissent la
fenêtre, si elle est plus impalpable et fugitive, il n'y en
a pas de plus vivante, de plus réelle, correspondant
plus pour nous à un changement effectif dans la
nature, à une possibilité différente dans la journée,
que cette caresse dorée du soleil, que ces délicats
feuillages d'ombre sur nos fenêtres, flore instantanée
et de toutes les saisons, qui, dans le plus triste jour
d'hiver, quand la neige était tombée toute la matinée,
venait quand nous étions petits nous annoncer qu'on
allait pouvoir aller tout de même aux Champs-Élysées
et que peut-être bien on verrait déboucher de l'avenue
Marigny, sa toque de promenade sur son visage
étincelant de fraîcheur et de gaîté, se laissant déjà
glisser sur la glace malgré les menaces de son
institutrice, la petite fille que nous pleurions, depuis le
matin qu'il faisait mauvais, à la pensée de ne pas voir.
Plus tard viennent des années où on a la permission de
sortir même s'il fait mauvais, on n'est pas non plus
toujours amoureux, ce n'est pas toujours aux jeux de
barres, ou ce n'est pas toujours rien qu'aux jeux de
barres des Champs-Élysées, qu'on peut voir la demoi-
selle qu'on aime.

Quelquefois on arrive, même quand on n'est qu'un
petit garçon, à atteindre dans la vie le but inespéré
qu'on croyait inaccessible, à recevoir une invitation à
venir le jour de pluie prendre le thé dans cette maison
où on n'aurait jamais pu croire qu'on pénétrerait, et
qui répandait si loin autour d'elle un prestige déli-

cieux, que rien que le nom de la rue et des rues adjacentes et le numéro de l'arrondissement retentissaient en nous avec un charme douloureux et malsain. Maison que l'amour suffisait à nous rendre impressionnante ; mais où, selon la coutume de ces temps-là qui ignorait encore les appartements clairs et les salons bleus, une demi-obscurité même en plein jour donnait dès l'escalier une sorte de mystère et de majesté, que la nuit profonde de l'antichambre, où on ne pouvait pas distinguer si la personne debout devant un coffre de bois gothique et indiscernable était un valet de pied attendant sa maîtresse en visite ou le maître de maison venu au-devant de vous, changeait en une émotion profonde, tandis que, dans le salon où on ne pouvait pénétrer sans passer sous de nombreuses portières, les dais en hermine des dites portières en tapisserie, les vitraux de couleur des fenêtres, le petit chien, la table à thé et les peintures du plafond semblaient autant d'attributs et de vassaux de la châtelaine du lieu, comme si cet appartement eût été unique et formé avec le caractère, le nom, le rang, l'individualité de la maîtresse de maison, ce qu'on appelle en algèbre une séquence unique et nécessaire. L'amour suffisait d'ailleurs pour nous en présenter les moindres particularités comme des supériorités enviables. Le fait que les mêmes n'existaient pas chez moi me semblait l'aveu d'une inégalité sociale qui, si elle était connue de la petite fille que j'aimais, me séparerait d'elle à jamais, comme d'une espèce trop inférieure à elle ; et n'ayant pu obtenir de mes parents barbares qu'ils fassent cesser l'humiliante anomalie de notre appartement et de nos habitudes, je préférai lui mentir, et sûr que la petite fille ne viendrait jamais chez nous constater l'humiliante vérité, j'eus l'audace de lui faire croire que chez nous comme chez elle les meubles du salon étaient toujours recouverts de housses et qu'on ne servait jamais de chocolat à goûter.

Mais, même quand cette possibilité de prendre le thé chez ma petite amie s'il faisait mauvais eut cessé de faire pour moi d'un rayon de soleil inespéré vers deux heures la grâce d'un condamné à mort, que de fois au cours de ma vie un rayon de soleil venant se poser sur la fenêtre est venu faire refondre des projets auxquels on avait dû renoncer, rendre possible une promenade agréable sur laquelle on ne comptait plus, faire dire d'atteler! Les jours sans soleil, qui sont comme nus, ont une crudité qui donne plus envie de goûter à la journée, de mordre à même la nature; jours qu'on appelle ternes et gris, où, sans que le soleil ait paru, les gens qui passent semblent pris comme une pêcherie de harengs dans une trame d'argent dont l'éclat blesse les yeux : pourtant avec quel plaisir nous avons senti sur la fenêtre la palpitation d'un rayon qui n'avait pas encore brillé, comme si nous auscultions le cœur incertain de cet après-midi dont nous consultons dans le ciel le sourire nuageux.

L'avenue est vilaine en face la fenêtre; entre les arbres dépouillés par l'automne, on voit ce mur qu'on a repeint d'un rose trop vif et sur lequel on a collé des affiches jaunes et bleues. Mais le rayon a brillé, il enflamme toutes ces couleurs, les unit, et du rouge des arbres, du rose du mur, du jaune et du bleu des affiches et du ciel bleu qui se découvre dessus entre deux nuages, il édifie pour les yeux un palais aussi enchanté, d'une irisation aussi délicieuse pour l'œil, de teintes aussi ardentes, que Venise.

Aussi n'était-ce pas rien qu'en décrivant les dessins des reflets du balcon que je pouvais rendre l'impression que me causait ce rayon de soleil pendant que Françoise coiffait Maman. Cette impression pourrait naturellement se rendre par un dessin, une chose tracée sur un plan ; car ce n'était pas mon impression visuelle actuelle qui la ressentait. Comme dans ces représentations extraordinaires, où une multitude de choristes invisibles vient soutenir la voix d'une chanteuse célèbre et un peu fatiguée venue chanter une mélodie, des innombrables souvenirs indistincts les uns derrière les autres jusqu'au fond de mon passé ressentaient l'impression de ce rayon de soleil en même temps que mes yeux d'aujourd'hui, et donnaient à cette impression une sorte de volume, mettaient en moi une sorte de profondeur, de plénitude, de réalité faite de toute cette réalité de ces journées aimées, consultées, senties dans leur vérité, dans leur promesse de plaisir, dans leur battement incertain et familier. Sans doute, comme la chanteuse, mon impression d'aujourd'hui est vieille et fatiguée. Mais toutes ces impressions la renforcent, lui donnent quelque chose d'admirable. Peut-être aussi elles me permettent cette chose délicieuse : avoir un plaisir d'imagination, un plaisir irréel, le seul vrai plaisir des poètes ; dans une minute de réalité, elles me permettent une des rares minutes qui ne soit pas décevante. Et de cette impression et de toutes ses semblables, quelque chose qui leur est commun se dégage, quelque chose dont nous ne saurions pas expliquer la supériorité sur les réalités de notre vie, celles mêmes de l'intelligence, de la passion et du sentiment. Mais cette supériorité est si certaine que c'est à peu près la seule chose dont nous ne pouvons douter. Au moment où cette chose, essence commune de nos impressions est perçue par nous, nous éprouvons un plaisir que rien n'égale, pendant lequel nous savons que la mort n'a aucune espèce d'importance. Et après avoir lu des pages où les pensées les plus hautes et les plus beaux sentiments sont exprimés, et avoir dit « ce n'est pas mal », si tout d'un coup, sans que nous comprenions d'ailleurs pourquoi, dans un mot assez indifférent en apparence, un grain de cette essence nous est donné à respirer, nous savons que c'est cela qui est beau.

*

C'est un grand plaisir, le jour où cet inconnu désiré, qui nous dépassait de tout côté, devient connu, possédé, que c'est nous qui le dépassons. Toutes ces habitudes, cette maison où nous rêvions de nous frayer un chemin, cela tient dans notre main, nous est remis. Nous entrons comme dans un moulin dans le temple inaccessible. Les parents de la jeune fille qui nous semblaient des divinités implacables, nous barrant plus souvent la route que les dieux de l'enfer, sont changés en Euménides bienveillantes, qui nous invitent à venir la voir, à dîner, à lui apprendre la littérature, comme dans l'hallucination de ce fou de Huxley, qui voyait, là où il aurait vu un mur de prison, à la même place une vieille dame bienveillante qui lui disait de s'asseoir. Ces dîners, ces goûters que sa participation nous rendait mystérieux et qui nous éloignaient tant d'elle, que nous essayions d'imaginer comme des actes de sa vie qui nous la dérobaient, deviennent des dîners, des goûters où nous sommes invités, dont nous sommes l'invité de marque, à qui ils sont, convives, menus, jour, soumis. Les amies, ces

amies qui nous semblaient exciter en elle des affec-
tions particulières que nous ne pourrions jamais
exciter, ces amies avec lesquelles il nous semblait
qu'elle devait nous railler, on nous préfère à elles, on
nous réunit à elles, les mystérieuses promenades, les
conciliabules hostiles, nous en faisons partie. Nous
sommes l'un des amis, le plus aimé, le plus admiré. Le
concierge mystérieux nous salue, la chambre aperçue
du dehors, on nous invite à l'habiter. Cet amour que
nous éprouvions, nous l'inspirons, cette jalousie que
les amis nous faisaient ressentir nous l'excitons chez
eux, cette influence des parents, ils disent que c'est
nous qui l'avons, les vacances affreuses, on les passera
où nous irons. Et un jour viendra où cet accès inespéré
dans la vie de toutes, la fille de la poste, la marquise,
la Rochemuroise, la Cabourgeoise, ne nous paraîtra
plus qu'une carte dont nous ne nous servirons jamais;
qui sait, nous nous en exclurons volontairement à tout
jamais par une brouille.

Toute cette vie impénétrable nous la pénétrons,
nous la possédons. Ce n'est plus que des repas, des
promenades, des conversations, des plaisirs, des relations d'amitié plus agréables que les autres, parce que
le désir que nous en avions donne un goût particulier,
mais la souffrance a disparu, et avec elle le rêve. Nous
le tenons, nous avons vécu pour cela, nous avons
tâché de ne pas verser, de ne pas être malade, de ne
pas être fatigué, de ne pas être laid. Dieu nous a
accordé d'arriver sain et sauf, à l'aise, avec bonne
mine, dans la loge la plus en vue, tout a concouru
pour nous rendre chic, nous donner de l'esprit. Nous
disions : après, la mort, après, la maladie, après, la
laideur, après, l'avanie. Et voilà que nous trouvons le
prix de ces choses insuffisant et nous voudrio..s

qu'elles nous soient conservées. Et nous regrettons la bonne mine, le chic, les belles joues, la belle fleur, en nous disant : pourvu que nous puissions les garder, car cela n'est déjà plus. Et notre consolation est de nous dire : du moins nous l'avons bien désiré. De sorte que l'inassouvi est de l'essence du désir, mais c'est bien un désir typique le plus complet, un raisonnement le plus parfait : donc nous avons atteint ce que nous voulions, nous ne laissons pas de l'inassouvi, nous ne vivrons pas en perpétuel raté, nous rabattant du désiré sur du non désirable, qui trompe notre faim. C'est pour cela qu'il faut vivre où le désir est délicieux, aller dans les beaux bals, aller dans les rues, voir passer ce qu'il y a de beau, et intriguer pour le connaître, pour donner à l'âme le sentiment de l'accomplissement, fût-il décevant, de ce qu'il y a de plus parfait ici-bas, épousant le mieux les formes du désir, voir passer dans un jardin des belles fleurs humaines et les cueillir, regarder par la fenêtre, aller au bal, se dire : « Voilà les possibilités les plus belles », et les goûter. Quelquefois l'intrigue fait qu'un même soir on abat les trois fruits les plus inaccessibles. On ne désire d'ailleurs que de rares réalisations, pour se prouver qu'on peut réaliser. La réalisation pour les êtres, c'est comme la sortie pour les bonnes ; on regarde pour rêver, car pour les êtres c'est individuel, il faut voir et on se fixe un être, une date, et on abandonne de plus grands plaisirs pour l'avoir goûté. Telle caresse de tel être, moins, tel geste, tel abattage de sa voix, c'est ce que nous voulons, pour l'avenir prochain, c'est l'échantillon de réalisation que nous demandons à la vie ; la présentation à telle jeune fille, et la faire passer de l'inconnu au connu, ou plutôt nous faire passer pour elle de l'inconnu au connu, du

méprisé à l'admirable, du possédé au possédant, c'est
la petite poigne avec laquelle nous saisissons l'avenir
impalpable, la seule que nous lui imposions, comme le
voyage en Bretagne nous signifie à cinq heures du soir
voir le rayon du soleil à mi-hauteur des chênes dans
une allée couverte. Et comme l'un nous fait partir
pour un voyage, l'autre — ou, si nous la connaissons,
aller avec elle à tel endroit où elle nous verra en beau,
où nous nous donnerons un des plaisirs de la vie
réalisée avec elle, comme elle avait été pour nous une
réalisation entre toutes —, cette petite chose nous fera
lui en sacrifier d'importantes pour ne pas manquer à
une réalisation, ne pas laisser enfin le seul petit être
que nous avons arbitrairement fixé désirable, pour qui
l'amour, les jolies femmes se résument, comme l'univers se résume en ce soleil sur un palais de Venise, qui
nous fait élire ce voyage.

VII

CONVERSATION AVEC MAMAN

Félicie se recula un peu, car le soleil l'empêchait de voir « ce qu'elle faisait », et Maman éclata de rire.

— Allons ! voilà mon Loup qui s'agite, et pourquoi ? Il n'y a plus l'ombre de tempête, les feuilles de l'arbre ne bougent même pas. Ah ! j'ai prévu tout cela cette nuit, quand j'ai entendu le vent. Je me suis dit : nous allons trouver un petit papier de mon Loup, qui ne va pas vouloir laisser échapper une occasion de s'agiter ou de se rendre malade. « Envoyez vite une dépêche à Brest, pour savoir si la mer est mauvaise. » Mais ta Maman peut te dire qu'il n'y a pas l'ombre d'une tempête : regarde ce soleil !

Et tandis que Maman parlait, je voyais le soleil, non pas directement, mais dans l'or sombre qu'il plaquait sur la girouette en fer de la maison d'en face. Et comme le monde n'est qu'un innombrable cadran solaire, je n'avais pas besoin d'en voir davantage pour savoir qu'en ce moment, sur la place, le magasin qui avait baissé sa toile à cause de la chaleur allait fermer pour l'heure de la grand-messe, et que le patron qui était allé passer son veston du dimanche y déballait aux acheteurs les derniers mouchoirs, tout en regardant si ce n'était pas l'heure de fermer, dans une

odeur de toile écrue ; que sur le marché les marchands
étaient en train de montrer les œufs et les volailles,
alors qu'il n'y avait encore personne devant l'église,
sauf la dame en noir qu'on en voit sortir rapidement à
toute heure dans les villes de province. Mais maintenant ce n'était pas cela que l'éclat du soleil plaqué sur
la girouette de la maison d'en face me donnait envie
de revoir. Car depuis je l'avais revu bien souvent, cet
éclat du soleil de dix heures du matin, plaqué non plus
sur les ardoises de l'église, mais sur l'ange d'or du
campanile de Saint-Marc, quand on ouvrait sur la
petite calle ma fenêtre du Palazzo... à Venise. Et de
mon lit je ne voyais qu'une chose, le soleil, non pas
directement, mais en plaques de flammes sur l'ange
d'or du campanile de Saint-Marc, me permettant
aussitôt de savoir quelle était exactement l'heure et la
lumière dans tout Venise et m'apportant sur ses ailes
éblouissantes une promesse de beauté et de joie plus
grande qu'il n'en apporta jamais aux cœurs chrétiens,
quand il vint annoncer « la gloire de Dieu dans le ciel
et la paix sur la terre aux hommes de bonne volonté ».

Les premiers jours cet éclat d'or sur l'ange me
rappelait l'éclat plus pâle, mais marquant la même
heure sur les ardoises de l'église du village, et tout en
m'habillant, ce que l'ange semblait me promettre de
son geste d'or, que je ne pouvais fixer tant il éblouis-
sait, c'était de descendre vite au beau temps devant
notre porte, de gagner la place du marché pleine de
cris et de soleil, de voir l'ombre noire qu'y portaient
les devantures fermées ou encore ouvertes, et le grand
store du magasin, et de rentrer à la maison fraîche de
mon oncle.

Et sans doute c'était un peu cela que Venise
m'avait donné, dès que, habillé en hâte, j'atteignais

les marches de marbre que l'eau recouvre et abandonne tour à tour. Mais ces mêmes impressions,
c'étaient des choses d'art et de beauté qui étaient
chargées de les donner. La rue au grand soleil, c'était
cette étendue de saphir dont la couleur était à la fois si
molle et si résistante que mes regards pouvaient s'y
bercer, mais aussi leur faire sentir leur poids, comme
un corps fatigué au bois même du lit, sans que l'azur
faiblisse et cède, et jusqu'à sentir mes regards rentrer
dans mes yeux soutenus par cet azur qui ne cédait
pas, comme un corps qui fait porter au lit qui le
soutient son poids même intérieur de légers muscles.
L'ombre projetée par la toile du magasin ou l'enseigne
du coiffeur, c'était simplement un assombrissement
du saphir, là où une tête de dieu barbu dépasse la
porte d'un palais, ou sur une plazza la petite fleur
bleue que découpe sur le sol ensoleillé l'ombre d'un
relief délicat. La fraîcheur au retour dans la maison de
mon oncle, c'étaient des courants d'air marin et du
soleil, lustrant d'ombre de vastes étendues de marbre
comme dans Véronèse, donnant ainsi la leçon
contraire de la leçon de Chardin, que même les choses
plates peuvent avoir de la beauté.

Et jusqu'à ces humbles particularités qui individua-
lisent pour nous la fenêtre de la petite maison de
province, sa place peu symétrique à une distance
inégale de deux autres, son grossier appui de bois, ou
qui pis est de fer, richement et vilainement ouvré, la
poignée qui manquait aux volets, la couleur du rideau
qu'une embrasse retenait en haut et divisait en deux
pans, toutes ces choses qui, entre toutes, chaque fois
que nous rentrions, nous faisaient reconnaître notre
fenêtre, et qui plus tard, quand elle a cessé d'être
nôtre, nous émeuvent si nous la revoyons ou pensons

seulement à elle, comme un témoignage que des
choses furent, qui aujourd'hui ne sont plus, ce rôle si
simple mais si éloquent et confié d'habitude aux
choses les plus simples, il était dévolu, à Venise, à
l'ogive arche d'une fenêtre qui est reproduite dans
tous les musées du monde, comme un des chefs-
d'œuvre de l'architecture du Moyen Âge.

Avant d'arriver à Venise et tandis que le train avait
déjà dépassé [1]... Maman me lisait la description
éblouissante que Ruskin en donne, la comparant tour
à tour aux rochers de corail de la mer des Indes et à
une opale. Elle ne pouvait naturellement, quand la
gondole nous arrêta devant elle, trouver devant nos
yeux la même beauté qu'elle avait eue un instant
devant mon imagination, car nous ne pouvons pas
voir à la fois les choses par l'esprit et par les sens.
Mais à chaque midi, quand ma gondole me ramenait
pour l'heure du déjeuner, souvent j'apercevais de loin
le châle de Maman posé sur la balustrade d'albâtre,
avec un livre qui le maintenait contre le vent. Et au-
dessus les lobes circulaires de la fenêtre s'épanouis-
saient comme un sourire, comme la promesse et la
confiance d'un regard ami.

De loin et dès Salente je l'apercevais m'attendant et
qui m'avait vu, et l'élan de son ogive ajoutait à son
sourire la distinction d'un regard un peu incompris.
Et parce que, derrière ses balustres de marbre de
diverses couleurs, Maman lisait en m'attendant avec
le joli chapeau de paille qui fermait son visage dans le
réseau de son voile blanc, et était destiné à lui donner
l'air suffisamment « habillé » pour les personnes
qu'on rencontrait dans la salle du restaurant ou en

---

1. Lacune dans le manuscrit.

promenade, parce que, après n'avoir pas su tout de
suite si c'était ma voix, quand je l'appelais, dès qu'elle
m'avait reconnu, elle envoyait du fond de son cœur sa
tendresse vers moi, qui s'arrêtait là où finissait la
dernière surface sur laquelle elle eut pouvoir, sur son
visage, dans son geste, mais tâchant de l'approcher de
moi le plus possible dans un sourire qui avançait vers
moi ses lèvres et dans un regard qui tâchait de se
pencher hors de ses jumelles pour s'approcher de moi,
pour cela la merveilleuse fenêtre avec ogive unique
mêlée de gothique et d'arabe, et l'admirable entrecroi-
sement des trèfles de porphyre au-dessus d'elle, cette
fenêtre-là a pris dans mon souvenir la douceur que
prennent les choses pour qui l'heure sonnait en même
temps que pour nous, une seule heure pour elle et
pour nous au sein de qui nous étions ensemble, cette
heure ensoleillée d'avant le déjeuner à Venise, cette
heure nous donnant une sorte d'intimité avec elle. Si
pleine qu'elle soit de formes admirables, de formes
d'art historiques, elle est comme un homme de génie
que nous aurions rencontré aux eaux, avec qui nous
aurions vécu familièrement pendant un mois, et qui
en aurait contracté pour nous quelque amitié. Et si
j'ai pleuré le jour où je l'ai revue, c'est simplement
parce qu'elle m'a dit : « Je me rappelle bien votre
mère. »

Ces palais du Grand Canal, chargés de me donner
la lumière et les impressions de la matinée, se sont si
bien associés à elle que maintenant ce n'est plus le
diamant noir du soleil sur l'ardoise de l'église et la
place du marché, que l'éclat de la girouette d'en face
me donne l'envie de revoir, mais seulement la promesse qu'a tenue l'ange d'or, Venise.

Mais aussitôt en revoyant Venise, je me souvins

d'un soir où méchamment, après une querelle avec
Maman, je lui avais dit que je partais. J'étais descendu, j'avais renoncé à partir, mais je voulais faire
durer le chagrin de Maman de me croire parti, et je
restais en bas, sur l'embarcadère où elle ne pouvait
me voir tandis qu'un chanteur chantait dans une
gondole une sérénade que le soleil prêt à disparaître
derrière la Salute s'était arrêté à écouter. Je sentais le
chagrin de Maman se prolonger, l'attente devenait
intolérable et je ne pouvais me décider à me lever pour
aller lui dire : je reste. La sérénade semblait ne pas
pouvoir finir, ni le soleil disparaître, comme si mon
angoisse, la lumière du crépuscule et le métal de la
voix du chanteur, étaient fondus à jamais dans un
alliage poignant, équivoque et impermutable. Pour
échapper au souvenir de cette minute de bronze, je
n'aurais plus comme à ce moment Maman auprès de
moi.

*

Le souvenir intolérable du chagrin que j'avais fait à
ma mère me rendit une angoisse que sa présence seule
et son baiser pouvaient guérir... Je sentis l'impossibilité de partir pour Venise, pour n'importe où, où je
serais sans elle... Je ne suis plus un être heureux que
sollicite un désir ; je ne suis plus qu'un être tendre
torturé par l'angoisse. Je regarde Maman, je l'embrasse.

— A quoi pense mon crétinos, à quelque bêtise ?

— Je serais si heureux si je ne voyais plus personne.

— Ne dis pas cela, mon Loup. J'aime tous ceux qui
sont gentils pour toi, et je voudrais au contraire que tu

aies souvent des amis qui viennent causer avec toi sans te fatiguer.

— Ma Maman me suffit.

— Ta Maman aime au contraire à penser que tu vois d'autres personnes, qui peuvent te raconter des choses qu'elle ne sait pas et que tu lui apprendras ensuite. Et si j'étais obligée de voyager, j'aimerais penser que sans moi mon Loup ne s'ennuie pas, et savoir avant de partir comment sa vie est arrangée, qui viendrait causer avec lui comme nous causons en ce moment. Ce n'est pas bon de vivre tout seul, et tu as plus besoin de distraction que personne, parce que ta vie est plus triste et tout de même plus isolée.

Maman avait quelquefois bien du chagrin mais on ne le savait jamais, car elle ne parlait jamais qu'avec douceur et esprit. Elle est morte en me faisant une citation de Molière et une citation de Labiche : « Son départ ne pouvait plus à propos se faire. » « Que ce petit-là n'ait pas peur, sa Maman ne le quittera pas. Il ferait beau voir que je sois à Étampes et mon orthographe à Arpajon ! » Et puis elle n'a plus pu parler. Une fois seulement elle vit que je me retenais pour ne pas pleurer, et elle fronça les sourcils et fit la moue en souriant et je distinguai dans sa parole déjà si embrouillée :

Si vous n'êtes Romain, soyez digne de l'être.

— Maman te rappelles-tu que tu m'as lu *La Petite Fadette* et *François le Champi,* quand j'étais malade ? Tu avais fait venir le médecin. Il m'avait ordonné des médicaments pour couper la fièvre et permis de manger un peu. Tu ne dis pas un mot. Mais à ton silence je compris bien que tu l'écoutais par politesse

et que tu avais déjà décidé dans ta tête que je ne
prendrais aucun médicament et que je ne mangerais
pas tant que j'aurais la fièvre. Et tu ne m'as laissé
prendre que du lait, jusqu'à un matin où tu as jugé
dans ta science que j'avais la peau fraîche et un bon
pouls. Alors tu m'as permis une petite sole. Mais tu
n'avais aucune confiance dans le médecin, tu l'écoutais avec hypocrisie. Mais pour Robert comme pour
moi, il pouvait nous ordonner tout ; une fois qu'il était
parti : « Mes enfants ce médecin est peut-être beaucoup plus savant que moi, mais votre Maman est dans
les vrais principes. » Ah ! ne nie pas. Quand Robert
viendra, nous lui demanderons si ce n'est pas vrai.

Maman ne pouvait s'empêcher de rire à l'évocation
de sa conduite hypocrite devant le médecin.

— Naturellement ton frère te soutiendra, parce que
ces deux petits-là sont toujours unis contre leur
Maman. Tu te moques de ma médecine, mais
demande à M. Bouchard ce qu'il pense de ta Maman,
et s'il ne trouve pas qu'elle avait les bons principes
pour soigner ses enfants. Tu as beau te moquer de
moi, c'était le bon temps où tu allais bien, quand tu
étais sous mon gouvernement et que tu étais obligé de
faire ce que Maman te disait. Étais-tu plus malheureux pour cela, voyons ?

Et comme Maman a fini de se coiffer, elle me
ramène dans ma chambre où je vais me coucher.

— Ma petite Maman, tu vois qu'il est tard : je n'ai
pas besoin de te faire de recommandation pour le
bruit.

— Non, crétin. Pourquoi ne me dis-tu pas aussi de
ne laisser entrer personne, de ne pas jouer du piano ?
Est-ce que j'ai l'habitude de te laisser éveiller ?

— Mais ces ouvriers qui devaient venir au-dessus ?

— On les a décommandés. Les ordres sont donnés, tout nous paraît tranquille.

Point d'ordre, point de bruit sur la ville.

Et tâche de dormir le plus tard possible, on ne te fera pas l'ombre de bruit jusqu'à cinq heures, six heures si tu veux, on te fera durer ta nuit aussi tard que tu voudras.

Eh là là ! Madame la Nuit
Un peu doucement, je vous prie,
Que vos chevaux, aux petits pas réduits,
De cette nuit délicieuse
Fassent la plus longue des nuits.

Et c'est mon Loup qui finira par trouver qu'elle est trop longue et qui demandera du bruit. C'est toi qui diras :

Cette nuit en longueur me semble sans pareille.

— Est-ce que tu vas sortir ?
— Oui.
— Mais n'oublie pas de dire qu'on ne laisse entrer personne.
— Non, j'ai déjà posté Félicie ici.
— Peut-être ferais-tu bien de laisser un petit mot à Robert dans la crainte, s'il sait, qu'il n'entre directement chez moi.
— Entrer directement chez toi !

Peut-il dont ignorer quelle sévère loi
Aux timides mortels cache ici notre roi,

> *Que la mort est le prix de tout audacieux*
> *Qui sans être appelé se présente à ses yeux ?*

Et Maman, pensant à cette *Esther* qu'elle préfère à tout, fredonne timidement, comme avec la crainte de faire fuir, d'une voix trop haute et hardie, la mélodie divine qu'elle sent près d'elle : « Il s'apaise, il pardonne », ces chœurs divins que Reynaldo Hahn a écrits pour *Esther*. Il les a chantés pour la première fois à ce petit piano près de la cheminée, pendant que j'étais couché, tandis que Papa arrivé sans bruit s'était assis sur ce fauteuil et que Maman restait debout à écouter la voix enchanteresse. Maman essayait timidement un air du chœur, comme une des jeunes filles de Saint-Cyr essayant devant Racine. Et les belles lignes de son visage juif, tout empreint de douceur chrétienne et de courage janséniste, en faisaient Esther elle-même, dans cette petite représentation de famille, presque de couvent, imaginée par elle pour distraire le despotique malade qui était là dans son lit. Mon père n'osait pas applaudir. Furtivement Maman jetait un regard pour jouir avec émotion de son bonheur. Et la voix de Reynaldo reprenait ces mots, qui s'appliquaient si bien à ma vie entre mes parents :

> *Ô douce paix,*
> *Beauté toujours nouvelle,*
> *Heureux le cœur épris de tes attraits !*
> *Ô douce paix,*
> *Ô lumière éternelle,*
> *Heureux le cœur qui ne te perd jamais !*

— Embrasse-moi encore une fois, ma petite Maman.

— Mais, mon Loup, c'est stupide, voyons ne t'énerve pas, il faut que tu me dises au revoir, que tu te portes à merveille et que tu te sentes capable de faire dix lieux.

Maman me quitte, mais je repense à mon article et tout d'un coup j'ai l'idée d'un prochain : *Contre Sainte-Beuve.* Dernièrement, je l'ai relu, j'ai pris contre mon habitude des quantités de petites notes que j'ai là dans un tiroir, et j'ai des choses importantes à dire là-dessus. Je commence à bâtir l'article dans ma tête. A toute minute des idées nouvelles me viennent. Il n'y a pas une demi-heure de passée, et l'article tout entier est bâti dans ma tête. Je voudrai bien demander à Maman ce qu'elle en pense. J'appelle, aucun bruit ne répond. J'appelle de nouveau, j'entends des pas furtifs, une hésitation à ma porte qui grince.

— Maman.

— Tu m'avais bien appelé, mon chéri ?

— Oui.

— Je te dirai que j'avais peur de m'être trompée et que mon Loup me dise :

> *C'est vous Esther qui sans être attendue...*
> *Sans mon ordre on porte ici ses pas.*
> *Quel mortel insolent vient chercher le trépas.*

— Mais non, ma petite Maman.

> *Que craignez-vous, suis-je pas votre frère ?*
> *Est-ce pour vous qu'on fit un ordre si sévère ?*

— Cela n'empêche pas que je crois que, si je l'avais réveillé, je ne sais pas si mon Loup m'aurait si béatement tendu son sceptre d'or.

— Écoute, je voulais te demander un conseil. Assieds-toi.

— Attends que je trouve le fauteuil ; je te dirai qu'il ne fait pas très clair chez toi. Est-ce que je peux dire à Félicie d'apporter l'électricité ?

— Non, non, je ne pourrai plus m'endormir.

Maman en riant :

— C'est toujours du Molière.

Défendez, chère Alcmène, aux flambeaux d'approcher.

— Bien, voilà. Voilà ce que je voulais te dire. Je voudrais te soumettre une idée d'article que j'ai.

— Mais tu sais que ta Maman ne peut pas te donner de conseils dans ces choses-là. Je n'ai pas étudié comme toi dans *le grand Cyre*.

— Enfin, écoute-moi. Le sujet serait : contre la méthode de Sainte-Beuve.

— Comment, je croyais que c'était si bien ! Dans l'article de Bourget [1] que tu m'as fait lire, il disait que c'est une méthode si merveilleuse qu'il ne s'est trouvé personne dans le XIXe siècle pour l'appliquer.

— Hélas oui, il disait cela, mais c'est stupide. Tu sais en quoi elle consiste cette méthode ?

— Fais comme si je ne le savais pas.

---

1. Variante : l'essai de Taine.

VIII

LA MÉTHODE
DE SAINTE-BEUVE

Je suis arrivé à un moment, ou, si l'on veut, je me
trouve dans de telles circonstances, où l'on peut
craindre que les choses qu'on désirait le plus dire —
ou à défaut du moins de celles-là, si l'affaiblissement
de la sensibilité, qui est la banqueroute du talent, ne le
permettait plus, celles qui venaient ensuite, qu'on
était porté par comparaison avec ce plus haut et plus
sacré idéal à ne pas estimer beaucoup, mais enfin
qu'on n'a lues nulle part, qu'on peut penser qui ne
seront pas dites si on ne les dit pas, et qu'on s'aperçoit
qui tiennent tout de même à une partie même moins
profonde de notre esprit, — on ne puisse plus tout
d'un coup les dire. On ne se considère plus que
comme le dépositaire, qui peut disparaître d'un
moment à l'autre, de secrets intellectuels, qui dispa-
raîtront avec lui. Et on voudrait faire échec à la force
d'inertie de la paresse antérieure, en obéissant à un
beau commandement du Christ dans saint Jean :
« Travaillez pendant que vous avez encore la
lumière. » Il me semble que j'aurais ainsi à dire sur
Sainte-Beuve, et bientôt beaucoup plus à propos de
lui que sur lui-même, des choses qui ont peut-être leur
importance, quand, n.ontrant en quoi il a péché, à

mon avis, comme écrivain et comme critique, j'arrive-
rais peut-être à dire, sur ce que doit être le critique et
sur ce qu'est l'art, quelques choses auxquelles j'ai
souvent pensé. En passant, et à propos de lui, comme
il a fait si souvent, je le prendrais comme occasion de
parler de certaines formes de la vie, je pourrais dire
quelques mots de quelques-uns de ses contemporains,
sur lesquels j'ai aussi quelque avis. Et puis, après
avoir critiqué les autres et lâchant cette fois Sainte-
Beuve tout à fait, je tâcherais de dire ce qu'aurait été
pour moi l'art, si... [1].

*

« Sainte-Beuve abonde en distinctions, volontiers
en subtilités, afin de mieux noter jusqu'à la plus fine
nuance. Il multiplie les anecdotes, afin de multiplier
les points de vue. C'est l'individuel et le particulier
qui le préoccupent, et par-dessus cette minutieuse
investigation, il fait planer un certain Idéal de règle
esthétique, grâce auquel il conclut et nous contraint à
conclure. »

Cette définition et cet éloge de la méthode de
Sainte-Beuve, je les ai demandés à cet article de M.
Paul Bourget, parce que la définition était courte et
l'éloge autorisé. Mais j'aurais pu citer vingt autres
critiques. Avoir fait l'histoire naturelle des esprits,
avoir demandé à la biographie de l'homme, à l'histoire de sa famille, à toutes ses particularités, l'intelligence de ses œuvres et la nature de son génie, c'est là
ce que tout le monde reconnaît comme son originalité,

1. Projet de préface pour la première version de l'essai, sous sa
forme classique.

c'est ce qu'il reconnaissait lui-même, en quoi il avait d'ailleurs raison. Taine lui-même, qui rêvait d'une histoire naturelle des esprits, plus systématique et mieux codifiée, et avec qui d'ailleurs Sainte-Beuve n'était pas d'accord pour les questions de race, ne dit pas autre chose dans son éloge de Sainte-Beuve. « La méthode de M. Sainte-Beuve n'est pas moins précieuse que son œuvre. En cela, il a été un inventeur. Il a importé, dans l'histoire morale, les procédés de l'histoire naturelle.

« Il a montré comment il faut s'y prendre pour connaître l'homme ; il a indiqué la série des milieux successifs qui forment l'individu, et qu'il faut tour à tour observer afin de le comprendre : d'abord la race et la tradition du sang que l'on peut souvent distinguer en étudiant le père, la mère, les sœurs ou les frères ; ensuite la première éducation, les alentours domestiques, l'influence de la famille et tout ce qui modèle l'enfant et l'adolescent ; plus tard le premier groupe d'hommes marquants au milieu desquels l'homme s'épanouit, la volée littéraire à laquelle il appartient. Viennent alors l'étude de l'individu ainsi formé, la recherche des indices qui mettent à nu son vrai fond, les oppositions et les rapprochements qui dégagent sa passion dominante et son tour d'esprit spécial, bref l'analyse de l'homme lui-même, poursuivie dans toutes ses conséquences, à travers et en dépit de ces déguisements, que l'attitude littéraire ou le préjugé public ne manquent jamais d'interposer entre nos yeux et le visage vrai. »

Seulement, il ajoutait : « Cette sorte d'analyse botanique pratiquée sur les individus humains est le seul moyen de rapprocher les sciences morales des sciences positives, et il n'y a qu'à l'appliquer aux peuples, aux époques, aux races, pour lui faire porter ses fruits. »

Taine disait cela, parce que sa conception intellectualiste de la réalité ne laissait de vérité que dans la science. Comme il avait cependant du goût et admirait diverses manifestations de l'esprit, pour expliquer leur valeur il les considérait comme des auxiliaires de la science (voir Préface de *L'Intelligence*). Il considérait Sainte-Beuve comme un initiateur, comme remarquable « pour son temps », comme ayant presque trouvé sa méthode à lui, Taine.

Mais les philosophes, qui n'ont pas su trouver ce qu'il y a de réel et d'indépendant de toute science dans l'art, sont obligés de s'imaginer l'art, la critique, etc., comme des sciences, où le prédécesseur est forcément moins avancé que celui qui le suit. Or, en art il n'y a pas (au moins dans le sens scientifique) d'initiateur, de précurseur. Tout dans l'individu [1], chaque individu recommence, pour son compte, la tentative artistique ou littéraire ; et les œuvres de ses prédécesseurs ne constituent pas, comme dans la science, une vérité acquise, dont profite celui qui suit. Un écrivain de génie aujourd'hui a tout à faire. Il n'est pas beaucoup plus avancé qu'Homère.

Mais, du reste, à quoi bon nommer tous ceux qui voient là l'originalité, l'excellence de la méthode de Sainte-Beuve ? Il n'y a qu'à lui laisser la parole à lui-même :

« Avec les Anciens, on n'a pas les moyens suffisants d'observation. Revenir à l'homme, l'œuvre à la main, est impossible dans la plupart des cas avec les véritables Anciens, avec ceux dont nous n'avons la

---

1. Sans doute faut-il entendre : « tout étant dans l'individu... ».

statue qu'à demi brisée. On est donc réduit à commenter l'œuvre, à l'admirer, à rêver l'auteur et le poète à travers. On peut refaire ainsi des figures de poètes ou de philosophes, des bustes de Platon, de Sophocle ou de Virgile, avec un sentiment d'idéal élevé; c'est tout ce que permettent l'état des connaissances incomplètes, la disette des sources et le manque de moyens d'information et de retour. Un grand fleuve, et non guéable dans la plupart des cas, nous sépare des grands hommes de l'Antiquité. Saluons-les d'un rivage à l'autre.

« Avec les Modernes, c'est tout différent. La critique, qui règle sa méthode sur les moyens, a ici d'autres devoirs. Connaître et bien connaître un homme de plus, surtout si cet homme est un individu marquant et célèbre, c'est une grande chose et qui ne saurait être à dédaigner.

« L'observation morale des caractères en est encore au détail, à la description des individus et tout au plus de quelques espèces : Théophraste et La Bruyère ne vont pas au-delà. Un jour viendra, que je crois avoir entrevu dans le cours de mes observations, un jour où la science sera constituée, où les grandes familles d'esprit et leurs principales divisions seront déterminées, et connues. Alors le principal caractère d'un esprit étant donné, on pourra en déduire plusieurs autres. Pour l'homme sans doute, on ne pourra jamais faire exactement comme pour les animaux ou pour les plantes; l'homme moral est plus complexe; il a ce qu'on nomme *liberté* et qui dans tous les cas suppose une grande mobilité de combinaisons possibles. Quoi qu'il en soit, on arrivera avec le temps, j'imagine, à constituer plus largement la science du moraliste; elle en est aujourd'hui au point où la botanique en était

avant Jussieu, et l'anatomie comparée avant Cuvier, à
l'état, pour ainsi dire, anecdotique. Nous faisons pour
notre compte de simples monographies, mais j'entre-
vois des liens, des rapports et un esprit plus étendu,
plus lumineux, et resté fin dans le détail, pourra
découvrir un jour les grandes divisions naturelles qui
répondent aux familles d'esprit. »

*

« La littérature, disait Sainte-Beuve, n'est pas pour
moi distincte ou, du moins, séparable du reste de
l'homme et de l'organisation... On ne saurait s'y
prendre de trop de façons et de trop de bouts pour
connaître un homme, c'est-à-dire autre chose qu'un
pur esprit. Tant qu'on ne s'est pas adressé sur un
auteur un certain nombre de questions et qu'on n'y a
pas répondu, ne fût-ce que pour soi seul et et tout bas,
on n'est pas sûr de le tenir tout entier, quand même
cès questions sembleraient les plus étrangères à la
nature de ses écrits : Que pensait-il de la religion ?
Comment était-il affecté du spectacle de la nature ?
Comment se comportait-il sur l'article des femmes,
sur l'article de l'argent ? Était-il riche, pauvre ; quel
était son régime, sa manière de vivre journalière ?
Quel était son vice ou son faible ? Aucune réponse à
ces questions n'est indifférente pour juger l'auteur
d'un livre et le livre lui-même, si ce livre n'est pas un
traité de géométrie pure, si c'est surtout un ouvrage
littéraire, c'est-à-dire où il entre de tout. »

L'œuvre de Sainte-Beuve n'est pas une œuvre
profonde. La fameuse méthode, qui en fait, selon
Taine, selon Paul Bourget et tant d'autres, le maître
inégalable de la critique du XIXe, cette méthode, qui

consiste à ne pas séparer l'homme et l'œuvre, à
considérer qu'il n'est pas indifférent pour juger l'auteur d'un livre, si ce livre n'est pas un « traité de
géométrie pure », d'avoir d'abord répondu aux questions qui paraissaient les plus étrangères à son œuvre
(comment se comportait-il, etc.), à s'entourer de tous
les renseignements possibles sur un écrivain, à colla-
tionner ses correspondances, à interroger les hommes
qui l'ont connu, en causant avec eux s'ils vivent
encore, en lisant ce qu'ils ont pu écrire sur lui s'ils sont
morts, cette méthode méconnaît ce qu'une fréquentation un peu profonde avec nous-mêmes nous
apprend : qu'un livre est le produit d'un autre *moi* que
celui que nous manifestons dans nos habitudes, dans
la société, dans nos vices. Ce moi-là, si nous voulons
essayer de le comprendre, c'est au fond de nous-
mêmes, en essayant de le recréer en nous, que nous
pouvons y parvenir. Rien ne peut nous dispenser de
cet effort de notre cœur. Cette vérité, il nous faut la
faire de toutes pièces et il est trop facile de croire
qu'elle nous arrivera, un beau matin, dans notre
courrier, sous forme d'une lettre inédite, qu'un
bibliothécaire de nos amis nous communiquera, ou
que nous la recueillerons de la bouche de quelqu'un,
qui a beaucoup connu l'auteur. Parlant de la grande
admiration, qu'inspire à plusieurs écrivains de la
nouvelle génération l'œuvre de Stendhal, Sainte-
Beuve disait : « Qu'ils me permettent de leur dire,
pour juger au net de cet esprit assez compliqué, et
sans rien exagérer dans aucun sens, j'en reviendrai
toujours de préférence, indépendamment de mes
propres impressions et souvenirs, à ce que m'en diront
ceux qui l'ont connu en ses bonnes années et à ses
origines, à ce qu'en diront M. Mérimée, M. Ampère,

à ce que m'en dirait Jacquemont s'il vivait, ceux, en un mot, qui l'ont beaucoup vu et goûté sous sa forme première. »

Pourquoi cela ? En quoi le fait d'avoir été l'ami de Stendhal permet-il de le mieux juger ? Le *moi* qui produit les œuvres est offusqué pour ces camarades par l'autre, qui peut être très inférieur au moi extérieur de beaucoup de gens. Du reste, la meilleure preuve en est que Sainte-Beuve, ayant connu Stendhal, ayant recueilli auprès de M. Mérimée et de M. Ampère tous les renseignements qu'il pouvait, s'étant muni, en un mot, de tout ce qui permet, selon lui, au critique de juger plus exactement d'un livre, a jugé Stendhal de la façon suivante : « Je viens de relire, ou d'essayer, les romans de Stendhal ; ils sont franchement détestables. » Il y revient ailleurs, où il reconnaît que *Le Rouge et le Noir* « intitulé ainsi on ne sait trop pourquoi et par un emblème qu'il faut deviner, *a du moins de l'action*. Le premier volume a de l'intérêt, malgré la manière et les invraisemblances. *Il y a là une idée.* Beyle avait, pour ce commencement du roman, un exemple précis, *m'assure-t-on,* dans quelqu'un de sa connaissance et, *tant qu'il s'y est tenu, il a pu paraître vrai.* La prompte introduction de ce jeune homme timide dans ce monde pour lequel il n'a pas été élevé, etc., *tout cela est bien rendu ou, du moins, le serait si l'auteur,* etc... Ce ne sont pas des êtres vivants, mais des automates ingénieusement construits... Dans les nouvelles, qui ont des sujets italiens, *il a mieux réussi...* *La Chartreuse de Parme* est, de tous les romans de Beyle, celui *qui a donné à quelques personnes* la plus grande idée de son talent dans ce genre. On voit combien je suis, à l'égard de *La Chartreuse* de Beyle, loin de partager l'enthousiasme de M. de Balzac. Quand on a lu cela, on revient, tout naturellement il me semble, au genre français, etc... On demande une part de raison, etc., telle que l'offre l'histoire des *Fiancés* de Manzoni, tout beau roman de Walter Scott ou une adorable et vraiment simple nouvelle de Xavier de Maistre ; le reste n'est que l'œuvre d'un homme d'esprit. »

Et cela finit par ces deux paroles : « En critiquant ainsi, avec quelque franchise, les romans de Beyle, je suis loin de le blâmer de les avoir écrits. Ses romans sont ce qu'ils peuvent, mais ils ne sont pas vulgaires. Ils sont, comme sa critique, surtout à l'usage de ceux qui en font... » Et ces mots par lesquels l'étude finit : « Beyle avait, au fond, une droiture et une sûreté dans les rapports intimes, qu'il ne faut jamais oublier de reconnaître, quand on lui a dit d'ailleurs ses vérités. » Tout compte fait, ce Beyle, un brave homme ! Ce n'était peut-être pas la peine de rencontrer si souvent à dîner, à l'Académie, M. Mérimée, de tant « faire parler M. Ampère », pour arriver à ce résultat et, quand on a lu cela, on est moins inquiet que Sainte-Beuve en pensant que viendront de nouvelles générations. Barrès, avec une heure de lecture et sans « renseignements », en eût fait plus que vous. Je ne dis pas que tout ce qu'il dit de Stendhal soit faux. Mais, quand on se rappelle sur quel ton d'enthousiasme il parle des nouvelles de Mme Gasparin ou Töpffer, il est bien clair que, si tous les ouvrages du XIXe siècle avaient brûlé sauf les *Lundis,* et que ce soit dans les *Lundis* que nous dussions nous faire une idée des rangs des écrivains du XIXe siècle, Stendhal nous apparaîtrait inférieur à Charles de Bernard, à Vinet, à Molé, à Mme de Verdelin, à Ramond, à Sénac de Meilhan, à Vicq d'Azyr, à combien d'autres, et assez

indistinct, à vrai dire, entre d'Alton Shée et Jacquemont.

Je montrerai, d'ailleurs, qu'il a en été de même à
l'égard de presque tous ses contemporains vraiment
originaux ; beau succès pour un homme qui assignait
pour tout rôle à la critique de désigner ses grands
contemporains. Et là, il n'avait pas, pour l'égarer, les
rancunes qu'il nourrissait contre d'autres écrivains.

*

« Un artiste [1], dit Carlyle... » et il finit par ne plus
voir le monde que « pour l'emploi d'une illusion à
décrire ».

En aucun temps, Sainte-Beuve ne semble avoir
compris ce qu'il y a de particulier dans l'inspiration et
le travail littéraire, et ce qui le différencie entièrement
des occupations des autres hommes et des autres
occupations de l'écrivain. Il ne faisait pas de démarcation entre l'occupation littéraire, où, dans la solitude,
faisant taire ces paroles, qui sont aux autres autant
qu'à nous, et avec lesquelles, même seuls, nous
jugeons les choses sans être nous-mêmes, nous nous
remettons face à face avec nous-mêmes, nous tâchons
d'entendre, et de rendre, le son vrai de notre cœur, et
non la conversation ! « Pour moi, pendant ces années
que je puis dire heureuses (avant 1848), j'avais
cherché et j'avais cru avoir réussi à arranger mon
existence avec douceur et dignité. Écrire de temps en
temps des choses agréables, en lire et d'agréables et de

---

1. Citation incomplète. Cf. l'article *En mémoire des Églises assassinées*, dans *Pastiches et Mélanges* : « Le poète était pour Carlyle une
sorte de scribe écrivant sous la dictée de la nature une parodie plus
ou moins importante de son secret. »

sérieuses, mais surtout ne pas trop écrire, cultiver ses
amis, garder de son esprit pour les relations de chaque
jour et savoir en dépenser sans y regarder, donner
plus à l'intimité qu'au public, réserver la part la plus
fine et la plus tendre, la fleur de soi-même pour le
dedans, pour user avec modération, dans un doux
commerce d'intelligence et de sentiment, des saisons
dernières de la jeunesse, ainsi se dessinait pour moi le
rêve du galant homme littéraire, qui sait le prix des
choses vraies et qui ne laisse pas trop le métier et la
besogne empiéter sur l'essentiel de son âme et de ses
pensées. La nécessité depuis m'a saisi et m'a contraint
à renoncer à ce que je considérais comme le seul
bonheur ou la consolation exquise du mélancolique et
du sage. » Ce n'est que l'apparence menteuse de
l'image qui donne ici quelque chose de plus extérieur
et de plus vague, quelque chose de plus approfondi et
recueilli à l'intimité. En réalité, ce qu'on donne au
public, c'est ce qu'on a écrit seul, pour soi-même, c'est
bien l'œuvre de soi. Ce qu'on donne à l'intimité, c'est-
à-dire à la conversation (si raffinée soit-elle, et la plus
raffinée est la pire de toutes, car elle fausse la vie
spirituelle en se l'associant : les conversations de
Flaubert avec sa nièce et l'horloger sont sans danger)
et ces productions destinées à l'intimité, c'est-à-dire
rapetissées au goût de quelques personnes et qui ne
sont guère que de la conversation écrite, c'est l'œuvre
d'un soi bien plus extérieur, non pas du moi profond
qu'on ne retrouve qu'en faisant abstraction des autres
et du moi qui connaît les autres, le moi qui a attendu
pendant qu'on était avec les autres, qu'on sent bien le
seul réel, et pour lequel seuls les artistes finissent par
vivre, comme un dieu qu'ils quittent de moins en
moins et à qui ils ont sacrifié une vie qui ne sert qu'à

l'honorer. Sans doute, à partir des *Lundis,* non seulement Sainte-Beuve changera de vie, mais il s'élèvera
— pas bien haut — à l'idée qu'une vie de travail forcé,
comme celle qu'il mène, est au fond plus féconde,
nécessaire à certaines natures volontiers oisives et qui,
sans elle, ne donneraient pas leur richesse. « Il lui
arriva un peu, dira-t-il en parlant de Fabre, ce qui
arrive à de certaines jeunes filles qui épousent des
vieillards : en très peu de temps leur fraîcheur se perd,
on ne sait pourquoi, et le voisinage attiédissant leur
nuit plus que ne feraient les libres orages d'une
existence passionnée.

> *Je crois que la vieillesse arrive par les yeux*
> *Et qu'on vieillit plus vite à voir toujours les vieux*

a dit Victor Hugo. Ainsi pour le jeune talent de
Victorin Fabre : il épousa sans retour une littérature
vieillissante, et sa fidélité même le perdit. »

Il dira souvent que la vie de l'homme de lettres est
dans son cabinet, malgré l'incroyable protestation
qu'il élèvera contre ce que Balzac dit dans *La Cousine
Bette :* « On a vu dernièrement, on a surpris la façon
de travail et d'étude d'André Chénier : on a assisté
aux ébauches multipliées et attentives, dans l'atelier
de la muse. Combien le cabinet que nous ouvre à deux
battants M. de Lamartine et dans lequel il nous force
pour ainsi dire de pénétrer est différent. « Ma vie de
poète, écrit-il, recommence pour quelques jours. Vous
savez mieux que personne qu'elle n'a jamais été qu'un
douzième tout au plus de ma vie réelle. Le bon public,
qui ne se crée pas comme Jéhovah l'homme à son
image, mais qui le défigure à sa fantaisie, croit que j'ai
passé trente années de ma vie à aligner des rimes et à

contempler les étoiles. Je n'y ai pas employé trente mois, et la poésie n'a été pour moi que ce qu'a été la prière. » Mais il continuera à ne pas comprendre ce monde unique, fermé, sans communication avec le dehors qu'est l'âme du poète. Il croira que les autres peuvent lui donner des conseils, l'exciter, le réprimer : « Sans Boileau et sans Louis XIV qui reconnaissait Boileau comme son Contrôleur général du Parnasse, que serait-il arrivé ? Les plus grands talents eux-mêmes auraient-ils rendu également tout ce qui forme désormais leur plus solide héritage de gloire ? Racine, je le crains, aurait fait plus souvent de *Bérénice*, La Fontaine moins de *Fables* et plus de *Contes*, Molière lui-même aurait donné davantage dans les *Scapins* et n'aurait peut-être pas atteint aux hauteurs sévères du *Misanthrope*. En un mot chacun de ces beaux génies aurait abondé dans ses défauts. Boileau, c'est-à-dire le bon sens du poète critique autorisé et doublé de celui d'un grand roi, les contint tous et les contraignit, par sa présence respectée à leurs meilleures et à leurs plus graves œuvres. » Et pour ne pas avoir vu l'abîme qui sépare l'écrivain de l'homme du monde, pour n'avoir pas compris que le moi de l'écrivain ne se montre que dans ses livres, et qu'il ne montre aux hommes du monde (ou même à ces hommes du monde que sont dans le monde les autres écrivains, qui ne redeviennent écrivains que seuls) qu'un homme du monde comme eux, il inaugurera cette fameuse méthode, qui, selon Taine, Bourget, tant d'autres, est sa gloire et qui consiste à interroger avidement pour comprendre un poète, un écrivain, ceux qui l'ont connu, qui le fréquentaient, qui pourront nous dire comment il se comportait sur l'article femmes, etc., c'est-à-dire précisément sur tous les points où le moi véritable du poète n'est pas en jeu.

*

Ses livres, *Chateaubriand et son groupe littéraire* plus que tous, ont l'air de salons en enfilade où l'auteur a invité divers interlocuteurs, qu'on interroge sur les personnes qu'ils ont connues, qui apportent leurs témoignages destinés à en contredire d'autres et, par là, à montrer que dans l'homme qu'on a l'habitude de louer, il y a aussi fort à dire, ou pour classer par là celui qui contredira dans une autre famille d'esprit.

Et ce n'est pas entre deux visites, c'est au sein d'un même visiteur qu'il y a des contradictions. Sainte-Beuve ne se fait pas faute de rappeler une anecdote, d'aller chercher une lettre, d'appeler en témoignage un homme d'autorité et de sagesse, qui se chauffait les pieds avec philosophie, mais qui ne demande pas mieux que d'apporter un petit coup de marteau pour montrer que celui qui vient de donner un tel avis en avait un tout autre.

M. Molé, son chapeau haut de forme à la main, rappelle que Lamartine, quand il apprit que Royer-Collard se présentait à l'Académie, lui écrivit spontanément pour lui demander de voter pour lui ; mais le jour de l'élection venu, il vota contre lui et une autre fois, ayant voté contre Ampère, envoya Mme de Lamartine le féliciter chez Mme de Récamier.

*

Cette conception si superficielle, nous le verrons, ne changea pas, mais cet idéal factice fut à jamais perdu.

La nécessité l'obligea de renoncer à cette vie. Ayant dû donner sa démission d'administrateur de la Bibliothèque Mazarine, il lui fallut, pour vivre, d'abord accepter un cours à Liège ; puis de faire les *Lundis* au *Constitutionnel*. À partir de ce moment le loisir, qu'il avait souhaité, fut remplacé par un travail acharné. « Je ne puis m'empêcher, nous dit un de ses secrétaires, de me rappeler l'illustre écrivain le matin à sa toilette, griffonnant avec un crayon sur le coin d'un journal quelconque un fait, une idée, une phrase qui lui venait toute faite et dont son esprit avait intérieurement désigné la place où il fallait l'introduire dans l'article en cours de composition. J'arrivais ; il fallait conserver le coin du journal, sujet à s'égarer. M. Sainte-Beuve me disait : « À tel endroit, voyez « ce que je vais mettre... » Il entrait dans mes fonctions de secrétaire de me rappeler en un instant dès le matin, au pied levé, avant même de *nous* être mis au travail, l'article qu'on écrivait depuis deux jours. Mais le maître m'avait mis vite au fait, et dès longtemps j'étais habitué à ces vivacités de son esprit. »

Sans doute, ce travail le força à mettre dehors une foule d'idées qui, peut-être, s'il s'en fût tenu à la vie paresseuse qu'il prisait au début, n'auraient jamais vu le jour. Il semble avoir été frappé du profit que certains esprits peuvent tirer ainsi de la nécessité de produire (Fabre, Fauriel et Fontanes). Pendant dix ans, tout ce qu'il eût réservé pour des amis, pour lui-même, pour une œuvre longuement méditée qu'il n'eût, sans doute, jamais écrite, dut prendre une forme, sortir sans cesse de lui. Ces réserves où nous tenons de précieuses pensées, celle-ci autour de laquelle devait se cristalliser un roman, celle-là qu'il

développerait dans une poésie, telle autre dont il
avait, un jour, senti la beauté, se levaient du fond de
sa pensée, tandis qu'il lisait le livre, dont il devait
parler et, bravement, pour faire l'offrande plus belle, il
sacrifiait son plus cher Isaac, sa suprême Iphigénie.
« Je fais flèche de tout bois, disait-il, je tire mes
dernières cartouches. » On peut dire que, dans la
fabrication de ces fusées, qu'il tira pendant dix ans
chaque lundi avec un éclat incomparable, il fit entrer
la matière, désormais perdue, de livres plus durables.
Mais il savait bien que tout cela n'était pas perdu et
que, puisqu'un peu d'éternel ou tout au moins de
durable était entré dans la composition de cet éphémère, cet éphémère-là serait ramassé, recueilli et que
les gens continueraient à en extraire du durable. Et,
de fait, cela est devenu ces livres parfois si amusants,
parfois même vraiment agréables, qui font passer des
moments de si vrai divertissement que quelques
personnes, j'en suis sûr, appliqueraient sincèrement à
Sainte-Beuve ce qu'il dit d'Horace : « Chez les peuples modernes et particulièrement en France, Horace
est devenu comme un bréviaire de goût, de poésie, de
sagesse pratique et mondaine. »

Leur titre de *Lundis* nous rappelle qu'ils furent pour
Sainte-Beuve le travail fiévreux et charmant d'une
semaine, le réveil glorieux de cette matinée du lundi
dans cette petite maison de la rue du Mont-Parnasse.
Le lundi matin, à l'heure où, l'hiver, le jour est encore
blême au-dessus des rideaux fermés, il ouvrait *Le
Constitutionnel* et sentait qu'au même moment les mots
qu'il avait choisis venaient apporter, dans bien des
chambres de Paris, la nouvelle des pensées brillantes
qu'il avait trouvées, et excitaient chez beaucoup cette
admiration qu'éprouve pour soi-même celui qui a vu

naître chez lui une idée meilleure que ce qu'il a jamais
lu chez les autres et qui l'a présentée dans toute sa
force, avec tous ces détails qu'il n'avait pas lui-même
aperçus d'abord, en pleine lumière, avec des ombres
aussi, qu'il a amoureusement caressées. Sans doute
n'avait-il pas l'émotion du débutant, qui a depuis
longtemps un article dans un journal, qui, ne le
voyant jamais quand il ouvre le journal, finit par
désespérer qu'il paraisse. Mais un matin, sa mère, en
entrant dans sa chambre, a posé près de lui le journal
d'un air plus distrait que de coutume, comme s'il n'y
avait rien de curieux à y lire. Mais, néanmoins, elle l'a
posé tout près de lui, pour qu'il ne puisse manquer de
le lire et s'est vite retirée et a repoussé vivement la
vieille servante, qui allait entrer dans la chambre. Et il
a souri, parce qu'il a compris que sa mère bien-aimée
voulait qu'il ne se doutât de rien, qu'il eût toute la
surprise de sa joie, qu'il fût seul à la savourer et ne fût
pas irrité par des paroles des autres, pendant qu'il
lisait et obligé, par fierté, de cacher sa joie à ceux qui
auraient indiscrètement demandé à la partager avec
lui. Cependant, au-dessus du jour blême, le ciel est de
la couleur de la braise dans les rues brumeuses, des
milliers de journaux, humides encore de la presse et
du petit jour mouillé, courant, plus nourrissants et
plus savoureux que les brioches chaudes, qu'on
brisera — autour de la lampe encore allumée — dans
le café au lait, vont porter sa pensée dans toutes les
demeures. Il fait vite acheter d'autres exemplaires du
journal, pour bien toucher du doigt le miracle de cette
multiplication surprenante, se faire l'âme d'un nouvel
acheteur, ouvrir d'un œil non prévenu cet autre
exemplaire et y trouver la même pensée. Et comme le
soleil s'étant gonflé, rempli, illuminé, a sauté par le

petit élan de sa dilatation au-dessus de l'horizon violacé, il voit triomphant dans chaque esprit sa pensée, à la même heure, monter comme un soleil et le teindre tout entier de ses couleurs.

Sainte-Beuve n'était plus un débutant et n'éprouvait plus de ces joies. Mais cependant, dans le petit jour d'hiver, il voyait, dans son lit à hautes colonnes, Mme de Boigne ouvrant *Le Constitutionnel* ; il se disait qu'à deux heures le Chancelier viendrait la voir et en parlerait avec elle, que peut-être, ce soir, il allait recevoir un mot de Mme Allart ou de Mme d'Arbouville lui disant ce qu'on en aurait pensé. Et ainsi ses articles lui apparaissaient comme une sorte d'arche dont le commencement était bien dans sa pensée et dans sa prose, mais dont la fin plongeait dans l'esprit et l'admiration de ses lecteurs, où elle accomplissait sa courbe et recevait ses dernières couleurs. Il en est d'un article comme de ces phrases que nous lisons en frémissant, dans le journal, au compte rendu de la Chambre : « M. le Président du Conseil, ministre de l'Intérieur et des Cultes : « Vous verrez... » (*Vives protestations à droite, salves d'applaudissements à gauche, rumeur prolongée.*) » et dans la composition desquelles l'indication qui la précède, et les marques d'émotion qui la suivent, entrent pour une partie aussi intégrante que les mots prononcés en réalité. À « vous verrez », la phrase n'est nullement finie, elle commence à peine et « vives protestations à droite, etc. » est sa fin, plus belle que son milieu, digne de son début. Ainsi la beauté journalistique n'est pas tout entière dans l'article ; détachée des esprits où elle s'achève, ce n'est qu'une Vénus brisée. Et comme c'est de la foule (cette foule fût-elle une élite) qu'elle reçoit son expression dernière, cette expression est toujours un peu vulgaire. C'est aux silences de l'approbation imaginée de tel ou tel lecteur que le journaliste pèse ses mots et trouve leur équilibre avec sa pensée. Aussi son œuvre, écrite avec l'inconsciente collaboration des autres, est-elle moins personnelle.

Comme tout à l'heure nous voyions Sainte-Beuve croire que la vie des salons, qui lui plaisait, était indispensable à la littérature et la projetait à travers les siècles, ici cour de Louis XIV, là cercle choisi du Directoire, de même ce créateur de toute la semaine, souvent même qui ne s'est pas reposé le dimanche et reçoit son salaire de gloire le lundi par le plaisir qu'il cause à de bons juges et les coups qu'il inflige aux méchants, conçoit toute la littérature aussi comme des sortes de lundis, que peut-être on pourra relire, mais qui doivent avoir été écrits à leur heure avec souci de l'opinion des bons juges, pour plaire, et sans trop compter sur la postérité. Il voit la littérature sous la catégorie du temps. « Je vous annonce une intéressante saison poétique, écrit-il à Béranger. On nous attendait sur le pré... » et comme il a une belle sagesse antique, il dit : « Après cela, ce n'est guère de cette poésie dont moi en mon particulier j'use ; ce n'est pas non plus la vôtre, c'est celle des générations tumultueuses, enivrées, qui n'y regardent pas de si près. » On raconte qu'en mourant il se demande si on aimera plus tard la littérature et il dit aux Goncourt, à propos de *Madame Gervaisais :* « Revenez tout à fait frais et en appétit. Ce roman de Rome viendra en plein à propos, et il me semble que l'opinion littéraire à votre égard est dans un état d'éveil et de curiosité avertie, où il ne faut qu'un coup de talent pour décider un grand succès. » La littérature lui paraît une chose d'époque, qui vaut ce que valait le personnage. En somme, il

vaut mieux jouer un grand rôle politique et ne pas
écrire que d'être un mécontent politique et écrire un
livre de morale..., etc. Aussi n'est-il pas comme
Emerson, qui disait qu'il fallait atteler son char à une
étoile. Il tâche de l'atteler à ce qui est le plus
contingent, la politique : « collaborer à un grand
mouvement social m'a paru intéressant », dit-il. Il est
revenu vingt fois sur le regret que Chateaubriand,
Lamartine, Hugo aient fait de la politique, mais, en
réalité, la politique est plus étrangère à leurs œuvres
qu'à ses critiques. Pourquoi dit-il pour Lamartine,
« le talent est en dehors [1] » ? Pour Chateaubriand :
« Ces *Mémoires* sont peu aimables, en effet, et là est le
grand défaut. Car *pour le talent,* au milieu des veines de
mauvais goût et des abus de toute sorte, comme il s'en
trouve d'ailleurs dans presque tous les écrits de M. de
Chateaubriand, on y sent à bien des pages le trait du
maître, la griffe du vieux lion, des élévations sou-
daines à côté de bizarres puérilités, et des passages
d'une grâce, d'une suavité magique, où se reconnais-
sent la touche et l'accent de l'enchanteur... » « Je ne
pourrais en effet parler d'Hugo. »

*

On y [2] avait pour lui du goût, mais aussi de la
considération. « Sachez que si vous tenez à l'opinion
des autres, on tient à la vôtre », lui écrivait Mme d'Arbouville, et il nous dit qu'elle lui avait donné comme

---

1. Voici le passage : « Ce n'est pas le talent du poète qui diminue
en rien... C'est l'emploi et l'écart de ce talent qui appellent une sorte
de répression. »
2. Il s'agit des salons où l'influence de Sainte-Beuve s'exerçait
surtout.

devise : vouloir plaire et rester libre. En réalité, libre il
l'était si peu que, deux pages plus loin, alors que, tant
que Mme Récamier vécut, il tremblait de dire quelque
chose d'hostile sur Chateaubriand, par exemple, dès
que Mme Récamier et Chateaubriand furent morts, il
se rattrapa ; je ne sais pas si c'est ce qu'il appela dans
ses notes et pensées : « Après avoir été avocat, j'ai
bien envie de devenir juge. » Toujours est-il qu'il
détruisit, mot par mot, ses opinions précédentes.
Ayant eu à rendre compte des *Mémoires d'Outre-Tombe*
après une lecture qui avait eu lieu chez Mme Récamier, arrivé à l'endroit où Chateaubriand dit : « Mais
n'est-ce pas là d'étranges détails, des prétentions
malsonnantes dans un temps où l'on ne veut que
personne soit le fils de son père ? Voilà bien des
vanités à une époque de progrès, de révolution », il
protestait, trouvait que ce scrupule faisait voir trop de
délicatesse : « Non pas ; dans M. de Chateaubriand le
chevaleresque est d'une qualité inaliénable ; le gentilhomme en lui n'a jamais failli, mais n'a jamais été
obstacle à mieux. » Quand, après la mort de Chateaubriand et de Mme Récamier, il rendit compte des
Mémoires d'Outre-Tombe, arrivé à ce même passage :
« A la vue de mes parchemins il ne tiendrait qu'à moi,
si j'héritais de l'infatuation de mon père et de mon
frère, de me croire cadet des ducs de Bretagne », il
interrompt l'auguste narrateur. Mais cette fois, ce
n'est plus pour lui dire : « Mais c'est trop naturel. »
— « Comment ! lui dit-il. Mais en ce moment que
faites-vous donc, sinon de cumuler un reste de cette
infatuation, comme vous dites, avec la prétention d'en
être guéri ? C'est là une prétention double, et au moins
l'infatuation dont vous taxez votre père et votre frère
était plus simple. » Même sur le compte d'un des

hommes, dont il a dit le plus de bien avec le plus
d'éclat, le plus de goût, le plus de continuité, le
chancelier Pasquier, il me semble que s'il n'a pas
contredit ces éloges enthousiastes, c'est sans doute
parce que la vieillesse indéfiniment prolongée de Mme
de Boigne l'en a empêché. « Mme de Boigne, lui écrit
le Chancelier, se plaint de ne plus vous voir (comme
George Sand lui écrivait : « Musset a souvent envie
d'aller vous voir et de vous tourmenter pour que vous
veniez chez nous, mais je l'en empêche, quoique je
fusse toute prête à y aller avec lui, si je ne craignais
que ce fût inutile. ») ; voulez-vous venir me prendre
au Luxembourg ? Nous causerons, etc. » A la mort du
Chancelier, Mme de Boigne vit encore. Trois articles
sur le Chancelier, assez élogieux pour plaire à cette
amie désolée. Mais à la mort de Pasquier nous lisons
dans les *Portraits* : « Cousin dit... » et il dit à Goncourt au dîner Magny : « Je ne vous en parlerai pas
précisément comme littérature. Dans la société de
Chateaubriand il était à peine toléré », qui ne peut
pas s'empêcher de dire : « C'est affreux d'être pleuré
par Sainte-Beuve. »

Mais généralement sa susceptibilité, son humeur
changeante, son prompt dégoût de ce dont il s'était
d'abord engoué, faisaient que, du vivant des gens, il se
« rendait libre ». On n'avait pas besoin d'être mort, il
suffisait d'être brouillé avec lui et c'est ainsi que nous
avons des articles contradictoires sur Hugo, Lamartine, Lamennais, etc., et sur Béranger, dont il dit dans
les *Lundis* : « Pour couper court avec ceux qui se
souviendraient que j'ai autrefois, il y a plus de quinze
ans, fait un portrait de Béranger tout en lumières et
sans y mettre d'ombre, je répondrai que c'est précisément pour cela que je veux le refaire. Quinze ans, c'est

assez pour que le modèle change, ou du moins se marque mieux ; c'est assez surtout pour que celui qui a la prétention de peindre se corrige, se forme, se modifie en un mot lui-même profondément. Jeune, je mêlais aux portraits que je faisais des poètes beaucoup d'affection et d'enthousiasme, je ne m'en repens pas ; j'y mettais même un peu de connivence. Aujourd'hui, je n'y mets rien, je l'avoue, qu'un sincère désir de voir et de montrer les choses et les personnes telles qu'elles sont, telles du moins qu'en ce moment elles me paraissent. » Cette « liberté reprise » faisait de sa « volonté de plaire » un contre-poids, qui était indispensable à la considération. Il faut ajouter qu'en lui, il avait, avec une certaine disposition à s'incliner devant les pouvoirs établis, une certaine disposition à s'en affranchir, une tendresse mondaine et conservatrice, une tendresse libérale et libre penseuse. A la première, nous devons la place énorme que tous les grands personnages politiques de la monarchie de Juillet tiennent dans son œuvre, où on ne peut faire un pas dans ces salons où il assemble les interlocuteurs illustres, pensant que de la discussion jaillit la lumière, sans rencontrer M. Molé, tous les Noailles possibles, qu'il respecte au point de trouver qu'il serait coupable, après deux cents ans, de citer entièrement, dans un de ses articles, le portrait de Mme de Noailles dans Saint-Simon, et qu'à côté de cela, en revanche de cela, il tonne contre les candidatures aristocratiques de l'Académie (pourtant à propos de l'élection si légitime du duc de Broglie), disant : ces gens-là finiront par se faire nommer par leurs concierges.

Vis-à-vis de l'Académie même, son attitude est à la fois d'un ami de M. Molé, qui trouve que la candida-

ture de Baudelaire, pourtant son grand ami, serait
une plaisanterie, et qui écrit qu'il doit être déjà fier
d'avoir plu aux académiciens : « Vous avez fait bonne
impression, cela n'est-il rien ? », et tantôt d'un ami de
Renan, qui trouve que Taine s'est humilié en soumet-
tant ses *Essais* au jugement d'académiciens, qui ne
peuvent le comprendre, qui tonne contre Mgr Dupan-
loup qui a empêché Littré d'être de l'Académie et qui
dit à son secrétaire dès le premier jour : « Le jeudi je
vais à l'Académie, mes collègues sont des gens
insignifiants. » Il fait des articles de complaisance et
l'a avoué lui-même pour l'un ou l'autre, mais refuse,
avec violence, de dire du bien de M. Pongerville dont
il dit : « Aujourd'hui, il n'entrerait pas. » Il a ce qu'il
appelle le sentiment de sa dignité et le manifeste d'une
façon solennelle, qui est quelquefois comique. Passe
encore que, stupidement accusé d'avoir touché un
pot-de-vin de cent francs, il raconte qu'il écrivit au
Journal des Débats une lettre « dont l'accent ne trompe
pas, comme seuls peuvent en écrire des honnêtes
gens ». Passe encore qu'accusé par M. de Pontmartin [1]... ou que, se croyant indirectement visé par
un discours de M. Villemain, il s'écrie : [...] Mais il
est comique, qu'après avoir averti les Goncourt qu'il
dirait du mal de *Madame Gervaisais* et ayant appris, par

---

1. Voici l'anecdote à laquelle Proust semble faire allusion. M. de
Pontmartin, qui avait sans doute à se plaindre de Sainte-Beuve,
avait fait de lui dans un de ses livres un portrait assez méchant :
« On assure qu'il passe son temps à colliger une foule d'armes
défensives et offensives, de quoi accabler ceux qu'il aime aujour-
d'hui et qu'il pourra haïr demain, ceux qu'il déteste aujourd'hui et
dont il veut se venger plus tard. » Sainte-Beuve répondit par un
article indigné : « Savez-vous, Monsieur, que si vous n'étiez pas un
homme léger qui ne pèse par ses paroles, vous seriez un calomnia-
teur. »

un tiers qu'ils auraient dit à la princesse [1] : « Sainte-Beuve voit bien... », il entre dans une colère blanche sur ce mot d'éreintement, s'écrie : « Je ne fais pas d'éreintement. » C'est un des Sainte-Beuve, qui répondit aux [2]...

*

Je me demande, par moments, si ce qu'il y a encore de mieux dans l'œuvre de Sainte-Beuve, ce ne sont pas ses vers. Tout jeu de l'esprit a cessé. Les choses ne sont plus approchées de biais avec mille adresses et prestiges. Le cercle infernal et magique est rompu. Comme si le mensonge constant de la pensée tenait chez lui à l'habileté factice de l'expression, en cessant de parler en prose il cesse de mentir. Comme un étudiant, obligé de traduire sa pensée en latin, est

1. La princesse Mathilde.
2. Le manuscrit est interrompu : Peut-être s'agit-il ici de la réponse de Sainte-Beuve aux Goncourt, qui lui demandaient des nouvelles de l'article qu'il leur avait promis sur *Madame Gervaisais*. « Il m'a semblé, après toute réflexion que je m'embarquerais dans une opération difficile et presque impossible : développer au milieu de beaucoup d'éloges de détails des objections sur les procédés et sur l'ensemble, et le faire non seulement sans blesser les auteurs, mais encore en échappant aux commentaires plus ou moins bienveillants et certainement très éveillés de leurs entours.

« J'ai été amené à cette réflexion de moi-même, et aussi, je l'avouerai par quelques-uns de ces échos qui n'ont rien de grave mais qui avertissent du péril.

« Comme mon intention et l'esprit dans lequel je comptais faire ces articles était très net, et qu'ils eussent été les mêmes il y a six mois qu'aujourd'hui, je supporterais mal qu'il en pût rien être attribué à la variation de température des milieux, comme dit notre ami Taine. »

obligé de la mettre à nu, Sainte-Beuve se trouve pour
la première fois en présence de la réalité, et en reçoit
un sentiment direct. Il y a plus de sentiment direct
dans les *Rayons jaunes,* dans les *Larmes de Racine,* dans
tous ses vers, que dans sa prose. Seulement si le
mensonge l'abandonne, tous ses avantages l'abandon-
nent aussi. Comme un homme habitué à l'alcool et
qu'on met au régime du lait, il perd, avec sa vigueur
factice, toute sa force. « Cet être, comme il est gauche
et laid. » Il n'y a rien de plus touchant que cette
pauvreté de moyens chez le grand et prestigieux
critique, rompu à toutes les élégances, les finesses, les
farces, les attendrissements, les démarches, les
caresses de style. Plus rien. De son immense culture,
de ses exercices de lettré, il lui reste seulement le rejet
de toute enflure, de toute banalité, de toute expression
peu contrôlée, et les images sont recherchées et
sévèrement choisies, avec quelque chose qui rappelle
le studieux et l'exquis des vers d'un André Chénier ou
d'un Anatole France. Mais tout cela est voulu et pas à
lui. Il cherche à faire ce qu'il a admiré chez Théocrite,
chez Cooper, chez Racine. De lui, de lui inconscient,
profond, personnel, il n'y a guère que la gaucherie.
Elle revient souvent, comme le naturel. Mais ce peu
de chose, ce peu de chose charmant et sincère
d'ailleurs qu'est sa poésie, cet effort savant et quelquefois heureux pour exprimer la pureté de l'amour, la
tristesse des fins d'après-midi dans les grandes villes,
la magie des souvenirs, l'émotion des lectures, la
mélancolie des vieillesses incrédules, montre — parce
qu'on sent que c'est la seule chose réelle en lui —
l'absence de signification de toute une œuvre critique
merveilleuse, immense, bouillonnante — puisque

toutes ces merveilles se ramènent à cela. Apparence, les *Lundis*. Réalité, ce peu de vers. Les vers d'un critique, c'est le poids à la balance de l'éternité de toute son œuvre.

IX

GÉRARD DE NERVAL

« Gérard de Nerval, qui était comme le commis voyageur de Paris à Munich... »

Ce jugement semble surprenant aujourd'hui où on s'accorde à proclamer *Sylvie* un chef-d'œuvre. Le dirai-je pourtant, *Sylvie* est admirée aujourd'hui si à contresens à mon avis, que je préférerais presque pour elle l'oubli où l'a laissée Sainte-Beuve et d'où du moins elle pouvait sortir intacte et dans sa miraculeuse fraîcheur. Il est vrai que même de cet oubli qui l'abîme davantage, qui le défigure sous des couleurs qu'il n'a pas, un chef-d'œuvre a tôt fait de sortir, quand une interprétation vraie lui rend sa beauté. La sculpture grecque a peut-être été plus déconsidérée par l'interprétation de l'Académie, ou la tragédie de Racine par les néo-classiques, qu'elles n'auraient pu l'être par un oubli total. Il valait mieux ne pas lire Racine que d'y voir du Campistron. Mais aujourd'hui il a été nettoyé de ce poncif et se montre à nous aussi original et nouveau que s'il avait été inconnu. Ainsi de la sculpture grecque. Et c'est un Rodin, c'est-à-dire un anticlassique qui montre cela.

Il est convenu aujourd'hui que Gérard de Nerval était un écrivain du XVIIIe siècle attardé et que le romantisme n'influença pas un pur Gaulois, tradition-

nel et local, qui a donné dans *Sylvie* une peinture naïve
et fine de la vie française idéalisée. Voilà ce qu'on a
fait de cet homme, qui à vingt ans traduisait *Faust*,
allait voir Gœthe à Weimar, pourvoyait le romantisme de toute son inspiration étrangère, était dès sa
jeunesse sujet à des accès de folie, était finalement
enfermé, avait la nostalgie de l'Orient et finissait par y
partir, était trouvé pendu à la poterne d'une cour
immonde, sans que, dans l'étrangeté de fréquenta-
tions et d'allures où l'avaient conduit l'excentricité de
sa nature et le dérangement de son cerveau, on ait pu
décider s'il s'était tué dans un accès de folie ou avait
été assassiné par un de ses compagnons habituels, les
deux hypothèses paraissant également plausibles !
Fou, non pas d'une folie en quelque sorte purement
organique et n'influant en rien sur la nature de la
pensée, comme nous en avons connu de ces fous, qui
en dehors de leurs crises avaient plutôt trop de bon
sens, un esprit presque trop raisonnable, trop positif,
tourmenté seulement d'une mélancolie toute physique. Chez Gérard de Nerval la folie naissante et pas
encore déclarée n'est qu'une sorte de subjectivisme
excessif, d'importance plus grande pour ainsi dire,
attachée à un rêve, à un souvenir, à la qualité
personnelle de la sensation, qu'à ce que cette sensation signifie de commun à tous, de perceptible pour
tous, la réalité. Et quand cette disposition artistique,
la disposition qui conduit, selon l'expression de Flaubert, à ne considérer la réalité que « pour l'emploi
d'une illusion à décrire », et à faire des illusions qu'on
trouve du prix à décrire une sorte de réalité, finit par
devenir la folie, cette folie est tellement le développement de son originalité littéraire dans ce qu'elle a
d'essentiel, qu'il la décrit au fur et à mesure qu'il

l'éprouve, au moins tant qu'elle reste descriptible, comme un artiste noterait en s'endormant les étapes de conscience qui conduisent de la veille au sommeil, jusqu'au moment où le sommeil rend le dédoublement impossible. Et c'est aussi dans cette période de sa vie qu'il a écrit ses admirables poèmes où il y a peut-être les plus beaux vers de la langue française, mais aussi obscurs que du Mallarmé, obscurs, a dit Théophile Gautier, à rendre clair Lycophron :

Je suis le ténébreux...

et tant d'autres...

Or, il n'y a nullement solution de continuité entre Gérard poète et l'auteur de *Sylvie*. On peut même dire — et c'est évidemment un des reproches qu'on peut lui faire, une des choses qui montrent en lui tout de même l'auteur, sinon de second ordre, du moins sans génie vraiment déterminé, créant sa forme d'art en même temps que sa pensée — que ses vers et ses nouvelles ne sont (comme les *Petits Poèmes en prose* de Baudelaire et *Les Fleurs du Mal,* par exemple) que des tentatives différentes pour exprimer la même chose. Chez de tels génies la vision intérieure est bien certaine, bien forte. Mais, maladie de la volonté ou manque d'instinct déterminé, prédominance de l'intelligence qui indique plutôt les voies différentes qu'elle ne passe en une, on essaye en vers, puis pour ne pas perdre la première idée on fait en prose, etc.

On voit des vers qui expriment presque la même chose. De même que dans Baudelaire nous avons un vers :

Le ciel pur où frémit l'éternelle chaleur

et dans les *Petits Poèmes en prose* correspondant :

> *Un ciel pur où se perd l'éternelle chaleur,*

de même, vous avez déjà reconnu dans ce vers que je citais à l'instant :

> *Et la treille où le pampre à la rose s'allie*

la fenêtre de Sylvie :

> *où le pampre s'enlace aux rosiers*

Et d'ailleurs c'est ensuite à chaque maison dans *Sylvie* que nous voyons les roses s'unir aux vignes. M. Jules Lemaître, qui n'est nullement visé d'ailleurs (je m'expliquerai tout à l'heure), a cité dans son *Racine* ce début de *Sylvie :* « Des jeunes filles dansaient en rond sur la pelouse en chantant de vieux airs transmis par leurs mères, et d'un français si naturellement pur que l'on se sentait bien exister dans ce vieux pays de Valois où pendant plus de mille ans a battu le cœur de la France. » Traditionnel, bien français ? Je ne le trouve pas du tout. Il faut remettre cette phrase où elle est, dans son éclairage. C'est dans une sorte de rêve : « Je regagnai mon lit et ne pus y trouver le repos. Plongé dans une demi-somnolence, toute ma jeunesse repassait en mes souvenirs. Cet état où l'esprit résiste encore aux bizarres combinaisons du songe, permet souvent de voir se presser en quelques minutes les tableaux les plus saillants d'une longue période d'existence. » Vous avez reconnu immédiatement cette poésie de Gérard :

Il est un air pour qui je donnerais...

Donc ce que nous avons ici, c'est un de ces tableaux d'une couleur irréelle, que nous ne voyons pas dans la réalité, que les mots même n'évoquent pas, mais que parfois nous voyons dans le rêve, ou que la musique évoque. Parfois, au moment de s'endormir, on les aperçoit, on veut fixer et définir leur forme. Alors on s'éveille, on ne les voit plus, on s'y laisse aller et avant qu'on ait su les fixer on est endormi, comme si l'intelligence n'avait pas la permission de les voir. Les êtres eux-mêmes qui sont dans de tels tableaux sont des rêves.

Une femme que dans une autre existence peut-être
J'ai vue et dont je me souviens...

Qu'y a-t-il de moins racinien que cela ? Que l'objet même du désir et du rêve soit précisément ce charme français où Racine a vécu et qu'il a exprimé sans d'ailleurs le ressentir, c'est très possible, mais c'est comme si l'on trouvait qu'une classe de choses absolument pareilles sont un verre d'eau fraîche et un fiévreux, parce qu'il le désire, ou l'innocence d'une jeune fille et la lubricité d'un vieillard parce que le premier est le rêve du second. M. Lemaître, et je dis cela sans que cela altère en rien ma profonde admiration pour lui, sans que cela ôte rien à son livre merveilleux, incomparable sur Racine, a été l'inventeur, dans ce temps où il y en a si peu, d'une critique qui est bien à lui, qui est toute une création et où, dans les morceaux les plus caractéristiques et qui resteront parce qu'ils sont tout à fait personnels, il aime à faire sortir d'une œuvre une quantité de choses qui en pleuvent alors à profusion, un peu comme des gobelets qu'il y aurait mis.

Mais, en réalité, il n'y a absolument rien de tout cela dans *Phèdre* ni dans *Bajazet*. Si pour une raison quelconque on met le mot Turquie dans un livre, si d'ailleurs on n'en a aucune idée, aucune impression, aucun désir, on ne peut pas dire que la Turquie soit dans ce livre. Racine solaire, rayonnement du soleil, etc. On ne peut compter en art que ce qui est exprimé ou ressenti. Dire que la Turquie n'est pas absente d'une œuvre, c'est dire que l'idée de la Turquie, la sensation de la Turquie, etc.

Je sais bien qu'il est de l'amour de certains lieux d'autres formes que l'amour littéraire, des formes moins conscientes, aussi profondes peut-être. Je sais qu'il est des hommes qui ne sont pas des artistes, des chefs de bureau, des petits ou grands bourgeois, des médecins qui, au lieu d'avoir un bel appartement à Paris ou une voiture, ou aller au théâtre, placent une partie de leur revenu pour avoir une petite maison en Bretagne, où ils se promènent le soir, inconscients du plaisir artistique qu'ils éprouvent, et qu'ils expriment tout au plus en disant de temps en temps : « Il fait beau, il fait bon », ou « C'est agréable de se promener le soir ». Mais rien ne nous dit même que cela existait chez Racine, et en tout cas n'aurait eu nullement le caractère nostalgique, la couleur de rêve de *Sylvie*. Aujourd'hui toute une école, qui à vrai dire a été utile, en réaction de la logomachie abstraite régnante, a imposé à l'art un nouveau jeu qu'elle croit renouvelé de l'ancien, et on commence par convenir que pour ne pas alourdir la phrase on ne lui fera rien exprimer du tout, que pour rendre le contour du livre plus net on en bannira l'expression de toute impression difficile à rendre, toute pensée, etc., et pour conserver à la langue son caractère traditionnel on se contentera constamment des phrases qui existent, toutes faites, sans même prendre la peine de les repenser. Il n'y a pas un extrême mérite à ce que le ton soit assez rapide, la syntaxe d'assez bon aloi, et l'allure assez dégagée. Il n'est pas difficile de faire le chemin au pas de course si on commence avant de partir par jeter à la rivière tous les trésors qu'on était chargé d'apporter. Seulement la rapidité du voyage et l'aisance de l'arrivée sont assez indifférentes, puisque à l'arrivée on n'apporte rien.

C'est à tort qu'on croit qu'un tel art a pu se réclamer du passé. Il ne doit en tout cas, moins que de personne, se réclamer de Gérard de Nerval. Ce qui le leur a donné à croire, c'est qu'ils aiment à se borner dans leurs articles, leurs poèmes ou leurs romans à décrire une beauté française « modérée, avec de claires architectures, sous un ciel aimable, avec des coteaux et des églises comme celles de Dammartin et d'Ermenonville ». Rien n'est plus loin de *Sylvie*.

*

Si quand M. Barrès nous parle des cantons de Chantilly, de Compiègne et d'Ermenonville, quand il nous parle d'aborder aux îles du Valois ou d'aller dans les bois de Chââlis ou de Pontarmé, nous éprouvons ce trouble délicieux, c'est que ces noms, nous les avons lus dans *Sylvie*, qu'ils sont faits, non avec des souvenirs de temps réel, mais avec ce plaisir de fraîcheur, mais à base d'inquiétude, que ressentait ce « fol délicieux » et qui faisait pour lui de ces matinées dans ces bois ou plutôt de leur souvenir « à demi rêvé » un enchantement plein de trouble. L'Ile-de-France, pays de mesure, de grâce moyenne, etc. Ah ! que c'est loin de cela, comme il y a de l'inexprimable, quelque chose au-delà de la fraîcheur, au-delà du matin, au-delà du beau temps, au-delà de l'évocation du passé même, ce quelque chose qui faisait sauter, dresser et chanter Gérard, mais pas d'une joie saine, et qui nous communique ce trouble infini, quand nous pensons que ces pays existent et que nous pouvons aller nous promener au pays de Sylvie. Aussi pour le suggérer, que fait M. Barrès ? Il nous dit ces noms, il nous parle de choses qui ont l'air traditionnel et dont le sentiment, le fait de s'y plaire est bien d'aujourd'hui, bien peu sage, bien peu « grâce moyenne », bien peu « Ile-de-France », selon M. Hallays et M. Boulanger, comme la divine douceur des cierges vacillants en plein jour dans nos enterrements et les cloches dans la brume d'octobre. Et la meilleure preuve, c'est que quelques pages plus loin on peut lire la même évocation, il la fait pour M. de Vogüé, qui, lui, en reste à la Touraine, aux paysages « composés selon notre goût », à la blonde Loire. Que cela est à cent lieues de Gérard ! Certes, nous nous rappelons l'ivresse de ces premières matinées d'hiver, le désir du voyage, l'enchantement des lointains ensoleillés. Mais notre plaisir est fait de trouble. La grâce mesurée du paysage en est la matière, mais il va au-delà. Cet au-delà est indéfinissable. Il sera un jour chez Gérard la folie. En attendant il n'a rien de mesuré, de bien français. Le génie de Gérard en a imprégné ces noms, ces lieux. Je pense que tout homme qui a une sensibilité aiguë peut se laisser suggestionner par cette rêverie qui nous laisse une sorte de pointe, « car il n'est pas de pointe plus acérée que celle de l'Infini ». Mais on ne nous rend pas le trouble que nous donne notre maîtresse en parlant de l'amour, mais en disant ces petites choses qui peuvent l'évoquer, le coin de sa robe, son prénom. Ainsi tout cela n'est rien, ce sont les mots Châalis, Pontarmé, îles de l'Ile-de-France, qui exaltent jusqu'à l'ivresse la pensée que nous pouvons par un beau matin d'hiver partir voir ces pays de rêve où se promena Gérard.

C'est pourquoi tous les éloges qu'on pourra nous donner sur des pays nous laissent froids. Et nous voudrions tant avoir écrit ces pages de *Sylvie*. Mais on ne peut pas à la fois avoir le ciel et être riche, dit Baudelaire. On ne peut pas avoir fait avec l'intelligence et le goût un paysage, même comme Victor Hugo, même comme Heredia, dans le vide, et avoir empreint un pays de cette atmosphère de rêve que Gérard a laissée en Valois, parce que c'est bien de son rêve qu'il l'a tirée. On peut penser sans trouble à l'admirable *Villequier* d'Hugo, à l'admirable *Loire* d'Heredia. On frissonne quand on a lu dans un indicateur de chemin de fer le nom de Pontarmé. Il y a en lui quelque chose d'indéfinissable, qui se communique, qu'on voudrait par calcul avoir sans l'éprouver, mais qui est un élément original, qui entre dans la composition de ces génies et n'existe pas dans la composition des autres, et qui est quelque chose de plus, comme il y a dans le fait d'être amoureux quelque chose de plus que l'admiration esthétique et de goût. C'est cela qu'il y a dans certains éclairages de rêve, comme celui qu'il y a devant le château Louis XIII, et si intelligent qu'on soit comme Lemaître, quand on le cite comme un modèle de grâce mesurée, on erre. C'est un modèle de hantise maladive... Maintenant rappeler ce que sa folie avait d'inoffensif, de presque traditionnel et d'ancien en l'appelant un « fol délicieux », c'est de la part de Barrès une marque de goût charmant.

Mais Gérard allait revoir le Valois pour composer *Sylvie ?* Mais oui. La passion croit son objet réel, l'amant de rêve d'un pays veut le voir. Sans cela, ce ne serait pas sincère. Gérard est naïf et voyage. Marcel Prévost se dit : restons chez nous, c'est un rêve. Mais tout compte fait, il n'y a que l'inexprimable, que ce qu'on croyait ne pas réussir à faire entrer dans un livre qui y reste. C'est quelque chose de vague et d'obsédant comme le souvenir. C'est une atmosphère. L'atmosphère bleuâtre et pourprée de *Sylvie.* Cet inexprimable-là, quand nous ne l'avons pas ressenti nous nous flattons que notre œuvre vaudra celle de ceux qui l'ont ressenti, puisqu'en somme les mots sont les mêmes. Seulement ce n'est pas dans les mots, ce n'est pas exprimé, c'est tout entre les mots, comme la brume d'un matin de Chantilly.

*

Si un écrivain aux antipodes des claires et faciles aquarelles a cherché à se définir laborieusement à lui-même, à saisir, à éclairer des nuances troubles, des lois profondes, des impressions presque insaisissables de l'âme humaine, c'est Gérard de Nerval dans *Sylvie.* Cette histoire que vous appelez la peinture naïve, c'est le rêve d'un rêve, rappelez-vous. Gérard essaie de se souvenir d'une femme qu'il aimait en même temps qu'une autre, qui domine ainsi certaines heures de sa vie et qui tous les soirs le reprend à une certaine heure. Et en évoquant ce temps dans un tableau de rêve, il est pris du désir de partir pour ce pays, il descend de chez lui, se fait rouvrir la porte, prend une voiture. Et tout en allant en cahotant vers Loisy, il se rappelle et raconte. Il arrive après cette nuit d'insomnie et ce qu'il voit alors, pour ainsi dire détaché de la réalité par cette nuit d'insomnie, par ce retour dans un pays qui est plutôt pour lui un passé qui existe au moins autant dans son cœur que sur la carte, est entremêlé si étroitement aux souvenirs qu'il continue à évoquer, qu'on est obligé à tout moment de tourner les pages qui précèdent pour voir où on se trouve, si c'est présent ou rappel du passé.

Les êtres eux-mêmes sont comme une femme des vers que nous citions, « que dans une autre existence j'ai connue et dont je me souviens ». Cette Adrienne qu'il croit être la comédienne, ce qui fait qu'il devient amoureux de la comédienne, et qui n'était pas elle, ces châteaux, ces personnes nobles qu'il semble voir vivre plutôt dans le passé, cette fête qui a lieu le jour de la Saint-Barthélémy et dont il n'est pas bien sûr qu'elle ait eu lieu et qu'elle ne soit pas un rêve, « le fils du garde était gris », etc., j'ai raison de dire que dans tout cela même les êtres ne sont que les ombres d'un rêve. La divine matinée sur le chemin, la visite à la maison de la grand-mère de Sylvie, cela est réel... Mais rappelez-vous : cette nuit-là, il n'a encore dormi qu'un moment à la belle étoile, et d'un étrange sommeil où il percevait encore les choses, puisqu'il se réveille avec le son de l'angélus dans l'oreille, qu'il n'a pas entendu.

De telles matinées sont réelles, si l'on veut. Mais on y a cette exaltation où la moindre beauté nous grise et nous donne presque, quoique la réalité habituellement ne puisse pas le faire, un plaisir de rêve. La couleur juste de chaque chose vous émeut comme une harmonie, on a envie de pleurer de voir que les roses sont roses ou, si c'est l'hiver, de voir sur les troncs des arbres de belles couleurs vertes presque réfléchissantes, et si un peu de lumière vient toucher ces couleurs, comme par exemple au coucher du soleil où le lilas blanc fait chanter sa blancheur, on se sent inondé de beauté. Dans les demeures où l'air vif de la nature vous exalte encore, dans les demeures paysannes ou dans les châteaux, cette exaltation est aussi vive qu'elle était dans la promenade, et un objet ancien qui nous apporte un motif de rêve accroît cette exaltation. Que de châtelains positifs j'ai dû ainsi étonner par l'émotion de ma reconnaissance ou de mon admiration, rien qu'en montant un escalier couvert d'un tapis aux diverses couleurs, ou en voyant pendant le déjeuner le pâle soleil de mars faire briller les transparentes couleurs vertes dont sont patinés les troncs du parc et venir chauffer son pâle rayon sur le tapis près du grand feu, pendant que le cocher venait prendre les ordres pour la promenade que nous allions faire. Telles sont ces matinées bénies, creusées par une insomnie, l'ébranlement nerveux d'un voyage, une ivresse physique, une circonstance exceptionnelle, dans la dure pierre de nos journées, et gardant miraculeusement les couleurs délicieuses, exaltées, le charme de rêve qui les isole dans notre souvenir comme une grotte merveilleuse, magique et multicolore dans son atmosphère spéciale.

La couleur de *Sylvie*, c'est une couleur pourpre, d'une rose pourpre en velours pourpre ou violacé, et nullement les tons aquarellés de leur France modérée. À tout moment ce rappel de rouge revient, tirs, foulards rouges, etc. Et ce nom lui-même pourpré de ses deux I — Sylvie, la vraie Fille du Feu. Pour moi qui pourrais les dénombrer, ces mystérieuses lois de la pensée que j'ai souvent souhaité d'exprimer et que je trouve exprimées dans *Sylvie* — j'en pourrais compter, je le crois, jusqu'à cinq et six — j'ai le droit de dire que quelque distance qu'une exécution parfaite — et qui est tout — met entre une simple velléité de l'esprit et un chef-d'œuvre, met entre les écrivains dits en dérision penseurs et Gérard, c'est eux qui peuvent pourtant se réclamer de lui plutôt que ceux à qui la perfection de l'exécution n'est pas difficile, puisqu'ils n'exécutent rien du tout. Certes, le tableau présenté par Gérard est délicieusement simple. Et c'est la fortune unique de son génie. Ces sensations si subjectives, si nous disons seulement la chose qui les provoque, nous ne rendons pas précisément ce qui donne du prix à nos yeux. Mais aussi, si nous essayons en analysant notre impression de rendre ce qu'elle a de subjectif, nous faisons évanouir l'image et le tableau. De sorte que par désespoir nous alimentons encore mieux nos rêveries avec ce qui nomme notre rêve sans l'expliquer, avec les indicateurs de chemin de fer, les récits de voyageurs, les noms des commerçants et des rues d'un village, les notes de M. Bazin où chaque espèce d'arbre est nommée, que dans un trop subjectif Pierre Loti. Mais Gérard a trouvé le moyen de ne faire que peindre et de donner à son tableau les couleurs de son rêve. Peut-être y a-t-il encore un peu trop d'intelligence dans sa nouvelle...

X

SAINTE-BEUVE ET BAUDELAIRE

Un poète que tu n'aimes qu'à demi et à l'égard de qui il est convenu que Sainte-Beuve, qui était très lié avec lui, a fait preuve de la plus clairvoyante, de la plus divinatrice admiration, c'est Baudelaire. Or si Sainte-Beuve, touché de l'admiration, de la déférence, de la gentillesse de Baudelaire qui tantôt lui envoyait des vers, et tantôt du pain d'épice, et lui écrivait sur *Joseph Delorme,* sur *Les Consolations,* sur ses *Lundis* les lettres les plus exaltées, lui adressait d'affectueuses lettres, il n'a jamais répondu aux prières réitérées de Baudelaire de faire même un seul article sur lui. Le plus grand poète du XIXᵉ siècle, et qui en plus était son ami, ne figure pas dans les *Lundis* où tant de comtes Daru, de d'Alton Shée et d'autres ont le leur. Du moins, il n'y figure qu'accessoirement. Une fois, au moment du procès de Baudelaire, Baudelaire implora une lettre de Sainte-Beuve le défendant : Sainte-Beuve trouva que ses attaches avec le régime impérial le lui interdisaient, et se contenta de rédiger anonymement [1] un plan de défense dont l'avocat était

---

1. « Sainte-Beuve heureux de pouvoir venir en aide à son ami sans se compromettre », comme dit naïvement M. Crépet, qui croit faire l'éloge de la conduite de Sainte-Beuve. (*N. d. l'A.*)

autorisé à se servir, mais sans nommer Sainte-Beuve, et où il disait que Béranger avait été aussi hardi que Baudelaire, en ajoutant : « Loin de moi de diminuer rien à la gloire d'un illustre poète (ce n'est pas Baudelaire, c'est Béranger), d'un poète national, cher à tous, que l'empereur a jugé digne de publiques funérailles, etc. »

Mais il avait adressé à Baudelaire une lettre sur *Les Fleurs du Mal* qui a été reproduite dans les *Causeries du Lundi,* en faisant valoir, pour diminuer sans doute la portée de l'éloge, que cette lettre avait été écrite dans la pensée de venir en aide à la défense. Il commence par remercier Baudelaire de sa dédicace, ne peut pas se décider à dire un mot d'éloge, dit que ces pièces, qu'il avait déjà lues, font, réunies, « un tout autre effet », qu'évidemment c'est triste, affligeant, mais que Baudelaire le sait bien, cela dure ainsi pendant une page, sans qu'un seul adjectif laisse supposer si Sainte-Beuve trouve le livre bien. Il nous apprend seulement que Baudelaire aime beaucoup Sainte-Beuve et que Sainte-Beuve sait les qualités de cœur de Baudelaire. Enfin, vers le milieu de la seconde page, il se lance, enfin une appréciation (et c'est dans une lettre de remerciement et à quelqu'un qui l'a traité avec quelle tendresse et quelle déférence !) : « En faisant cela avec subtilité (première appréciation mais qui peut se prendre en bien ou en mal), avec raffinement, avec un talent curieux (c'est le premier éloge, si c'en est un, il ne faut du reste pas être difficile, ce sera à peu près le seul) et un abandon quasi *précieux* d'expression, en *parlant* (souligné par Sainte-Beuve) ou pétrarquisant sur l'horrible... » et, parternellement : « Vous avez dû beaucoup souffrir, mon cher enfant. » Suivent quelques critiques, puis de grands compliments sur deux pièces seulement : le sonnet *Tristesse de la Lune* « qui a l'air d'être d'un Anglais contemporain de la jeunesse de Shakespeare » et *A celle qui est trop sage* dont il dit : « Pourquoi cette pièce n'est-elle pas en latin, ou plutôt en grec ? » J'oublie qu'un peu plus haut il lui avait parlé de sa « finesse d'exécution ». Et comme il aime les métaphores suivies, il termine ainsi : « Mais encore une fois il ne s'agit pas de compliments à quelqu'un qu'on aime... » — et qui vient de vous envoyer *Les Fleurs du Mal,* quand on a passé sa vie à en faire à tant d'écrivains sans talent...

Mais ce n'est pas tout, cette lettre, Sainte-Beuve, dès qu'il avait su qu'on comptait la publier, l'avait redemandée, probablement pour voir s'il ne s'était pas laissé aller à trop d'éloges (ceci du reste est simplement une supposition de ma part). En tout cas en la donnant dans les *Causeries du Lundi,* il crut devoir la faire précéder, je dirai franchement l'affaiblir encore, par un petit préambule où il dit que cette lettre avait été écrite « dans la pensée de venir en aide à la défense ». Et voici comment dans ce préambule il parle des *Fleurs du Mal,* bien que cette fois-ci, où il ne s'adresse plus au poète « son ami », il n'ait plus à le gronder et il pourrait être question de compliments : « Le poète Baudelaire... avait mis des années à extraire de tout sujet de toute fleur (cela veut dire à écrire *Les Fleurs du Mal*) un suc vénéneux, et même, il faut le dire, assez *agréablement* vénéneux. C'était d'ailleurs (toujours la même chose !) un homme d'esprit (!), assez aimable à ses heures (en effet, il lui écrivait : « J'ai besoin de vous voir comme Antée de toucher la terre ») et très capable d'affection (c'est en effet tout ce qu'il y a à dire sur l'auteur des *Fleurs du Mal.*

Sainte-Beuve nous a déjà dit de même que Stendhal était modeste et Flaubert bon garçon). Lorsqu'il eut publié ce recueil intitulé : *Fleurs du Mal* (« Je sais que vous faites des vers, n'avez-vous jamais été tenté d'en donner un petit recueil ? », disait un homme du monde à Mme de Noailles), il n'eut pas seulement affaire à la critique, la justice s'en mêla, comme s'il y avait véritablement danger à *ces malices enveloppées et sous-entendues dans des rimes élégantes...* ». Puis les lignes ayant l'air d'excuser (du moins, c'est mon impression) par la raison du service à rendre à l'accusé les éloges de la lettre. Remarquons en passant que les « malices enveloppées » ne vont pas beaucoup avec le « Vous avez dû beaucoup souffrir, mon cher enfant. » Avec Sainte-Beuve que de fois on est tenté de s'écrier : quelle vieille bête ou quelle vieille canaille.

Une autre fois (et peut-être bien parce que Sainte-Beuve avait été publiquement attaqué par les amis de Baudelaire pour n'avoir pas eu le courage de témoigner pour lui en même temps que d'Aurevilly, etc., devant la cour d'assises) à propos des élections à l'Académie, Sainte-Beuve fit un article sur les diverses candidatures. Baudelaire était candidat. Sainte-Beuve, qui du reste aimait donner des leçons de littérature à ses collègues de l'Académie comme il aimait donner des leçons de libéralisme à ses collègues du Sénat, parce que, s'il restait de son milieu, il lui était très supérieur, et qu'il avait des velléités, des accès, des prurits d'art nouveau, d'anticléricalisme et de révolution, Sainte-Beuve parla en termes charmants et brefs des *Fleurs du Mal* « ce petit pavillon que le poète s'est construit à l'extrémité du Kamtchatka littéraire, j'appelle cela la « Folie Baudelaire » (toujours des « mots », des mots que les hommes d'esprit peuvent citer en ricanant : il appelle cela la « Folie Baudelaire ». Seulement le genre des causeurs qui citaient cela à dîner le pouvaient quand le mot était sur Chateaubriand ou sur Royer-Collard. Ils ne savaient pas qui était Baudelaire). Et il termina par ces mots inouïs : ce qui est certain, c'et que M. Baudelaire « gagne à être *vu*, que là où l'on s'attendait à voir entrer un homme étrange, excentrique, on se trouve en présence d'un candidat *poli, respectueux, exemplaire*, d'un *gentil garçon*, fin de langage et *tout à fait classique dans les formes* ». Je ne peux pas croire qu'en écrivant les mots *gentil garçon, gagne à être connu, classique dans les formes*, Sainte-Beuve n'ait pas cédé à cette espèce d'hystérie de langage qui, par moments, lui faisait trouver un irrésistible plaisir à parler comme un bourgeois qui ne sait pas écrire, à dire de *Madame Bovary :* « Le début est finement touché. »

Mais c'est toujours le même procédé : faire quelques éloges « d'ami » de Flaubert, des Goncourt, de Baudelaire, et dire que d'ailleurs ce sont dans le particulier les hommes les plus délicats, les amis les plus sûrs. Dans l'article rétrospectif sur Stendhal, c'est encore la même chose (« plus sûr dans son procédé »). Et après avoir conseillé à Baudelaire de retirer sa candidature, comme Baudelaire l'a écouté et a écrit sa lettre de désistement, Sainte-Beuve l'en félicite et le console de la façon suivante : « Quand on a lu (à la séance de l'Académie) votre dernière phrase de remerciements, conçue en termes *si modestes et si polis*, on a dit *tout haut : Très bien. Ainsi vous avez laissé de vous une bonne impression. N'est-ce donc rien ?* » N'était-ce rien que d'avoir fait l'impression d'un homme modeste, d'un « gentil garçon » à M. de Sacy et à Viennet ? N'était-ce rien de la part de Sainte-Beuve, grànd ami de Baudelaire, que d'avoir donné des conseils à son avocat, à condition que son nom ne fût pas cité, d'avoir refusé tout article sur *Les Fleurs du Mal*, même sur les traductions de Poe, mais enfin d'avoir dit que la « Folie Baudelaire », était un charmant pavillon, etc. ?

Sainte-Beuve trouvait que tout cela, c'était beaucoup. Et ce qu'il y a de plus effrayant — et qui vient bien à l'appui de ce que je disais —, si fantastique que cela puisse paraître, Baudelaire était du même avis. Quand ses amis s'indignent du lâchage de Sainte-Beuve au moment de son procès et laissent percer leur mécontement dans la presse, Baudelaire est affolé, il écrit lettre sur lettre à Sainte-Beuve, pour le bien persuader qu'il n'est pour rien dans ces attaques, il écrit à Malassis et à Asselineau : « Voyez donc combien cette affaire peut m'être désagréable... Babou sait bien que je suis lié avec l'oncle Beuve, que je tiens vivement à son amitié, et que je me donne moi la peine de cacher mon opinion quand elle est contraire à la sienne, etc. Babou a l'air de vouloir me défendre contre quelqu'un qui m'a rendu une foule de services. » (?) Il écrit à Sainte-Beuve que loin d'avoir inspiré cet article, il avait persuadé à l'auteur « que vous (Sainte-Beuve) faisiez toujours tout ce que vous deviez et pouviez faire. Il y a encore peu de temps que je parlais à Malassis de cette grande amitié qui me fait honneur, etc. »

A supposer que Baudelaire ne fût pas sincère alors, et que ce fût par politique qu'il tînt à ménager Sainte-Beuve et à lui laisser croire qu'il trouvait qu'il avait bien agi, cela revient toujours au même, cela prouve l'importance que Baudelaire attachait à un article de Sainte-Beuve (qu'il ne peut d'ailleurs pas obtenir), à défaut d'article aux quelques phrases d'éloges qu'il finira par lui accorder. Et tu as vu quelles phrases ! Mais si piètres qu'elles nous semblent, elles ravissent Baudelaire. Après l'article « gagne à être connu, c'est un gentil garçon, folie Baudelaire, etc. », il écrit à Sainte-Beuve : « Encore un service que je vous dois ! Quand cela finira-t-il ? Et comment vous remercier ? Quelques mots, cher ami, pour vous peindre le genre particulier du plaisir que vous m'avez procuré... Quant à ce que vous appelez mon Kamtchatka, si je recevais souvent *des encouragements aussi vigoureux* que celui-là, je crois que j'aurais la force d'en faire une immense Sibérie, etc. Quand je vois votre activité, votre vitalité, je suis tout honteux (de son impuissance littéraire !). Faut-il maintenant que moi, l'amoureux incorrigible des *Rayons jaunes* et de *Volupté,* de Sainte-Beuve poète et romancier, je complimente le journaliste ? Comment avez-vous fait pour arriver à cette altitude de forme, etc., j'ai retrouvé là toute votre éloquence de conversation, etc. », et pour finir : « Poulet-Malassis brûle de faire une brochure avec votre admirable article. » Il ne borne pas sa reconnaissance à une lettre, il fait un article non signé dans la *Revue anecdotique* sur l'article de Sainte-Beuve : « Tout l'article est un chef-d'œuvre de bonne humeur, de gaîté, de sagesse, de bon sens et d'ironie. Tous ceux qui ont l'honneur de connaître intimement l'auteur de *Joseph Delorme,* etc. » Sainte-Beuve remercie le directeur en disant à la fin, toujours avec ce goût de faire dérailler le sens des mots : « Je salue et *respecte* le bienveillant anonyme. » Mais Baudelaire, n'étant pas certain que Sainte-Beuve l'avait reconnu, lui écrit pour lui dire que l'article est de lui.

Tout cela vient à l'appui de ce que je te disais, que

l'homme qui vit dans un même corps avec tout grand génie a peu de rapport avec lui, que c'est lui que ses intimes connaissent, et qu'ainsi il est absurde de juger comme Sainte-Beuve le poète par l'homme ou par le dire de ses amis. Quant à l'homme lui-même, il n'est qu'un homme, et peut parfaitement ignorer ce que veut le poète qui vit en lui. Et c'est peut-être mieux ainsi [1]. C'est notre raisonnement qui, dégageant de l'œuvre du poète sa grandeur, dit : c'est un roi, et le voit roi, et voudrait qu'il se conduisît en roi. Mais le poète ne doit nullement se voir ainsi pour que la réalité qu'il peint lui reste objective et qu'il ne pense pas à lui. Aussi se voit-il comme un pauvre homme qui serait bien flatté d'être invité chez un duc et d'avoir des prix à l'Académie. Et si cette humilité est la condition de sa sincérité et de son œuvre, qu'elle soit bénie.

Baudelaire se trompait-il à ce point sur lui-même ? Peut-être pas, théoriquement. Mais si sa modestie, sa déférence étaient de la ruse, il ne se trompait pas moins pratiquement sur lui-même puisque lui qui avait écrit *Le Balcon, Le Voyage, Les Sept Vieillards*, il s'apercevait dans une sphère où un fauteuil à l'Académie, un article de Sainte-Beuve étaient beaucoup pour lui. Et on peut dire que ce sont les meilleurs, les plus intelligents qui sont ainsi, vite redescendus de la sphère où ils écrivent *Les Fleurs du Mal, le Rouge et le Noir, l'Éducation sentimentale* — et dont nous pouvons nous rendre compte, nous qui ne connaissons que les livres, c'est-à-dire les génies, et que la fausse image de

1. Les dernières lignes de ce paragraphe sont extraites d'un autre cahier, où elles sont précédées de la mention suivante : « Ajouter à Baudelaire, quand je parle du poète qui désire être de l'Académie, etc. Suprême ironie, Bergson et les visites académiques. »

l'homme ne vient pas troubler, à quelle hauteur elle est au-dessus de celle où furent écrits les *Lundis*, *Carmen* et *Indiana* —, pour accepter avec déférence, par calcul, par élégance de caractère ou par amitié, la fausse supériorité d'un Sainte-Beuve, d'un Mérimée, d'une George Sand. Ce dualisme si naturel a quelque chose de si troublant. Voir Baudelaire désincarné, respectueux avec Sainte-Beuve, et tantôt d'autres intriguer pour la croix, Vigny qui vient d'écrire *Les Destinées* mendiant une réclame dans un journal (je ne me rappelle pas exactement mais ne crois pas me tromper).

Comme le ciel de la théologie catholique qui se compose de plusieurs ciels superposés, notre personne, dont l'apparence que lui donne notre corps avec sa tête qui circonscrit à une petite boule notre pensée, notre personne morale se compose de plusieurs personnes superposées. Cela est peut-être plus sensible encore pour les poètes qui ont un ciel de plus, un ciel intermédiaire entre le ciel de leur génie, et celui de leur intelligence, de leur bonté, de leur finesse journalières, c'est leur prose. Quand Musset écrit ses *Contes* on sent encore à ce je ne sais quoi par moments le frémissement, le soyeux, le prêt à s'envoler des ailes qui ne se soulèveront pas. C'est ce qu'on a du reste dit beaucoup mieux :

Même quand l'oiseau marche, on sent qu'il a des ailes.

Un poète qui écrit en prose (excepté naturellement quand il y fait de la poésie comme Baudelaire dans ses *Petits Poèmes* et Musset dans son théâtre), Musset, quand il écrit ses *Contes,* ses essais de critique, ses discours d'Académie, c'est quelqu'un qui a laissé de côté son génie, qui a cessé de tirer de lui des formes qu'il prend dans un monde surnaturel et exclusivement personnel à lui et qui pourtant s'en ressouvient, nous en fait souvenir. Par moments à un développement, nous pensons à des vers célèbres, invisibles, absents, mais dont la forme vague, indécise, semble transparente derrière des propos que pourrait cependant tenir tout le monde et leur donne une sorte de grâce et de majesté, d'émouvante allusion. Le poète a déjà fui, mais derrière les nuages on aperçoit son reflet encore. Dans l'homme, dans l'homme de la vie, des dîners, de l'ambition, il ne reste plus rien, et c'est celui-là à qui Sainte-Beuve prétend demander l'essence de l'autre, dont il n'a rien gardé.

*

Je comprends que tu n'aimes qu'à demi Baudelaire. Tu as trouvé dans ses lettres, comme dans celles de Stendhal, des choses cruelles sur sa famille. Et cruel, il l'est dans sa poésie, cruel avec infiniment de sensibilité, d'autant plus étonnant dans sa dureté que les souffrances qu'il raille, qu'il présente avec cette impassibilité, on sent qu'il les a ressenties jusqu'au fond de ses nerfs. Il est certain que dans un poème sublime comme *Les Petites Vieilles*, il n'y a pas une de leurs souffrances qui lui échappent. Ce n'est pas seulement leurs immenses douleurs :

> *Ces yeux sont des puits faits d'un millier de larmes...*
> *Toutes auraient pu faire un fleuve avec leurs pleurs,*

il est dans leurs corps, il frémit avec leurs nerfs, il frissonne avec leur faiblesse :

> *Flagellés par les bises iniques,*
> *Frémissant au fracas roulant des omnibus...,*
> *Se traînent, comme font les animaux blessés,*

Mais la beauté descriptive et caractéristique du tableau ne le fait reculer devant aucun détail cruel [1] :

> *Ou dansent, sans vouloir danser, pauvres sonnettes...*
> *Celle-là, droite encore, fière et sentant la règle...*

> *Avez-vous observé que maints cercueils de vieilles*
> *Sont presque aussi petits que celui d'un enfant ?*
> *La Mort savante met dans ces bières pareilles*
> *Un symbole d'un goût bizarre et captivant...*

> *À moins que méditant sur la géométrie*
> *Je ne cherche, à l'aspect de ces membres discords,*
> *Combien de fois il faut que l'ouvrier varie*
> *La forme de la boîte où l'on met tous ces corps*

Mais surtout :

> *Mais moi, moi qui de loin tendrement vous surveille,*
> *L'œil inquiet, fixé sur vos pas incertains,*
> *Tout comme si j'étais votre père, ô merveille !*
> *Je goûte à votre insu des plaisirs clandestins.*

Et c'est ce qui fait qu'aimer Baudelaire —, comme dirait Sainte-Beuve, dont je m'interdis de prendre à mon compte cette formule comme j'en avais été

---

1. Sa poésie sur *Les Aveugles* commence ainsi :
   Contemple-les, mon âme ; ils sont vraiment affreux !

(*N. d. l'A.*)

souvent tenté, pour ôter de ce projet d'article tout jeu d'esprit, mais ici ce n'est pas pastiche, c'est une remarque que j'ai faite, où les noms me viennent à la mémoire ou aux lèvres, et qui s'impose à moi en ce moment — aimer Baudelaire, j'entends l'aimer même à la folie en ces poèmes si pitoyables et humains, n'est pas forcément signe d'une grande sensibilité. Il a donné de ces visions qui, au fond, lui avaient fait mal, j'en suis sûr, un tableau si puissant, mais d'où toute expression de sensibilité est si absente, que des esprits purement ironiques et amoureux de couleur, des cœurs vraiment durs peuvent s'en délecter. Les vers sur ces *Petites Vieilles* :

Débris d'humanité pour l'éternité mûrs

est un vers sublime et que de grands esprits, de grands cœurs aiment à citer. Mais que de fois je l'ai entendu citer, et pleinement goûté, par une femme d'une extrême intelligence, mais la plus inhumaine, la plus dénuée de bonté et de moralité que j'aie rencontrée, et qui s'amusait, le mêlant à de spirituels et d'atroces outrages, à le lancer comme une prédiction de mort prochaine sur le passage de telles vieilles femmes qu'elle détestait. Ressentir toutes les douleurs mais être assez maître de soi pour ne pas se déplaire à les regarder, pouvoir supporter la douleur qu'une méchanceté provoque artificiellement (même on oublie en le citant combien est cruel le vers délicieux :

Le violon frémit *comme un cœur qu'on* afflige,

oh! ce frémissement d'un cœur à qui on fait mal —
tout à l'heure ce n'était que le frémisement des nerfs
des vieilles femmes, au fracas roulant des omnibus).

Peut-être cette subordination de la sensibilité à la
vérité, à l'expression, est-elle au fond une marque de
génie, de la force de l'art supérieur à la pitié individuelle. Mais il y a plus étrange que cela dans le cas de
Baudelaire. Dans les plus sublimes expressions qu'il a
données de certains sentiments, il semble qu'il ait fait
une peinture extérieure de leur forme, sans sympathi-
ser avec eux. Un des plus admirables vers sur la
charité, un de ces vers immenses et déroulés de
Baudelaire, est celui-ci :

> *Pour que tu puisses faire à Jésus, quand il passe,*
> *Un tapis triomphal avec ta charité.*

Mais y a-t-il rien de moins charitable (volontairement, mais cela ne fait rien) que le sentiment où cela
est dit :

> *Un Ange furieux fond du ciel comme un aigle,*
> *Du mécréant saisit à plein poing les cheveux,*
> *Et dit, le secouant : « Tu connaîtras la règle !*
> *(Car je suis ton bon Ange, entends-tu ?) Je le veux !*
> *Sache qu'il faut aimer, sans faire la grimace,*
> *Le pauvre, le méchant, le tortu, l'hébété,*
> *Pour que tu puisses faire à Jésus, quand il passe,*
> *Un tapis triomphal avec ta charité. »*

Certes, il comprend tout ce qu'il y a dans toutes ces
vertus, mais il semble en bannir l'essence de ses vers.
C'est bien tout le dévouement, ce qu'il y a dans ces
vers des *Petites Vieilles* :

> *Toutes m'enivrent ! Mais parmi ces êtres frêles*
> *Il en est qui, faisant de la douleur un miel,*
> *Ont dit au Dévouement qui leur prêtait ses ailes :*
> *« Hippogriffe puissant, mène-moi jusqu'au ciel ! »*

Il semble qu'il éternise par la force extraordinaire, inouïe du verbe (cent fois plus fort, malgré tout ce qu'on dit, que celui de Hugo), un sentiment qu'il s'efforce de ne pas ressentir au moment où il le nomme, où il le peint plutôt qu'il ne l'exprime. Il trouve pour toutes les douleurs, pour toutes les douceurs, de ces formes inouïes, ravies à son monde spirituel à lui et qui ne se trouveront jamais dans aucun autre, formes d'une planète où lui seul a habité et qui ne ressemblait à rien de ce que nous connaissons. Sur chaque catégorie de personnes, il pose toute chaude et suave, pleine de liqueur et de parfum, une de ces grandes formes, de ces sacs qui pourraient contenir une bouteille ou un jambon, mais s'il le dit avec des lèvres bruyantes comme le tonnerre, on dirait qu'il s'efforce de ne le dire qu'avec les lèvres, quoiqu'on sente qu'il a tout ressenti, tout compris, qu'il est la plus frémissante sensibilité, la plus profonde intelligence.

> *L'une, par sa patrie au malheur exercée,*
> *L'autre, que son époux surchargea de douleurs,*
> *L'autre, par son enfant Madone transpercée,*
> *Toutes auraient pu faire un fleuve avec leurs pleurs !*

Exercée est admirable, *surchargea* est admirable, *transpercée* est admirable. Chacun pose sur l'idée une de ces belles formes sombres, éclatantes, nourrissantes.

L'une, par sa patrie au malheur exercée...

De ces belles formes d'art, inventées par lui, dont je te parlais et qui posent leurs grandes formes chaleureuses et colorées sur les faits qu'il enumère, un certain nombre en effet sont des formes d'art faisant allusion à la patrie des anciens.

> *L'une, par sa patrie au malheur exercée...*
> *Les uns joyeux de fuir une patrie infâme...*
> *C'est la bourse du pauvre et sa patrie antique.*

Comme les belles formes sur la famille : « d'autres l'horreur de leurs berceaux », qui entrent vite dans la catégorie des formes bibliques et de toutes ces images qui font la puissance véhémente d'une pièce comme *Bénédiction* où tout est grandi par cette dignité d'art :

> *Dans le pain et le vin destinés à sa bouche*
> *Ils mêlent de la cendre avec d'impurs crachats ;*
> *Avec hypocrisie ils jettent ce qu'il touche,*
> *Ils s'accusent d'avoir mis leurs pieds dans ses pas.*

> *Sa femme va criant sur les places publiques...*
> *Je ferai le métier des idoles antiques...*

> *Ah ! que n'ai-je mis bas tout un nœud de vipères,*
> *Plutôt que de nourrir cette dérision !*

À côté de vers raciniens si fréquents chez Baudelaire :

> *Tous ceux qu'il veut aimer l'observent avec crainte.*

les grands vers flamboyants « comme des ostensoirs »
qui sont la gloire de ses poèmes :

> *Elle-même prépare au fond de la Géhenne*
> *Les bûchers consacrés aux crimes maternels.*

et tous les autres éléments du génie de Baudelaire,
que j'aimerais tant t'énumérer, si j'avais le temps.
Mais dans cette pièce ce sont déjà les belles images de
la théologie catholique qui l'emportent.

> *Des trônes, des vertus, des Dominations.*

> *Je sais que la douleur est la noblesse unique*
> *Où ne mordront jamais la terre et les enfers,*
> *Et qu'il faut pour tresser ma couronne mystique*
> *Imposer tous les temps et tous les univers.*

   (Image celle-là pas ironique de la douleur, comme
étaient celles du dévouement et de la charité que j'ai
citées, mais encore bien impassible, plus belle de
forme, d'allusion à des œuvres d'art du Moyen Age
catholique, plus picturale qu'émue !)
   Je ne parle pas des vers sur la Madone, puisque là
c'est précisément le jeu de prendre toutes ces formes
catholiques. Mais bientôt ces merveilleuses images :

> *Je traîne des serpents qui mordent mes souliers*

ce mot soulier qu'il aime tellement

Que tu es belle dans tes pieds sans souliers, ô fille de prince.

L'infidèle laisse ses souliers au pied de l'église « et ces serpents sous les pieds comme sous les pieds de Jésus », *incalcabis aspidem* « tu marcheras sur l'aspic ». Mais peu à peu, en négligeant celles qui sont trop connues (et qui sont peut-être les plus essentielles), il me semble que je pourrais commencer, forme par forme, à t'évoquer ce monde de la pensée de Baudelaire, ce pays de son génie, dont chaque poème n'est qu'un fragment, et qui dès qu'on le lit se rejoint aux autres fragments que nous en connaissons, comme dans un salon, dans un cadre que nous n'y avions pas encore vu, certaine montagne antique où le soir rougeoie et où passe un poète à figure de femme suivi de deux ou trois Muses, c'est-à-dire un tableau de la vie antique connue d'une façon naturelle, ces Muses étant des personnes qui ont existé, qui se promenaient le soir à deux ou trois avec un poète, etc., tout cela dans un moment, à une certaine heure, dans l'éphémère qui donne quelque chose de réel à la légende immortelle, vous sentez un fragment du pays de Gustave Moreau. Pour cela, il te faudrait tous ces ports, non pas seulement un port rempli de voiles et de mâts, et ceux où des vaisseaux nageant dans l'or et dans la moire ouvrent leurs vastes bras pour embrasser la gloire d'un ciel pur « où frémit l'éternelle chaleur », mais ceux qui ne sont que des portiques

Que les soleils marins baignaient de mille feux

Le « portique ouvert sur des cieux inconnus ». Les cocotiers d'Afrique, aperçus pâles comme des fantômes.

> *Les cocotiers absents de la superbe Afrique*
> *Derrière la muraille immense du brouillard...*
> *Des cocotiers absents les fantômes épars.*

Le soir, dès qu'il s'allume, et où le soleil met

> *Ses beaux reflets de cierge*
> *Sur la nappe frugale et les rideaux de serge*

jusqu'à l'heure où il est fait « de rose et de bleu mystique », et avec ces restes de musique qui y traînent toujours chez lui et lui ont permis de créer l'exaltation la plus délicieuse peut-être depuis *La Symphonie héroïque* de Beethoven :

> *Ces concerts riches de cuivre*
> *Dont nos soldats parfois inondent nos jardins*
> *Et qui par ces soirs d'or où l'on se sent revivre*
> *Versent quelque héroïsme au cœur des citadins*
> *Le son de la trompette est si délicieux*
> *Dans ces soirs de célestes vendanges...*

Le vin, non pas seulement dans toutes les pièces divines où il est chanté depuis le moment où il mûrit

> *... sur la colline en flamme*

jusqu'au moment où la « chaude poitrine » du travailleur lui est une « douce tombe », mais partout où lui, et tout élixir, toute végétale ambroisie (une autre de ses personnelles et délicieuses préparations), entre secrètement dans la fabrication de l'image, comme quand il dit de la mort qu'elle

> *... nous monte et nous enivre,*
> *Et nous donne le cœur de marcher jusqu'au soir.*

Les horizons bleus où sont collées des voiles blanches

> *Brick ou frégate dont les formes au loin*
> *Frissonnent dans l'azur*

Et la négresse, et le chat, comme dans un tableau de Manet... Du reste est-il rien qu'il n'ait peint ? J'ai passé les tropiques, comme un aspect trop connu de son génie, au moins trop connu de nous deux, puisque j'ai eu tant de mal à t'habituer à *La chevelure*, mais n'a-t-il pas peint le soleil dans son enfer polaire comme « un bloc rouge et glacé » ? S'il a écrit sur le clair de lune des vers qui sont comme cette pierre qui, comme sous verre, dans une gaine de silex, contient le cabochon dont on tire l'opale et qui est comme un clair de lune sur la mer et au milieu de laquelle, comme un fil d'une autre essence, de violette ou d'or, filtre une irisation pareille au rayon de Baudelaire, il a peint toute différente la lune comme une médaille neuve, et si j'ai omis l'automne dont tu sais comme moi par cœur tous les vers, il a eu sur le printemps des vers tout différents et divins :

> *Le printemps vaporeux fuira vers l'horizon*
> *Le printemps adorable a perdu son odeur...*

Et du reste peut-on compter ces formes, quand il n'a jamais parlé de rien (et il a parlé de toute l'âme) qu'il n'ait montré par un symbole, et toujours si matériel, si frappant, si peu abstrait, avec les mots les plus forts, les plus usuels, les plus dignifiés ?

> *Bâton des exilés, lampe des inventeurs...*
> *Toi qui fais au proscrit ce regard calme et haut*
> *Qui damne tout un peuple autour d'un échafaud...*

et sur la mort :

> *C'est l'auberge fameuse, inscrite sur le livre*
> *Où l'on pourra manger, et dormir, et s'asseoir ;*
> . . . .
> *Et qui refait le lit des gens pauvres et nus ;*
> *C'est la gloire des dieux, c'est le grenier mystique,*
> *C'est le portique ouvert sur les Cieux inconnus !...*

sur la pipe :

> *Je fume comme la chaumine...*

Et toutes ses femmes, et ses printemps et leur odeur, et ses matins avec la poussière de la voirie, et ses villes forées comme des fourmilières, et ses « voix » qui promettent des mondes, celles qui parlent dans la bibliothèque, et celles qui parlent au-devant du navire, celles qui disent que la terre est un gâteau plein de douceur et celles qui disent : c'est ici qu'on vendange

> *Les fruits miraculeux dont votre cœur a faim.*

Rappelle-toi que toutes les couleurs vraies, modernes, poétiques, c'est lui qui les a trouvées, pas très poussées, mais délicieuses, surtout les roses, avec du bleu, de l'or ou du vert :

> *Vous êtes un beau ciel d'automne, clair et rose...*
> *Et les soirs au balcon, voilés de vapeurs roses*

et tous les soirs où il y a du rose.

Et dans cet univers un autre plus intense encore, contenu dans les parfums, mais nous n'en finirions pas ; et si nous prenions n'importe quelle pièce de lui (je ne dis pas ses grandes pièces sublimes que tu aimes comme moi, *Le Balcon, Le Voyage*), mais des pièces secondaires, tu serais stupéfaite d'y voir tous les trois ou quatre vers, un vers célèbre, pas absolument baudelairien, dont tu ne savais pas où il était (à côté des vers plus baudelairiens peut-être et divins) :

> *Beaux écrins sans joyaux, médaillons sans réplique*

un vers matrice, semble-t-il, tant il est général et nouveau, de mille autres vers congénères mais qu'on n'a jamais faits aussi bien, et dans tous les genres, des vers comme :

> *Et les grands ciels qui font rêver d'éternité*

que tu pourrais croire d'Hugo, comme :

> *Et tes yeux attirants comme ceux d'un portrait*

que tu pourrais croire de Gautier, comme :

> *Ô toi que j'eusse aimé, ô toi qui le savais*

que tu pourrais croire de Sully Prudhomme, comme :

> *Tous ceux qu'il veut aimer l'observent avec crainte*

que tu pourrais croire de Racine, comme :

> *Ô charme du néant follement attifé*

que tu pourrais croire de Mallarmé, comme tant d'autres que tu pourrais croire de Sainte-Beuve, de Gérard de Nerval, qui a tant de rapports avec lui, qui était plus tendre, qui lui aussi a des démêlés de famille (ô Stendhal, Baudelaire, Gérard !) mais où il est si tendre, qui est un névrosé comme lui, et qui comme lui a fait les plus beaux vers, qu'on devrait reprendre ensuite, et comme lui paresseux avec des certitudes d'exécution dans le détail, et de l'incertitude dans le plan. C'est si curieux, ces poèmes de Baudelaire avec ces grands vers que son génie emporté dans le tournant de l'hémistiche précédent s'apprête, à pleins essieux, à remplir dans toute leur gigantesque carrière, et qui donnent ainsi la plus grande idée de la richesse, de l'éloquence, de l'illimité d'un génie :

> *Et dont les yeux auraient fait pleuvoir les aumônes*
> > *(tournant)*

> *Sans la méchanceté qui brillait dans leurs yeux*
> > *... Ce petit fleuve,*
> *Triste et pauvre miroir où jadis resplendit (tournant)*

> *L'immense majesté de vos douleurs de veuve...*

et cent autres exemples. Quelquefois, sans que le vers suivant soit sublime, il y a pourtant cet admirable ralentissement à l'hémistiche qui va lancer le char dans la carrière du vers suivant, cette montée du trapèze qui va encore, encore plus haut, lentement, sans grand but, pour lancer mieux :

> *Nul œil ne distinguait (pour mieux lancer sa pensée)*
> *Du même enfer venu (tournant).*

Et la fin de ces pièces, brusquement arrêtées, les ailes coupées, comme s'il n'avait pas la force de continuer, celui qui faisait voler son char dès l'avant-dernier vers dans l'immense arène.

Fin d'*Andromaque* :

> *Aux captifs, aux vaincus, à bien d'autres encor...*

Fin du *Voyage* :

> *Au fond de l'Inconnu pour trouver du nouveau...*

Fin des *Sept Vieillards* :

> *Et mon âme dansait, dansait, vieille gabare*
> *Sans mâts, sur une mer monstrueuse et sans (bords).*

Il est vrai que certaines répétitions chez Baudelaire semblent un goût et ne peuvent guère être prises pour une cheville.

*

Hélas, un jour devait venir où arriva pour lui ce qu'il avait appelé le châtiment de l'orgueil :

> *Sa raison s'en alla.*
> *L'éclat de ce soleil d'un crêpe se voila.*
> *Tout le chaos roula dans cette intelligence,*
> *Temple autrefois vivant, plein d'ordre et d'opulence,*
> *Sous les plafonds duquel tant de pompe avait lui.*
> *Le silence et la nuit s'installèrent en lui,*
> *Comme dans un caveau dont la clef est perdue.*
> *Dès lors il fut semblable aux bêtes de la rue*
> *Et quand il s'en allait sans rien voir, à travers*
> *Les champs, sans distinguer les étés des hivers,*
> *Sale, inutile et laid comme une chose usée,*
> *Il faisait des enfants la joie et la risée.*

Alors, il ne pouvait plus, lui qui, et quelques jours encore auparavant, avait momentanément détenu le verbe le plus puissant qui ait éclaté sur des lèvres humaines, prononcer que ces seuls mots « nom, crénom », et s'étant aperçu dans une glace qu'une amie (une de ces amies barbares qui croient vous faire du bien en vous forçant à « être soigné » et qui ne craignent pas de tendre une glace à un visage moribond qui s'ignore et qui de ses yeux presque déjà fermés s'imagine un visage de vie) lui avait apportée pour qu'il se peignât, ne se reconnaissant pas, il salua !

*

Je pense à toutes ces choses, et comme il dit à bien d'autres encore, et je ne peux pas penser qu'il a été tout de même un grand critique, celui qui, ayant parlé si abondamment de tant d'imbéciles, bien disposé d'ailleurs pour Baudelaire, ayant sans cesse l'esprit attiré vers sa production qu'il prétendait d'ailleurs voisine de la sienne (*Joseph Delorme*, ce sont *Les Fleurs du Mal* avant la lettre), a écrit sur lui seulement quelques lignes où en dehors d'un trait d'esprit (« Kamtchatka littéraire » et « Folie Baudelaire »), il n'y a que ceci qui peut s'appliquer aussi bien à beaucoup de conducteurs de cotillons : « Gentil garçon, gagne à être connu, poli, fait bonne impression. »

Encore est-il un de ceux, à cause tout de même de sa merveilleuse intelligence, qui l'ont le mieux compris. Lui qui a lutté toute sa vie contre la misère et la calomnie, quand il est mort, on l'avait tellement représenté à sa mère comme un fou et un pervers qu'elle fut stupéfaite et ravie d'une lettre de Sainte-Beuve qui lui parlait de son fils comme d'un homme intelligent et bon. Le pauvre Baudelaire avait dû lutter toute sa vie contre le mépris de tous. Mais

> *Les vastes éclairs de son esprit lucide*
> *Lui dérobaient l'aspect des peuples furieux.*

Furieux jusqu'au bout : quand il était paralysé, sur ce lit de souffrances où la négresse, qui avait été sa seule passion, venait le relancer par ses demandes d'argent, il fallait que les pauvres mots d'impatience contre le mal, mal prononcés par sa bouche aphasique, aient paru des impiétés et des blasphèmes à la supérieure du couvent où il était soigné et qu'il dut quitter. Mais comme Gérard, il jouait avec le vent, causait avec le nuage, s'enivrait en chantant du chemin de la croix. Comme Gérard qui demandait qu'on dise à ses parents qu'il était intelligent [1]. C'est à cette époque de sa vie que Baudelaire avait ces grands cheveux blancs qui lui donnaient l'air, disait-il, « d'un académicien (à l'étranger !) ». Il a surtout sur ce dernier portrait une ressemblance fantastique avec Hugo, Vigny et Leconte de Lisle, comme si tous les quatre n'étaient que des épreuves un peu différentes d'un même visage, du visage de ce grand poète qui au fond est un, depuis le commencement du monde, dont la vie intermittente, aussi longue que celle de l'humanité, eut en ce siècle ses heures tourmentées et cruelles, que nous appelons vie de Baudelaire, ses heures laborieuses et sereines, que nous appelons vie de Hugo, ses heures vagabondes et innocentes que nous appelons vie de Gérard et peut-être de Francis Jammes, ses égarements et abaissements sur des buts d'ambition étrangers à la vérité, que nous appelons vie de Chateaubriand et de Balzac, ses égarements et surélévation au-dessus de la vérité, que nous appelons deuxième partie de la vie de Tolstoï, comme de Racine, de Pascal, de Ruskin, peut-être de Maeterlinck.

1. Vérifier (*N. d. l'A.*)

XI

SAINTE-BEUVE ET BALZAC

Un des contemporains que Sainte-Beuve a
méconnu est Balzac. Tu fronces le sourcil. Je sais que
tu ne l'aimes pas. Et là tu n'as pas tout à fait tort. La
vulgarité de ses sentiments est si grande que la vie n'a
pu l'élever. Ce n'est pas seulement à l'âge où débute
Rastignac qu'il a donné pour but à la vie la satisfaction des plus basses ambitions, ou, du moins, à de plus
nobles buts a si bien mêlé celui-là, qu'il est presque
impossible de les séparer. Un an avant sa mort, sur le
point de toucher à la réalisation du grand amour de
toute sa vie, à son mariage avec Mme Hanska qu'il
aime depuis seize ans, il en parle à sa sœur en ces
termes : « Va, Laure, c'est quelque chose à Paris que
de pouvoir, quand on le veut, ouvrir son salon et y
rassembler l'élite de la société, qui y trouve une
femme polie, imposante comme une reine, d'une
naissance illustre, alliée aux plus grandes familles,
spirituelle, instruite et belle. Il y a là un grand moyen
de domination... Que veux-tu, pour moi, l'affaire
actuelle, sentiment à part (l'insuccès me tuerait
moralement) c'est tout ou rien, c'est quitte ou double... Le cœur, l'esprit, l'ambition ne veulent pas en
moi autre chose que ce que je poursuis depuis seize

ans ; si ce bonheur immense m'échappe, je n'ai plus
besoin de rien. Il ne faut pas croire que j'aime le luxe.
J'aime le luxe de la rue Fortunée avec tous ses
accompagnements : une *belle femme, bien née, dans
l'aisance et avec les plus belles relations.* » Ailleurs, il parle
encore d'elle en ces termes : « Cette personne qui
apporte avec elle (fortune à part) les plus précieux
avantages sociaux. » On ne peut pas s'étonner après
cela que dans *Le Lys dans la Vallée,* sa femme idéale par
excellence, l' « ange », Mme de Mortsauf, écrivant à
l'heure de la mort à l'homme, à l'enfant qu'elle aime,
Félix de Vandenesse, une lettre dont le souvenir lui
restera si sacré que bien des années après il en dira :
« Voici l'adorable voix qui tout à coup retentit dans le
silence de la nuit, voici la sublime figure qui se dressa
pour me montrer le vrai chemin », lui donnera les
préceptes de l'art de parvenir. De parvenir honnête-
ment, chrétiennement. Car Balzac sait qu'il doit nous
peindre une figure de sainte. Mais il ne peut imaginer
que, même aux yeux d'une sainte, la réussite sociale
ne soit pas le but suprême. Et quand il célébrera à sa
sœur et à ses nièces les bienfaits qu'on retire de
l'intimité avec une créature admirable comme la
femme qu'il aime, cette perfection qu'elle pourra leur
communiquer consiste en une certaine noblesse de
manières qui sait marquer et garder les distances de
l'âge, de la situation, etc., sans compter quelques
billets de théâtre, « des places aux Italiens, à l'Opéra
et à l'Opéra-Comique ». Et Rastignac quand il est
épris de sa tante, Mme de Beauséant [1], lui avouera sans

1. Comparez comme délicatesse morale la stupéfaction de l'héroïne dans *La Nouvelle Espérance* de Mme de Noailles, quand l'homme
qui semblait lui faire la cour lui dit : « Faites-moi faire un bon
mariage. » (*N. d. l'A.*)

malice : « Vous pouvez beaucoup pour moi. » Mme de
Beauséant ne s'en étonne pas et sourit.

Je ne parle pas de la vulgarité de son langage [1]. Elle
était si profonde qu'elle va jusqu'à corrompre son
vocabulaire, à lui faire employer de ces expressions
qui feraient tache dans la conversation la plus négligée. *Les Ressources de Quinola* devaient s'appeler
d'abord *Les Rubriques de Quinola*. Pour peindre l'éton-
nement de d'Arthez : « Il avait froid dans le dos. »
Quelquefois elles semblent au lecteur homme du
monde contenir une vérité profonde sur la société :
« Les anciennes amies de Vandenesse, Mmes d'Espard, de Manerville, Lady Dudley, quelques autres
moins connues, sentirent au fond de leurs cœurs des
serpents se réveiller, elles furent jalouses du bonheur
de Félix ; elles auraient volontiers donné *leurs plus jolies
pantoufles* pour qu'il lui arrive malheur. » Et chaque
fois qu'il veut dissimuler cette vulgarité, il a cette
distinction des gens vulgaires, qui est comme ces
poses sentimentales, ces doigts précieusement
appuyés sur le front qu'ont d'affreux gros boursiers
dans leur voiture au Bois. Alors il dit « chère », ou
mieux « cara », « addio » pour adieu, etc.

Tu as quelquefois trouvé Flaubert vulgaire par
certains côtés dans sa correspondance. Mais lui du
moins n'a rien de la vulgarité, car lui a compris que le
but de la vie de l'écrivain est dans son œuvre, et que le
reste n'existe « que pour l'emploi d'une illusion à
décrire ». Balzac met tout à fait sur le même plan les
triomphes de la vie et de la littérature. « Si je ne suis
pas grand par *La Comédie humaine*, écrit-il à sa sœur, je

---

1. Fragment intercalé.

le serai par cette réussite » (la réussite du mariage
avec Mme Hanska) [1].

Mais, vois-tu, cette vulgarité même est peut-être la
cause de la force de certaines de ses peintures. Au
fond, même dans ceux d'entre nous chez qui c'est
précisément l'élévation, de ne pas vouloir admettre les
mobiles vulgaires, de les condamner, de les épurer, ils
peuvent exister, transfigurés. En tout cas même
quand l'ambitieux a un amour idéal, même s'il n'y
transfigure pas des pensées d'ambition, hélas ! cet
amour n'est pas toute sa vie, ce n'est souvent qu'un
moment meilleur de sa jeunesse. C'est avec cette
partie-là de lui-même seulement qu'un écrivain fait
un livre. Mais il y a toute une partie qui se trouve
exclue. Aussi quelle force de vérité trouvons-nous à
voir un tendre amour de Rastignac, un tendre amour
de Vandenesse, et à savoir que ce Rastignac, ce
Vandenesse, ce sont de froids ambitieux, dont toute la
vie a été calcul et ambition, et où ce roman de leur
jeunesse (oui, presque plus un roman de leur jeunesse
qu'un roman de Balzac) est oublié, où ils ne s'y
reportent qu'en souriant, avec le sourire de ceux qui
ont vraiment oublié, où les autres et l'acteur même
parlent de l'aventure avec Mme de Mortsauf comme
d'une aventure quelconque et sans même la tristesse
qu'elle n'ait pas rempli de son souvenir toute leur vie.
Pour donner à ce point le sentiment de la vie selon le

1. La vérité, du point de vue de Flaubert, Mallarmé, etc., nous a-
t-elle un peu rassasiés et commencerions-nous à avoir faim de
l'infiniment petite part de la vérité qu'il peut y avoir dans l'erreur
opposée (comme quelqu'un qui après un long et utile régime
d'albumine aurait besoin de sel, comme ces sauvages qui se sentent
« mauvaise bouche » et se jettent, selon M. Paul Adam, sur
d'autres sauvages afin de manger le sel qu'ils ont dans la peau) ? (*N.
d. l'A.*)

monde et l'expérience, c'est-à-dire celle où il est convenu que l'amour ne dure pas, que c'est une erreur de jeunesse, que l'ambition et la chair y ont bien leur part, que tout cela ne paraîtra pas grand-chose un jour, etc., pour montrer que le sentiment le plus idéal peut n'être qu'un prisme où l'ambitieux transfigure pour lui-même son ambition, en le montrant d'une façon peut-être inconsciente, mais la plus saisissante, c'est-à-dire en montrant objectivement comme le plus sec aventurier l'homme qui pour lui-même, à ses propres yeux, subjectivement, se croit un amoureux idéal, peut-être était-ce un privilège, la condition essentielle même, que l'auteur précisément conçût tout naturellement les sentiments les plus nobles d'une façon si vulgaire que, quand il croirait nous peindre l'accomplissement du rêve de bonheur d'une vie, il nous parlât des avantages sociaux de ce mariage. Il n'y a pas ici à séparer sa correspondance de ses romans. Si l'on a beaucoup dit que les personnages étaient pour lui des êtres réels et qu'il discutait sérieusement si tel parti était meilleur pour Mlle de Grandlieu, pour Eugénie Grandet, on peut dire que sa vie était un roman qu'il construisait absolument de la même manière. Il n'y avait pas démarcation entre la vie réelle (celle qui ne l'est pas à notre avis) et la vie de ses romans (la seule vraie pour l'écrivain). Dans les lettres à sa sœur où il parle des chances de ce mariage avec Mme Hanska, non seulement tout est construit comme un roman, mais tous les caractères sont posés, analysés, décrits, comme dans ses livres, en tant que facteurs qui rendraient l'action claire. Voulant lui montrer que la façon dont sa mère la traite en petit garçon dans ses lettres, et aussi que la révélation non seulement de ses dettes à

lui, Balzac, mais qu'il a une famille endettée, peut
faire rater le mariage et faire préférer à Mme Hanska
un autre parti, il écrit tout comme il pourrait le faire
dans *Le Curé de Tours* : « Alors vous apprenez que
l'état de sculpteur a des chances, que le gouvernement
réduit ses commandes, que les travaux s'arrêtent, que
l'artiste a eu des dettes, les a payées, mais qu'enfin il
doit encore à un marbrier, à des praticiens, et qu'il
compte sur son travail pour payer cela... Une lettre
d'un frère marié vous révèle que ce frère lutte avec
courage pour sa femme et ses enfants, et qu'il est en
péril ; qu'une sœur mal mariée est à Calcutta dans
une profonde misère ; et enfin une autre révélation
vous arrive que le sculpteur a une vieille mère à
laquelle il est obligé de faire une pension...

Suppose que dans ces circonstances un autre parti
se présente. Le jeune homme est bien, il n'est grevé
d'aucune dette, il a trente mille francs de rente, et est
avocat général. Que font Mme Surville et son mari ? Ils
voient d'un côté une famille pauvre, un avenir incertain ; ils trouvent des prétextes, et Sophie devient
femme d'un procureur général avec trente mille livres
de rente.

Le sculpteur remercié se dit : « Que diable ma
mère a-t-elle fait en m'écrivant, que diable ma sœur
de Calcutta faisait-elle de m'écrire sur sa situation !
que mon frère ne se tenait-il tranquille ! Nous voilà
tous bien avancés ; j'avais un mariage qui faisait ma
fortune, mais par-dessus tout, mon bonheur ; tout est
à vau-l'eau pour des vétilles. » Ailleurs, ce sera dans
La Recherche de l'Absolu ces arrangements pour retrouver en hâte des mines de romans. De même que sa

sœur [1], son beau-frère, sa mère (sa mère vis-à-vis de qui, tout en l'adorant, il n'a en rien la touchante humilité de ces grands hommes qui vis-à-vis de leur mère restent jusqu'à la fin des enfants qui oublient, comme elle l'oublie, qu'ils ont du génie) [2] nous plaisent comme les personnages du roman qu'il vit, *Un Grand Mariage,* de même ses tableaux, soit ceux de sa galerie, soit ceux qu'il voit à Wierzchownia et qui, presque tous, doivent aller rue Fortunée, ces tableaux sont aussi des « personnages de roman » ; chacun est l'objet de courts historiques, de ces notices d'amateur, de cette admiration qui tourne vite à l'illusion, absolument comme s'ils figuraient non dans la galerie de Balzac, mais dans celle de Pons ou de Claës, ou dans la simple bibliothèque de l'abbé Chapeloud, dans ces romans de Balzac où il en est des tableaux comme des personnages et où le moindre Coypel « ne déparerait pas la plus belle galerie », de même que Bianchon est l'égal des Cuvier, des Lamark, des Geoffroy Saint-Hilaire. Et le mobilier du cousin Pons ou de Claës n'est pas décrit avec plus d'amour, de réalité et d'illusion qu'il ne décrit sa galerie de la

1. Fragment intercalé.
2. Il dit « la mère d'un homme comme moi * », et quand il parle de sa tendresse pour elle, de son humilité devant elle, c'est comme quand il peint la nature idéale, angélique de Mme de Mortsauf, il pousse, exalte, charge cet idéal, mais l'impur alliage reste toujours : une femme idéale, pour lui, c'est tout de même une femme qui a un plaisir à se sentir embrasser les épaules par un inconnu et qui connaît et professe la politique mondaine. Ses anges sont des anges de Rubens avec des ailes et une forte encolure. (*N. d. l'A.*)
* « Ma pauvre mère termina en déclarant qu'elle subordonne sa tendresse à ma conduite (une mère maîtresse d'aimer ou non un fils comme moi). Cette mère écrit à son fils qui est David, ou Pradier, ou Ingres, une lettre où elle le traite comme un gamin et lui dit qu'elle l'aime sous conditions. »

rue Fortunée ou celle de Wierzchownia : « J'ai reçu la
fontaine de salle à manger que Bernard Palissy a faite
pour Henri II ou pour Charles IX ; c'est un de ses
premiers morceaux et l'un des plus curieux, morceau
hors de prix car il porte de quarante à cinquante
centimètres de diamètre et soixante-dix centimètres
de hauteur, etc. La petite maison de la rue Fortunée
va bientôt recevoir de beaux tableaux, une tête
charmante de Greuze qui provient de la galerie du
dernier roi de Pologne, deux Canaletto ayant appar-
tenu au pape Clément XIII, deux Van Huysum, un
Van Dyck, trois toiles de Rotari, le Greuze de l'Italie,
une *Judith* de Cranach qui est une merveille, etc. Ces
tableaux sont *di primo cartello* et ne dépareraient pas la
plus belle galerie. » « Quelle différence avec ce Holbein de ma galerie, frais et pur après trois cents ans. »
« Le *Saint Pierre* d'Holbein a été trouvé sublime ; dans
une vente publique, il pourrait aller à trois mille
francs. » A Rome, il a acheté « un Sébastien del
Piombo, un Bronzino ·et un Mirevelt de la dernière
beauté ». Il a des vases de Sèvres « qui ont dû être
offerts à Latreille », car on n'a pu faire un pareil
travail que « pour une très grande célébrité de
l'entomologie. C'est une vraie trouvaille, une occasion
comme je n'en ai jamais vu ». Il parle ailleurs de son
lustre « qui vient du mobilier de quelque empereur
d'Allemagne, car il est surmonté de l'aigle à deux
têtes ». De son portrait de la reine Marie « qui n'est
pas de Coypel, mais fait dans son atelier par un élève,
soit Lancret soit un autre ; il faut être connaisseur
pour né pas le croire un Coypel ». « Un Natoire
charmant, signé et bien authentique, un peu mignard
toutefois au milieu de solides peintures qui sont dans

mon cabinet. » « Une délicieuse esquisse de la naissance de Louis XIV, une *Adoration des bergers* où les
bergers sont coiffés à la mode du temps et représentent Louis XIV et ses ministres. » De son *Chevalier de
Malte,* « un de ces lumineux chefs-d'œuvre qui sont,
comme le joueur de violon, le soleil d'une galerie.
Tout y est harmonieux comme dans un original bien
conservé de Titien ; ce qui excite le plus d'admiration,
c'est le vêtement qui, selon l'expression des connais-
seurs, contient un homme... Sébastien del Piombo est
incapable d'avoir fait cela. C'est en tout cas une des
plus belles œuvres de la Renaissance italienne, c'est
de l'école de Raphaël avec progrès dans la couleur.
Mais tant que vous n'aurez pas vu mon portrait de
femme de Greuze vous ne saurez pas, croyez-moi, ce
que c'est que l'école française. Dans un certain sens
Rubens, Rembrandt, Raphaël, Titien ne sont pas plus
forts. Dans son genre, c'est aussi beau que le *Chevalier
de Malte.* Une *Aurore* du Guide dans sa manière forte,
quand il était tout Caravage. Cela rappelle Canaletto,
mais c'est plus grandiose. Enfin, pour moi du moins [1],
c'est incomparable. » « Mon service Watteau, le pot
au lait qui est magnifique et les deux boîtes à thé »,
« le plus beau Greuze que j'aie vu, fait par Greuze
pour Mᵐᵉ Geoffrin, deux Watteau faits par Watteau
pour Mᵐᵉ Geoffrin : ces trois tableaux valent quatre-
vingt mille francs. Il y a avec cela deux Leslie
admirables : Jacques II et sa première femme ; un
Van Dyck, un Cranach, un Mignard, un Rigaud
sublimes, trois Canaletto achetés par le roi, un Van

---

1. Il disait souvent « pour moi du moins ». Parlant du *Cousin
Pons* : « C'est pour moi du moins une de ces belles œuvres. » C'est
sa mère qui avait dû lui dire « Dis : *pour moi du moins* quand tu dis de
ces choses. » (*N. d. l'A.*)

Dyck acheté à Van Dyck par le trisaïeul de
Mme Hanska, un Rembrandt ; quels tableaux ! La
comtesse veut que les trois Canaletto soient dans ma
galerie. Il y a deux Van Huysum, qui couverts de
diamants ne seraient pas payés. Quels trésors dans ces
grandes maisons polonaises ! »

*

Cette réalité à mi-hauteur, trop chimérique pour la
vie, trop terre à terre pour la littérature, fait que nous
goûtons souvent dans sa littérature des plaisirs à peine
différents de ceux que nous donne la vie. Ce n'est pas
pure illusion quand Balzac, voulant citer de grands
médecins, de grands artistes, citera pêle-mêle des
noms réels et des personnages de ses livres, dira : « Il
avait le génie des Claude Bernard, des Bichat, des
Desplein, des Bianchon », comme ces peintres de
panorama, qui mêlant aux premiers plans de leur
œuvre, les figures en relief réel, et le trompe-l'œil du
décor. Bien souvent ces personnages réels, ne sont pas
plus que réels. La vie de ses personnages [1] est un effet
de l'art de Balzac, mais cause à l'auteur une satisfaction qui n'est pas du domaine de l'art. Il parle d'eux
comme de personnages réels, voire illustres : « le
célèbre ministère de feu de Marsay, le seul grand
homme d'État qu'ait produit la révolution de Juillet,
le seul homme par qui la France eût pu être sauvée »,
tantôt avec la complaisance d'un parvenu qui ne se
contente pas d'avoir de beaux tableaux, mais fait
sonner perpétuellement le nom du peintre et le prix
qu'on lui a offert de la toile, tantôt avec la naïveté

1. Fragment intercalé.

d'un enfant qui, ayant baptisé ses poupées, leur prête
une existence véritable. Il va même [1] jusqu'à les
appeler tout d'un coup, et quand on a encore peu
parlé d'eux, par leurs prénoms, que ce soit la princesse de Cadignan (« Certes, Diane ne paraissait pas
avoir vingt-cinq ans »), Mme de Sérizy (« Personne
n'aurait pu suivre Léontine, elle volait ») ou Mme de
Bartas (« Biblique ? répondit Fifine étonnée »). Dans
cette familiarité nous voyons un peu de vulgarité, et
nullement ce snobisme, qui faisait dire à Mme de
Nucingen « Clotilde » en parlant de Mlle de Grandlieu « pour se donner, dit Balzac, le genre de l'appeler
par son petit nom comme si elle, née Goriot, hantait
cette société ».

Sainte-Beuve reproche à Balzac [2] d'avoir grandi
l'abbé Troubert qui devient à la fin une sorte de
Richelieu, etc. Il a fait de même pour Vautrin,
combien d'autres. Ce n'est pas seulement par admiration et grandissement de ces personnages et pour les
faire ce qu'il y a de mieux dans leur genre, comme
Bianchon et Desplein sont les égaux de Claude
Bernard ou de Laënnec, et M. de Grandville de
d'Aguesseau, mais c'est aussi la faute d'une théorie
chère à Balzac sur le grand homme à qui la grandeur
des circonstances a manqué, et parce que en réalité
c'est précisément son objet de romancier : faire de
l'histoire anonyme, étudier certains caractères historiques, tels qu'ils se présentent en dehors du facteur
historique qui les pousse à la grandeur. Tant que c'est
une vue de Balzac, cela ne choque pas. Mais quand
Lucien de Rubempré au moment de se tuer écrit à

1. Note intercalée.
2. Fragment intercalé.

Vautrin : « Quand Dieu le veut, ces êtres mystérieux sont Moïse, Attila, Charlemagne, Mahomet ou Napoléon ; mais quand il laisse rouiller au fond de l'océan d'une génération ces instruments gigantesques, ils ne sont plus que Pougatcheff, Fouché, Louvel ou l'abbé Carlos Herrera. Adieu donc, adieu, vous qui dans la bonne voie eussiez été plus que Ximenez, plus que Richelieu, etc. », Lucien parle trop comme Balzac et il cesse d'être une personne réelle, différente de toutes les autres. Ce qui, malgré la prodigieuse diversité entre eux et identité avec eux-mêmes des personnages de Balzac, arrive tout de même quelquefois pour une cause ou une autre.

Par exemple, quand tout de même les types étaient chez lui moins nombreux que les individus, on sent que l'un n'est qu'un des différents noms d'un même type. Par moments, Mme de Langeais semble être Mme de Cadignan, ou M. de Mortsauf, M. de Bargeton.

A ces traits, nous reconnaissons Balzac et nous sourions, non sans sympathie. Mais, à cause de cela, tous les détails destinés à faire ressembler davantage les personnages des romans à des personnes réelles, tournent à l'encontre ; le personnage vivait, Balzac en est si fier qu'il cite, sans nécessité, le chiffre de sa dot, ses alliances avec d'autres personnages de *La Comédie humaine* qui sont ainsi considérés comme réels, ce qui lui semble faire coup double : « Mme de Sérizy n'y était pas reçu (quoique née de Ronquerolles). » Mais parce qu'on voit le tour de main de Balzac, on croit un peu moins à la réalité de ces Grandlieu qui ne recevaient pas Mme de Sérizy. Si l'impression de la vitalité de charlatan, de l'artiste, est accrue, c'est aux dépens de l'impression de vie de l'œuvre d'art ! Œuvre d'art tout de même et qui, si elle s'adultère un peu de tous ces détails trop réels, de tout ce côté Musée Grévin, les tire à elle aussi, en fait un peu de l'art. Et comme tout cela se rapporte à une époque, en montre la défroque extérieure, en juge le fond avec grande intelligence, quand l'intérêt du roman est épuisé, il recommence une vie nouvelle comme document d'historien. De même que *L'Enéide*, là où elle n'a rien à dire aux poètes, peut passionner les mythologues, Peyrade, Félix de Vandenesse, bien d'autres ne nous semblèrent pas très riches de vie. Albert Sorel va nous dire que c'est en eux qu'il faut étudier la police du Consulat ou la politique de la Restauration. Le roman même en bénéficie. A ce moment si triste où il nous faut quitter un personnage de roman, moment que Balzac a retardé tant qu'il a pu en le faisant reparaître dans d'autres, au moment où il va s'évanouir et n'être plus qu'un songe, comme les gens qu'on a connus en voyage et qu'on va quitter, on apprend qu'il prennent le même train, qu'on pourra les retrouver à Paris ; Sorel nous dit : « Mais non, ce n'est pas un songe, étudiez-les, c'est de la vérité, c'est de l'histoire. »

Aussi continuerons-nous à ressentir et presque à satisfaire, en lisant Balzac, les passions dont la haute littérature doit nous guérir. Une soirée dans le grand monde décrite dans Balzac [1] y est dominée par la pensée de l'écrivain, notre mondanité y est purgée comme dirait Aristote ; dans Balzac, nous avons presque une satisfaction mondaine à y assister. Ses titres eux-mêmes portent cette marque positive [2].

1. Lapsus probable. Sans doute faut-il lire un autre nom. Tolstoï par exemple.
2. Fragment intercalé.

Tandis que souvent chez les écrivains le titre est plus
ou moins un symbole, une image qu'il faut prendre
dans un sens plus général, plus poétique que la lecture
du livre qui donnera, avec Balzac c'est plutôt le
contraire. La lecture de cet admirable livre qui
s'appelle *Les Illusions perdues* restreint et matérialise
plutôt ce beau titre : *Illusions perdues*. Il signifie que
Lucien de Rubempré venant à Paris s'est rendu
compte que Mme de Bargeton était ridicule et provinciale, que les journalistes étaient fourbes, que la vie
était difficile. Illusions toutes particulières, toutes
contingentes, dont la perte peut l'acculer au désespoir
et qui donnent une puissante marque de réalité au
livre, mais qui font rabattre un peu de la poésie
philosophique du titre. Chaque titre doit ainsi être
pris au pied de la lettre : *Un Grand Homme de Province à
Paris, Splendeur et Misère des Courtisanes, A combien
l'Amour revient aux Vieillards,* etc. Dans *La Recherche de
l'Absolu,* l'absolu est plutôt une formule, une chose
alchimique que philosophique. Du reste, il en est peu
question. Et le sujet du livre est bien plutôt les ravages
que l'égoïsme d'une passion étend dans une famille
aimante qui la subit, quel que soit d'ailleurs l'objet de
cette passion. Balthazar Claës est le frère des Hulot,
des Grandet. Celui qui écrira la vie de la famille d'un
neurasthénique pourra faire une peinture du même
genre.

Le style est tellement la marque de la transformation que la pensée de l'écrivain fait subir à la réalité,
que, dans Balzac, il n'y a pas à proprement parler de
style. Sainte-Beuve s'est trompé là du tout au tout :
« Ce style si souvent chatouilleux et dissolvant,
énervé, rosé et veiné de toutes les teintes, ce style
d'une corruption délicieuse, tout asiatique comme

disaient nos maîtres, plus brisé par places et plus amolli que le corps d'un mime antique. » Rien n'est plus faux. Dans le style de Flaubert, par exemple, toutes les parties de la réalité sont converties en une même substance, aux vastes surfaces, d'un miroitement monotone. Aucune impureté n'est restée. Les surfaces sont devenues réfléchissantes. Toutes les choses s'y peignent, mais par reflet, sans en altérer la substance homogène. Tout ce qui était différent a été converti et absorbé. Dans Balzac au contraire coexistent, non digérés, non encore transformés, tous les éléments d'un style à venir qui n'existe pas. Le style ne suggère pas, ne reflète pas : il explique. Il explique d'ailleurs à l'aide des images les plus saisissantes, mais non fondues avec le reste, qui font comprendre ce qu'il veut dire comme on le fait comprendre dans la conversation si on a une conversation géniale, mais sans se préoccuper de l'harmonie du tout et de ne pas intervenir. Si, dans sa correspondance, il dira : « Les bons mariages sont comme la crème : un rien les fait manquer », c'est par des images de ce genre, c'est-à-dire frappantes, justes, mais qui détonnent, qui expliquent au lieu de suggérer, qui ne se subordonnent à aucun but de beauté et d'harmonie, qu'il emploiera : « Le rire de M. de Bargeton, qui était comme des boulets endormis qui se réveillent, etc. » « Son teint avait pris le ton chaud d'une porcelaine dans laquelle est enfermée une lumière. » « Enfin, pour peindre cet homme par un trait dont la valeur sera appréciée par les gens habitués à traiter les affaires, il portait des verres bleus destinés à cacher son regard sous prétexte de préserver sa vue de l'éclatante réverbération de la lumière. »

Et de fait, il a de la beauté de l'image une idée si

dérisoire que Mme de Mortsauf écrira à Félix de
Vandenesse : « Pour employer une image *qui se grave
dans votre esprit poétique*, que le chiffre soit d'une
grandeur démesurée, tracé en or, écrit au crayon, ce
ne sera jamais qu'un chiffre [1]. »

S'il se contente de trouver le trait qui pourra nous
faire comprendre comment est la personne, sans
chercher à le fondre dans un ensemble beau, de même
il donne des exemples précis au lieu d'en dégager ce
qu'ils peuvent contenir. Il décrit ainsi l'état d'esprit
de Mme de Bargeton : « Elle concevait le pacha de
Janina ; elle aurait voulu lutter avec lui dans le sérail
et trouvait quelque chose de grand à être cousue dans
un sac et jetée à l'eau. Elle enviait Lady Esther
Stanhope, ce bas-bleu du désert. » Ainsi, au lieu de se
contenter d'inspirer le sentiment qu'il veut que nous
éprouvions d'une chose, il la qualifie immédiatement :
« Il eut une affreuse expression. Il eut alors un regard
sublime ». Il nous parlera des qualités de Mme de
Bargeton qui deviennent de l'exagération en se pre-
nant aux riens de la province. Et il ajoute comme la
comtesse d'Escarbagnas : « Certes, un coucher de
soleil est un grand poème, etc. » Même dans *Le Lys
dans la Vallée* [1], « une des pierres les plus travaillées de
son édifice », dit-il lui-même, et on sait qu'il redeman-
dait aux imprimeurs jusqu'à sept et huit épreuves, il
est si pressé de dire le fait que la phrase s'arrange
comme elle peut. Il lui a donné le renseignement dont
elle doit instruire le lecteur, à elle de s'en acquitter
comme elle pourra : « Malgré la chaleur, je descendis
dans la prairie afin d'aller revoir l'Indre et ses îles, la

1. Note intercalée.

vallée et ses coteaux, *dont je parus un admirateur passionné.* »

Balzac se sert de toutes les idées qui lui viennent à l'esprit, et ne cherche pas à les faire entrer, dissoutes, dans un style où elles s'harmoniseraient et suggéreraient ce qu'il veut dire. Non, il le dit tout simplement, et si hétéroclite et disparate que soit l'image, toujours juste d'ailleurs, il la juxtapose. « M. du Châtelet était comme ces melons qui de verts deviennent jaunes en une nuit. » « On ne pouvait pas ne pas comparer M. X... à une vipère gelée. »

Ne concevant pas la phrase comme faite d'une substance spéciale où doit s'éliminer et ne plus être reconnaissable tout ce qui fit l'objet de la conversation, du savoir, etc., il ajoute à chaque mot la notion qu'il en a, la réflexion qu'elle lui inspire. S'il parle d'un artiste, immédiatement il dit ce qu'il en sait, par simple apposition. Parlant de l'imprimerie Séchard, il dit qu'il était nécessaire d'adapter le papier aux besoins de la civilisation française qui menaçait d'étendre la discussion à tout et de reposer sur une perpétuelle manifestation de la pensée individuelle — un vrai malheur, car les peuples qui délibèrent agissent très peu, etc. Et il met ainsi toutes les réflexions qui, à cause de cette vulgarité de nature, sont souvent médiocres et qui prennent de cette espèce de naïveté avec laquelle elles sont au milieu d'une phrase quelque chose d'assez comique. D'autant plus que les expressions « propres à », etc., dont l'usage vient précisément du besoin de définir au milieu d'une phrase et de donner un renseignement, leur donne quelque chose de plus solennel. Par exemple, dans *Le Colonel Chabert,* il est question à plusieurs reprises de « l'intrépidité naturelle aux

avoués, de la défiance naturelle aux avoués ». Et
quand il y a une explication à donner, Balzac n'y met
pas de façons ; il écrit *voici pourquoi :* suit un chapitre.
De même, il a des résumés où il affirme tout ce que
nous devons savoir, sans donner d'air, de place :
« Dès le second mois de son mariage, David passait la
plus grande partie de son temps, etc., trois mois après
son arrivée à Angoulême, etc. » « La religieuse donna
au *Magnificat* de riches, de gracieux développements
dont les différents rythmes accusaient une gaîté
humaine. » « Les motifs eurent le brillant des rou-
lades d'une cantatrice, ses chants sautillèrent comme
l'oiseau, etc. »

Il ne cache rien, il dit tout [1]. Aussi est-on étonné de
voir que cependant il y a de beaux effets de *silence* dans
son œuvre. Goncourt s'étonnait pour *L'Éducation,* moi,
je m'étonne bien plus des *dessous* de l'œuvre de Balzac.
« Vous connaissez Rastignac ? Vrai ?... »

Balzac est comme ces gens [2] qui, entendant un
Monsieur dire : « le Prince » en parlant du duc
d'Aumale, « Madame la duchesse » en parlant à une
duchesse, et le voyant poser son chapeau par terre
dans un salon, avant d'apprendre qu'on dit d'un
prince : le Prince, qu'il s'appelle le comte de Paris, le
prince de Joinville, ou le duc de Chartres, et d'autres
usages, ont dit : « Pourquoi dites-vous : le Prince,
puisqu'il est duc ? Pourquoi dites-vous Mme la
duchesse, comme un domestique, etc. » Mais, depuis
qu'ils savent que c'est l'usage, ils croient l'avoir
toujours su, ou s'ils se rappellent avoir fait ces
objections, n'en font pas moins la leçon aux autres, et

1. Note intercalée.
2. Fragment intercalé.

prennent plaisir à leur expliquer les usages du grand
monde, usages qu'ils connaissent depuis peu de
temps. Leur ton péremptoire de savants de la veille est
précisément celui de Balzac quand il dit ce qui se fait
et ce qui ne se fait pas. Présentation de d'Arthez à la
princesse de Cadignan : « La princesse ne fit à
l'homme célèbre aucun de ces compliments dont
l'accablaient les gens vulgaires. Les personnes pleines
de goût comme la princesse se distinguent surtout par
leur manière d'écouter. Au dîner, d'Arthez fut placé
près de la princesse qui, loin d'imiter les exagérations
de diète que se permettent les minaudières, mangea,
etc. » Présentation de Félix de Vandenesse à Mme de
Mortsauf : « Mme de Mortsauf entama sur le pays, sur
les récoltes, une conversation à laquelle j'étais étranger. Chez une maîtresse de maison, cette façon d'agir
atteste un manque d'éducation, etc. Mais à quelques
mois de là, je compris combien était significatif, etc. »
Là, du moins, ce ton de certitude s'explique, puisqu'il
ne fait que constater des usages. Mais il gardera le
même quand il portera un jugement : « Dans le
monde, personne ne s'intéresse à une souffrance, à un
malheur, tout y est parole » — ou donnera des
interprétations : « le duc de Chaulieu vint trouver
dans son cabinet le duc de Grandlieu qui l'attendait :
« Dis donc, Henri (ces deux ducs se tutoyaient et
s'appelaient par leurs noms. C'est une de ces nuances
inventées pour marquer les degrés de l'intimité,
repousser les envahissements de la familiarité française et humilier les amours-propres). » Il faut du
reste dire que, comme les littérateurs néo-chrétiens
qui attribuent à l'Église, sur les écrits des littérateurs,
un pouvoir auquel les papes les plus sévères sur
l'orthodoxie n'ont jamais pensé, Balzac confère aux

ducs des privilèges dont Saint-Simon, qui pourtant les place si haut, eût été bien stupéfait de les voir douer : « Le duc jeta sur Mme Camusot un de ces rapides regards par lesquels les grands seigneurs analysent toute une existence, et souvent l'âme. Ah ! si la femme du juge avait pu connaître ce *don des ducs*. » Si vraiment les ducs du temps de Balzac possédaient ce don, il faut reconnaître qu'il y a, comme on dit, quelque chose de changé.

Quelquefois ce n'est pas directement que Balzac exprime cette admiration que ses moindres mots lui inspirent [1]. Il confie l'expression de cette admiration aux personnages en scène. Il y a une nouvelle de Balzac fort célèbre appelée *Autre Étude de Femme*. Elle se compose de deux récits qui n'exigeraient pas grande figuration, mais presque tous les personnages de Balzac sont rangés là autour du narrateur comme dans les « à-propos », ces « cérémonies » que la Comédie-Française donne à l'occasion d'un anniversaire, d'un centenaire. Chacun y va de sa réplique comme aussi dans les dialogues des morts, où on veut faire figurer toute une époque. A tout instant un autre paraît. De Marsay commence son récit en expliquant que l'homme d'État est une espèce de monstre de sang-froid. « Vous nous expliquez là pourquoi l'homme d'État est si rare en France, dit le vieux Lord Dudley. » Marsay poursuit : ce monstre, il l'est devenu grâce à une femme. « Je croyais que nous défaisions beaucoup plus de politique que nous n'en faisions, dit Mme de Montcornet en souriant. » « S'il s'agit d'une aventure d'amour, dit la baronne de Nucingen, je demande qu'on ne la coupe par aucune

1. Fragment intercalé.

réflexion. » « La réflexion y est si contraire, s'écria Joseph Bridau... » « Il n'a pas voulu souper, dit Mme de Sérizy. » « Oh ! faites-nous grâce de vos horribles sentences, dit Mme de Camps en souriant. » Et à tour de rôle la princesse de Cadignan, Lady Barimore, la marquise d'Espard, Mlle des Touches, Mme de Vandenesse, Blondet, Daniel d'Arthez, le marquis de Montriveau, le comte Adam Laginski, etc., viennent successivement dire leur mot, comme les sociétaires, défilant à l'anniversaire de Molière devant le buste du poète, y déposent une palme. Or, ce public un peu artificiellement rassemblé, est pour Balzac, et tout autant que Balzac lui-même dont il est le truchement, excessivement bon public. De Marsay ayant fait cette réflexion : « L'amour unique et vrai produit une sorte d'apathie corporelle en harmonie avec la contemplation dans laquelle on tombe. L'esprit complique tout, alors il se travaille lui-même, se dessine des fantaisies, en fait des réalités, des tourments, et cette jalousie est aussi charmante que gênante », un ministre étranger sourit en se rappelant, à la clarté d'un souvenir, la vérité de cette observation. Un peu plus loin, il termine le portrait d'une de ses maîtresses par une comparaison qui n'est pas très jolie, mais qui doit plaire à Balzac, car nous en retrouvons une analogue dans *Les Secrets de la Princesse de Cadignan* : « Il y a toujours un fameux singe dans la plus jolie et la plus angélique des femmes. ». A ces mots, dit Balzac, *toutes les femmes baissèrent les yeux, comme blessées par cette cruelle vérité si cruellement observée.*

« Je ne vous dis rien de la nuit ni de la semaine que j'ai passées, reprit de Marsay ; je me suis reconnu homme d'État. — *Ce mot fut si bien dit* que nous

laissâmes tous échapper un geste d'admiration. » De
Marsay explique ensuite que sa maîtresse faisait
semblant de l'aimer uniquement : « Elle ne pouvait
pas vivre sans moi, etc., enfin elle faisait de moi son
Dieu. » Les femmes qui entendirent de Marsay paru-
rent offensées *en se voyant si bien jouées*. « La femme
comme il faut peut donner lieu à la calomnie, dit plus
loin de Marsay, jamais à la médisance. » « Tout cela
est horriblement vrai, dit la princesse de Cadignan. »
(Encore cette dernière parole peut-elle se justifier par
le caractère particulier de la princesse de Cadignan.)
D'ailleurs Balzac ne nous avait pas laissé ignorer
d'avance le régal que nous allions savourer : « C'est à
Paris seulement qu'abonde cet esprit particulier...
Paris, capitale du goût, connaît seul cette science qui
change une conversation en une joutte... Ingénieuses
reparties, observations fines, railleries excellentes,
peintures dessinées avec une netteté brillante, pétillè-
rent et se pressèrent, furent *délicieusement senties et
délicatement savourées*. » (On a vu que sur ce point
Balzac disait vrai.) Nous ne sommes pas toujours
aussi prompts à l'admiration que ce public. Il est vrai
que nous n'assistons pas comme eux à la mimique du
narrateur, faute de laquelle, nous avertit Balzac, reste
intraduisible « cette ravissante improvisation ». Nous
sommes en effet obligés de croire Balzac sur parole
quand il nous dit qu'un mot de de Marsay « fut
accompagné par des mines, des poses de tête et des
minauderies qui faisaient allusion » ou que « les
femmes ne purent s'empêcher de rire des minauderies
par lesquelles Blondet illustrait ses railleries ».

Ainsi Balzac ne veut-il pas nous laisser ignorer en
rien le succès qu'eurent tous ces mots. « Ce cri naturel
qui eut de l'écho chez les convives piqua leur curiosité

déjà si savamment excitée... Ce mot détermina chez
tous ce mouvement que les journalistes peignent ainsi
dans les discours parlementaires : Profonde sensation. » Balzac veut-il par là nous retracer le succès
qu'eut le récit de de Marsay, le succès qu'il eut, lui
Balzac, dans cette soirée à laquelle nous n'avons pas
assisté ? Cède-t-il tout simplement à l'admiration que
lui inspirent les traits échappés à sa plume : il y a
peut-être des deux. J'ai un ami, un des rares authenti-
quement géniaux que j'aie connus, et doué d'un
magnifique orgueil balzacien. Redisant pour moi une
conférence qu'il avait faite dans un théâtre et à
laquelle je n'avais pas assisté, il s'interrompait de
temps à autre pour claquer des mains là où le public
avait applaudi. Mais il y mettait une telle fureur, une
telle verve, un tel prolongement que je crois bien que
plutôt que de me peindre fidèlement la séance, comme
Balzac il s'applaudissait lui-même.

*

Mais précisément tout cela plaît à ceux qui aiment
Balzac ; ils se redisent en souriant : « le prénom
ignoble d'Amélie », « biblique, répéta Fifine étonnée », « la princesse de Cadignan était une des
femmes les plus fortes sur la toilette ». Aimer Balzac !
Sainte-Beuve qui aimait tant définir ce que c'était que
d'aimer quelqu'un aurait eu là un joli morceau à faire.
Car les autres romanciers, on les aime en se soumet-
tant à eux, on reçoit d'un Tolstoï la vérité comme de
quelqu'un de plus grand et de plus fort que soi.
Balzac, on sait toutes ses vulgarités, elles nous ont
souvent rebuté au début ; puis on a commencé à
l'aimer, alors on sourit à toutes ces naïvetés qui sont si

bien lui-même ; on l'aime, avec un tout petit peu
d'ironie qui se mêle à la tendresse ; on connaît ses
travers, ses petitesses, et on les aime parce qu'elles le
caractérisent fortement.

Balzac, ayant gardé par certains côtés un style
inorganisé, on pourrait croire qu'il n'a pas cherché à
objectiver le langage de ses personnages, ou, quand il
l'a fait objectif, qu'il n'a pu se tenir de faire à toute
minute remarquer ce qu'il avait de particulier. Or,
c'est tout le contraire. Ce même homme qui étale
naïvement ses vues historiques, artistiques, etc., cache
les plus profonds desseins, et laisse parler d'elle-même
la vérité de la peinture du langage de ses personnages,
si finement qu'elle peut passer inaperçue, et il ne
cherche en rien à la signaler. Quand il fait parler la
belle Mme Roguin qui, Parisienne d'esprit, pour Tours
est la femme du préfet de la province, comme toutes
les plaisanteries qu'elle fait sur l'intérieur des Rogron
sont bien d'*elle* et non de Balzac !

Les plaisanteries des clercs, le chant de Vautrin :
« Trim la la trim trim ! », la nullité de la conversation
du duc de Grandlieu et du vidame de Pamiers : « Le
comte de Montriveau est mort, dit le vidame, c'était
un gros homme qui avait une incroyable passion pour
les huîtres. — Combien en mangeait-il donc ? dit le
duc de Grandlieu. — Tous les jours dix douzaines. —
Sans être incommodé ? — Pas le moins du monde. —
Oh ! mais c'est extraordinaire ! Ce goût ne lui a pas
donné la pierre ? — Non, il s'est parfaitement porté, il
est mort par accident. — Par accident ! la nature lui
avait dit de manger des huîtres, elles lui étaient
probablement nécessaires. » Lucien de Rubempré,
même dans ses apartés, a juste la gaîté vulgaire, le
relent de jeunesse inculte qui doit plaire à Vautrin :

« Alors, pensa Lucien, il connaît la bouillotte. » « Le voilà pris. » « Quelle nature d'Arabe ! » Lucien se dit à lui-même : « Je vais le faire poser. » « C'est un lascar qui n'est pas plus prêtre que moi. » Et de fait, Vautrin n'a pas été seul à aimer Lucien de Rubempré. Oscar Wilde, à qui la vie devait hélas apprendre plus tard qu'il est de plus poignantes douleurs que celles que nous donnent les livres, disait dans sa première époque (à l'époque où il disait : « Ce n'est que depuis l'école des lakistes qu'il y a des brouillards sur la Tamise ») : « Le plus grand chagrin de ma vie ? La mort de Lucien de Rubempré dans *Splendeurs et Misères des Courtisanes*. » Il y a d'ailleurs [1] quelque chose de particulièrement dramatique dans cette prédilection et cet attendrissement d'Oscar Wilde, au temps de sa vie brillante, pour la mort de Lucien de Rubempré. Sans doute, il s'attendrissait sur elle, comme tous les lecteurs, en se plaçant au point de vue de Vautrin, qui est le point de vue de Balzac. Et à ce point de vue d'ailleurs, il était un lecteur particulièrement choisi et élu pour adopter ce point de vue plus complètement que la plupart des lecteurs. Mais on ne peut s'empêcher de penser que, quelques années plus tard, il devait être Lucien de Rubempré lui-même. Et la fin de Lucien de Rubempré à la Conciergerie, voyant toute sa brillante existence mondaine écroulée sur la preuve qui est faite qu'il vivait dans l'intimité d'un forçat, n'était que l'anticipation — inconnue encore de Wilde, il est vrai — de ce qui devait précisément arriver à Wilde.

Dans cette dernière scène de cette première partie de la *Tétralogie* de Balzac (car dans Balzac, c'est

---

1. Note intercalée.

rarement le roman qui est l'unité ; le roman est
constitué par un cycle, dont un roman n'est qu'une
partie [1]) chaque mot, chaque geste, a ainsi des dessous
dont Balzac n'avertit pas le lecteur et qui sont d'une
profondeur admirable. Ils relèvent d'une psychologie
si spéciale, et qui, sauf par Balzac, n'a jamais été faite
par personne, qu'il est assez délicat de les indiquer.
Mais tout, depuis la manière dont Vautrin arrête sur
la route Lucien qu'il ne connaît pas et dont le
physique seul a donc pu l'intéresser, jusqu'à ces gestes
involontaires par lesquels il lui prend le bras, ne
trahit-il pas le sens très différent et très précis des
théories de domination, d'alliance à deux dans la vie,
etc., dont le faux chanoine colore aux yeux de Lucien,
et peut-être aux siens mêmes, une pensée inavouée.
La parenthèse à propos de l'homme qui a la passion
de manger du papier n'est-elle pas aussi un trait de
caractère admirable de Vautrin et de tous ses pareils,
une de leurs théories favorites, le peu qu'ils laissent
échapper de leur secret ? Mais le plus beau sans
conteste est le merveilleux passage où les deux
voyageurs passent devant les ruines du château de
Rastignac. J'appelle cela la Tristesse d'Olympio de
l'Homosexualité : *Il voulut tout revoir, l'étang près de la*
source. On sait que Vautrin, à la pension Vauquer,
dans *Le Père Goriot*, a formé sur Rastignac, et inutilement, le même dessein de domination qu'il a maintenant sur Lucien de Rubempré. Il a échoué, mais

---

1. Bien montrer pour Balzac (*La Fille aux Yeux d'or, Sarrazine, La*
Duchesse de Langeais, etc.) les lentes préparations, le sujet qu'on
ligote peu à peu, puis l'étranglement foudroyant de la fin. Et aussi
l'interpolation des *temps* (*La Duchesse de Langeais, Sarrazine*) comme
dans un terrain où les laves d'époques différentes sont mêlées. (*N. d. l'A.*)

Rastignac n'en a pas moins été fort mêlé à sa vie ; Vautrin a fait assassiner le fils Taillefer pour lui faire épouser Victorine. Plus tard, quand Rastignac sera hostile à Lucien de Rubempré, Vautrin, masqué, lui rappellera certaines choses de la Pension Vauquer et le contraindra à protéger Lucien, et même après la mort de Lucien, Rastignac souvent fera appeler Vautrin dans une rue obscure.

*

De tels effets ne sont guère possibles que grâce à cette admirable invention de Balzac d'avoir gardé les mêmes personnages dans tous ses romans. Ainsi un rayon détaché du fond de l'œuvre, passant sur toute une vie, peut venir toucher, de sa lueur mélancolique et trouble, cette gentilhommière de Dordogne et cet arrêt des deux voyageurs. Sainte-Beuve n'a absolument rien compris à ce fait de laisser les noms aux personnages : « Cette prétention l'a finalement conduit à une idée des plus fausses et des plus contraires à l'intérêt, je veux dire à faire reparaître sans cesse d'un roman à l'autre les mêmes personnages, comme des comparses déjà connus. Rien ne nuit plus à la curiosité qui naît du nouveau et à ce charme de l'imprévu qui fait l'attrait du roman. On se trouve à tout bout de champ en face des mêmes visages. » C'est l'idée de génie de Balzac que Sainte-Beuve méconnaît là. Sans doute, pourra-t-on dire, il ne l'a pas eue tout de suite. Telle partie de ses grands cycles ne s'y est trouvée rattachée qu'après coup. Qu'importe. *L'Enchantement du Vendredi saint* est un morceau que Wagner écrivit avant de penser à faire *Parsifal* et qu'il y introduisit ensuite. Mais les ajoutages, ces beautés rapportées, les rapports nouveaux aperçus brusquement par le génie entre les parties séparées de son œuvre qui se rejoignent, vivent et ne pourraient plus se séparer, ne sont-ce pas de ses plus belles intuitions ? La sœur de Balzac nous a raconté la joie qu'il éprouva le jour où il eut cette idée, et je la trouve aussi grande ainsi que s'il l'avait eue avant de commencer son œuvre. C'est un rayon qui a paru, qui est venu se poser à la fois sur diverses parties ternes jusque-là de sa création, les a unies, fait vivre, illuminées, mais ce rayon n'en est pas moins parti de sa pensée.

Les autres critiques de Sainte-Beuve ne sont pas moins absurdes. Après avoir reproché à Balzac ces « délices de style » dont malheureusement il est dépourvu, il lui reproche des fautes de goût, ce qui chez lui est trop réel, mais, comme exemple, il cite une phrase qui dépend d'un de ces morceaux admirablement écrits comme il y en a tout de même beaucoup chez Balzac, où la pensée a refondu, unifié le style, où la phrase est faite : ces vieilles filles « logées toutes dans la ville de manière à y figurer les vaisseaux capillaires d'une plante aspirant avec la soif d'une feuille pour la rosée, les nouvelles, les secrets de chaque ménage, les pompaient et les transmettaient machinalement à l'abbé Troubert, comme les feuilles communiquent à la tige la fraîcheur qu'elles ont absorbée ». Et quelques pages plus loin, la phrase incriminée par Sainte-Beuve : « telle était la substance des phrases jetées en avant par les tuyaux capillaires du grand conciliabule femelle et complaisamment répétées par la ville de Tours ». Il ose donner comme raison de succès qu'il a flatté les infirmités des femmes, celles qui commencent à ne plus être jeunes (*La Femme de trente Ans*) : « Mon sévère ami disait : Henri IV a conquis son royaume ville à ville, M. de Balzac a conquis son public maladif par infirmités. Aujourd'hui les femmes de trente ans, demain celles de cinquante (il y a même eu celles de soixante), après-demain les chlorotiques, dans Claës les contrefaites, etc. » Et il ose ajouter une autre raison de la vogue rapide de Balzac par toute la France : « C'est son habileté dans le choix successif des lieux où il établit la suite de ses récits. » On montrera au voyageur dans une des rues de Saumur la maison d'Eugénie Grandet, à Douai probablement on désigne déjà la maison Claës. De quel doux orgueil a dû sourire, tout indulgent tourangeau qu'il est, le possesseur de la Grenadière. Cette flatterie adressée à chaque ville où l'auteur pose ses personnages lui en vaut la conquête. Que parlant de Musset qui dit qu'il aime les bonbons et les roses, etc., il ajoute : « Quand on a aimé tant de choses... », on le comprend [1]. Mais qu'il veuille faire un grief à Balzac de l'immensité même de son dessein, de la multiplicité de ses peintures, qu'il appelle cela un pêle-mêle effrayant : « Otez de ses contes *La Femme de trente Ans*, *La Femme abandonnée*, *Le Réquisitionnaire*, *La Grenadière*, *Les Célibataires* ; ôtez de ses romans l'histoire de *Louis Lambert* et *Eugénie Grandet,* son chef-d'œuvre, quelle foule de volumes, quelle nuée de contes, de romans de toutes sortes, drolatiques, économiques, philosophiques, magnétiques et théosophiques il reste encore ! » Or, c'était cela la grandeur même de l'œuvre de Balzac. Sainte-Beuve a dit qu'il s'est jeté sur le XIXe siècle

1. C'était de ces choses qu'il aimait dire et il a dit cela aussi de Chateaubriand. (*N. d. l'A.*)

comme sur son sujet, que la société est femme, qu'elle voulait son peintre, qu'il l'a été, qu'il n'a rien eu de la tradition en la peignant, qu'il a renouvelé les procédés et les artifices du pinceau à l'usage de cette ambitieuse et coquette société qui tenait à ne dater que d'elle-même et à ne ressembler qu'à elle. Or, Balzac ne s'est pas proposé cette simple peinture, au moins dans le simple sens de peindre des portraits fidèles. Ses livres résultaient de belles idées, d'idées de belles peintures si l'on veut (car il concevait souvent un art dans la forme d'un autre) mais alors d'un bel effet de peinture, d'une grande idée de peinture. Comme il voyait dans un effet de peinture une belle idée, de même il pouvait voir dans une idée de livre un bel effet. Il se représentait à lui-même un tableau où il y a quelque originalité saisissante et qui émerveillera. Imaginons aujourd'hui un littérateur à qui l'idée serait venue de traiter vingt fois, avec des lumières diverses, le même thème, et qui aurait la sensation de faire quelque chose de profond, de subtil, de puissant, d'écrasant, d'original, de saisissant, comme les cinquante cathédrales ou les quarante nénuphars de Monet. Amateur passionné de peinture, il avait parfois joie à penser que lui aussi avait une belle idée de tableau, d'un tableau dont on raffolerait. Mais toujours c'était une idée, une idée dominante, et non une peinture non préconçue comme le croit Sainte-Beuve. A ce point de vue Flaubert même avait moins cette idée préconçue que lui. Couleur de *Salammbô*, *Bovary*. Commencement d'un sujet qui ne lui plaît pas, prend n'importe quoi pour travailler. Mais tous les grands écrivains se rejoignent par certains points, et sont comme les différents moments, contradictoires parfois, d'un seul homme de génie qui vivrait autant que l'humanité. Où Flaubert rejoint Balzac, c'est quand il dit : « Il me faut une fin splendide pour Félicité. »

Cette réalité selon la vie des romans de Balzac, fait qu'il donnent pour nous une sorte de valeur littéraire à mille choses de la vie qui jusque-là nous paraissaient trop contingentes. Mais c'est justement la loi de ces contingences qui est dégagée dans son œuvre. Ne reparlons pas des événements, des personnages balza-ciens. Nous ne disons jamais, nous deux, n'est-ce pas, que des choses que les autres n'ont pas dites. Mais par exemple, une femme de mauvaise vie qui a lu Balzac et qui, dans un pays où elle n'est pas connue, éprouve un amour sincère qui lui est rendu ; ou même étendons la chose à un homme qui a un vilain passé, ou une mauvaise réputation politique par exemple, et qui, dans un pays où il n'est pas connu, forme de douces amitiés, se voit entouré de relations agréables, et pense que bientôt, quand ces gens vont demander qui il est, on va peut-être se détourner de lui, et cherche aux moyens de détourner l'orage. Dans les routes de cette villégiature qu'il va quitter et où bientôt peut-être de fâcheux renseignements sur lui vont parvenir, il promène solitaire une mélancolie inquiète mais qui n'est pas sans charmes, car il a lu *Les Secrets de la Princesse de Cadignan,* il sait qu'il participe à une situation en quelque sorte littéraire et qui prend par là quelque beauté. A son inquiétude, tandis que la voiture le long des routes d'automne l'amène vers les amis encore confiants, se mêle un charme que n'aurait pas la tristesse de l'amour, si la poésie n'existait pas. A plus forte raison si ces crimes qu'on lui reproche sont imaginaires est-il impatient de l'heure où ses fidèles d'Arthez recevront le baptême de

la boue, de Rastignac et de Marsay. La vérité en
quelque sorte contingente et individuelle des situations, qui fait qu'on peut mettre des noms propres sur
tant de situations comme, par exemple, celle de
Rastignac épousant la fille de sa maîtresse Delphine
de Nucingen, ou de Lucien de Rubempré arrêté à la
veille d'épouser Mlle de Grandlieu, ou de Vautrin
héritant de Lucien de Rubempré dont il cherchait à
faire la fortune, comme la fortune des Lanty fondée
sur l'amour du cardinal pour un castrat, le petit
vieillard à qui chacun rend des devoirs, là est
frappante. Il a de ces fines vérités[1] cueillies dans la
superficie de la vie mondaine et toutes à un degré de
généralité assez grand, pour qu'après très longtemps
on puisse se dire : comme c'est vrai ! (Dans *Une Fille
d'Ève,* les deux sœurs, Mme de Vandenesse et Mme du
Tillet, si différemment mariées et qui pourtant s'ado-
rent, et, par suite des révolutions, le beau-frère sans
naissance, du Tillet, devenant pair quand Félix de
Vandenesse ne l'est plus — et les deux belles-sœurs, la
comtesse et la marquise de Vendenesse, ayant des
désagréments à cause de la similitude des noms.) Il en
est de plus profondes comme Paquita Valdès aimant
précisément l'homme qui ressemble à la femme avec
qui elle vit, comme Vautrin entretenant la femme qui
peut voir tous les jours son Sallenauve, son fils ;
comme Sallenauve épousant la fille de Mme de l'Esto-
rade. Là, sous l'action apparente et extérieure du
drame, circulent des mystérieuses lois de la chair et du
sentiment.

La seule chose qui effraye un peu dans cette
interprétation de son œuvre, c'est que c'est justement

1. Note intercalée.

ces choses-là dont il n'a jamais parlé dans sa correspondance, où il dit des moindres livres que c'est
sublime, où il parle avec le plus grand dédain de *La
Fille aux Yeux d'or,* et pas un mot sur la fin d'*Illusions
perdues,* sur l'admirable scène dont j'ai parlé. Le
caractère d'Ève, qui nous semble insignifiant, lui
paraît, dirait-on, une autre trouvaille. Mais tout cela
peut tenir au hasard des lettres que nous avons, et
même de celles qu'il écrivait.

Sainte-Beuve, avec Balzac, fait comme toujours. Au
lieu de parler de la femme de trente ans de Balzac, il
parle de la femme de trente ans en dehors de Balzac,
et après quelques mots sur Balthazar Claës (de *La
Recherche de l'Absolu*) il parle d'un Claës de la vie réelle
qui a précisément laissé un ouvrage sur sa propre
Recherche de l'Absolu, et donne de longues citations sur
cet opuscule, naturellement sans valeur littéraire. Du
haut de sa fausse et pernicieuse idée de dilettantisme
littéraire, il juge à faux la sévérité de Balzac pour
Steinbock de *La Cousine Bette,* simple amateur qui ne
réalise pas, qui ne produit pas, qui ne comprend pas
qu'il faut se donner tout entier à l'art pour être un
artiste. Sainte-Beuve à ce propos s'élève avec une
dignité froissée contre les expressions de Balzac qui
dit : « Homère... vivait en concubinage avec la
Muse. » Le mot n'est peut-être pas très heureux. Mais
en réalité, il ne peut y avoir d'interprétation des chefs-
d'œuvre du passé que si on les considère du point de
vue de celui qui les écrivait, et non du dehors, à une
distance respectueuse, avec une déférence académique. Que les conditions extérieures de la production
littéraire aient changé au cours du dernier siècle, que
le métier d'homme de lettres soit devenu chose plus
absorbante et exclusive, c'est possible. Mais les lois

intérieures, mentales, de cette production n'ont pas
pu changer. Un écrivain, qui aurait par moments du
génie *pour* pouvoir mener le reste du temps une vie
agréable de dilettantisme mondain et lettré, est une
conception aussi fausse et naïve que celle d'un saint,
ayant la vie morale la plus élevée pour pouvoir mener
au paradis une vie de plaisirs vulgaires. On est plus
près de comprendre les grands hommes de l'antiquité
en les comprenant comme Balzac qu'en les comprenant comme Sainte-Beuve. Le dilettantisme n'a
jamais rien créé. Horace même était certainement
plus près de Balzac que de M. Daru ou de M. Molé.

XII

LE BALZAC
DE M. DE GUERMANTES

Balzac naturellement, comme les autres romanciers, et plus qu'eux, a eu un public de lecteurs qui ne
cherchaient pas dans ses romans une œuvre littéraire,
mais de simple intérêt d'imagination et d'observation.
Pour ceux-là, les défauts de son style ne les arrêtaient
pas, mais plutôt ses qualités et sa recherche. Dans la
petite bibliothèque du second, où, le dimanche, M. de
Guermantes court se réfugier au premier coup de
timbre des visiteurs de sa femme, et où on lui apporte
son sirop et ses biscuits à l'heure du goûter, il a tout
Balzac, dans une reliure en veau doré avec une
étiquette de cuir vert, de chez M. Béchet ou Werdet,
ces éditeurs à qui il écrit pour leur annoncer l'effort
surhumain qu'il va faire de leur envoyer cinq feuillets
au lieu de trois d'une œuvre appelée au plus grand
retentissement, et à qui il réclame en échange un
supplément de prix. Souvent, quand je venais voir
Mme de Guermantes, quand elle sentait que les
visiteurs m'ennuyaient, elle me disait : « Voulez-vous
monter voir Henri ? Il dit qu'il n'est pas là, mais vous,
il sera ravi de vous voir ! » (déchirant ainsi d'un coup
les mille précautions que prenait M. de Guermantes
pour qu'on ne sût pas qu'il était à la maison et qu'on

ne pût trouver impoli qu'il ne se montrât pas). « Vous
n'avez qu'à vous faire conduire à la bibliothèque du
second, vous le trouverez en train de lire Balzac. »
« Ah! si vous mettez mon mari sur Balzac! » disait-
elle souvent, d'un air d'effroi et de congratulation,
comme si Balzac avait été à la fois un contre-temps
qui empêchait de sortir à l'heure et faisait manquer la
promenade et aussi une sorte de faveur particulière à
M. de Guermantes, qu'il n'accordait pas à tout le
monde, et dont je devais me trouver bien heureux
d'être gratifié.

Mme de Guermantes expliquait aux personnes qui
ne savaient pas : « C'est que mon mari, vous savez,
quand on le met sur Balzac, c'est comme le stéréoscope; il vous dira d'où vient chaque photographie, le
pays qu'elle représente; je ne sais pas comment il peut
se rappeler tout cela, et pourtant c'est bien différent
de Balzac, je ne comprends pas comment il peut
mener des choses si différentes de front. » Une
parente désagréable, la baronne des Tapes, prenait
toujours à ce moment une expression glaciale, l'air de
ne pas entendre, d'être absente et cependant blâmer,
car elle estimait que Pauline se rendait ridicule et
manquait de tact en disant cela, M. de Guermantes
« menant de front », en effet, beaucoup d'aventures
qui étaient peut-être plus fatigantes et qui auraient dû
plus attirer l'attention de sa femme que la lecture de
Balzac et le maniement du stéréoscope. A vrai dire
j'étais dans les privilégiés, puisqu'il suffisait que je
fusse là pour consentir à montrer le stéréoscope. Le
stéréoscope contenait des photographies d'Australie
que je ne sais qui avait rapportées à M. de Guermantes, mais il les eût prises lui-même devant des
sites qu'il eût le premier explorés, défrichés et coloni-

sés, que le fait de « montrer le stéréoscope » n'aurait
pas paru une communication plus précieuse, plus
directe, et plus difficile à obtenir de la science de M.
de Guermantes. Certainement, si chez Victor Hugo
un convive souhaitait après le dîner qu'il donnât
lecture d'un drame inédit, il n'éprouvait pas autant de
timidité devant l'énormité de sa proposition que
l'audacieux qui demandait chez les Guermantes si,
après dîner, le comte ne montrerait pas le stéréoscope.
Mme de Guermantes levait les bras en l'air d'un air de
dire : « Vous en demanderez tant ! » Et certains jours
spéciaux, quand on voulait honorer particulièrement
un invité ou reconnaître de ces services qu'on n'oublie
pas, la comtesse chuchotait d'un air intimidé, confi-
dentiel, et émerveillé, comme n'osant pas encourager
sans être absolument sûre de trop grandes espérances,
mais on sentait bien que même pour le dire dubitati-
vement il fallait qu'elle en fût sûre : Je crois qu'après
le dîner Monsieur de Guermantes montrera le stéréoscope. » Et si M. de Guermantes le montrant pour
moi, elle disait : « Dame, que voulez-vous, pour ce
petit-là, vous savez, je ne sais pas ce que mon mari ne
ferait pas. » Et les personnes présentes me regardaient
avec envie, et une certaine cousine pauvre de Villeparisis qui aimait beaucoup flatter les Guermantes disait
sur un ton de marivaudage piqué : « Mais Monsieur
n'est pas le seul, je me rappelle très bien que mon
cousin a montré le stéréoscope pour moi, il y a deux
ans, vous ne vous rappelez pas ? Oh ! moi je n'oublie
pas ces choses-là, j'en suis très fière ! » Mais la cousine
n'était pas admise à monter dans la bibliothèque du
second.

   La pièce était fraîche, les volets étaient toujours
fermés, la fenêtre aussi s'il faisait très chaud dehors.

S'il pleuvait, la fenêtre était ouverte ; on entendait la pluie couler sur les arbres, mais même si elle cessait, le comte n'ouvrait pas les volets, dans sa peur qu'on pût l'apercevoir d'en bas et savoir qu'il était là. Si je m'approchais de la fenêtre, il me tirait précipitamment : « Prenez garde qu'on ne vous voie, on devinerait que je suis là », ne sachant pas que sa femme avait dit devant tout le monde : « Montez donc au second voir mon mari. » Je ne dis pas que le bruit de la pluie tombant par la fenêtre dévidât en lui ce parfum ténu et glacé, la substance fragile et précieuse que Chopin étire jusqu'au bout dans son célèbre morceau *La Pluie*. Chopin, ce grand artiste maladif, sensible, égoïste et dandy qui déploie pendant un instant doucement dans sa musique les aspects successifs et contrastés d'une disposition intime qui change sans cesse et n'est pendant plus d'un moment doucement progressive sans que vienne l'arrêter, se heurtant à elle et s'y juxtaposant, une toute différente, mais toujours avec un accent intime maladif, et replié sur soi-même dans ses frénésies d'action, avec toujours de la sensibilité et jamais de cœur, souvent de furieux élans, jamais la détente, la douceur, la fusion à quelque chose d'autre que soi qu'a Schumann. Musique douce comme le regard d'une femme qui voit que le ciel est gâté pour toute la journée, et dont le seul mouvement est comme le geste de la main qui dans la pièce humide serre à peine sur ses épaules une fourrure précieuse, sans avoir le courage, dans cette anesthésie de toute chose à laquelle elle participe, de se lever, d'aller dire dans la chambre à côté la parole de réconciliation, d'action, de chaleur et de vie, et qui laisse sa volonté s'affaiblir et son corps se glacer de seconde en seconde, comme si chaque larme qu'elle

ravale, chaque seconde qui passe, chaque goutte de
pluie qui tombe était une des gouttes de son sang qui
s'échappait, la laissant plus faible, plus glacée, plus
sensible à la douceur maladive de la journée.

D'ailleurs la pluie qui tombe sur des arbres où les
corolles et les feuilles restées dehors semblent comme
la certitude et la promesse indestructible et fleurie du
soleil et de la chaleur qui va bientôt revenir, cette
pluie n'est guère que le bruit d'un arrosage un peu
long auquel on assiste sans tristesse. Mais soit qu'il
entrât ainsi par la fenêtre ouverte, soit que, dans les
brûlants après-midi ensoleillés, on entendît dans le
lointain une musique militaire ou foraine comme une
bordure éclatante à la chaleur poussiéreuse, M. de
Guermantes aimait certainement le séjour dans la
bibliothèque, depuis le moment où, en arrivant et
fermant les volets, il chassait le soleil étendu sur son
canapé et sur la vieille carte royale de l'Anjou pendue
au-dessus, ayant l'air de lui dire : « Ôte-toi de là que
je m'y mette », jusqu'au moment où il demandait ses
affaires et faisait dire au cocher d'atteler.

Si c'était l'heure où mon père sortait pour ses
affaires, comme il le connaissait un peu et avait
souvent des services de voisin à lui demander, il
courait à lui, lui arrangeait le col de son pardessus et
ne se contentait pas de lui serrer la main, mais la lui
retenait dans la sienne et le menait ainsi en laisse de la
porte de l'escalier à la loge du concierge. Car certains
grands seigneurs, dans leur désir de flatter en montrant qu'ils ne voient aucune distance entre eux et
vous, ont des complaisances de valet et jusqu'à une
impudeur de courtisane. Le comte avait l'inconvé-
nient d'avoir toujours les mains humides, de sorte que
mon père faisait semblant de ne pas le voir, de ne pas

entendre ses paroles, allait jusqu'à ne pas répondre s'il lui parlait. L'autre ne se démontait pas et disait seulement : je crois qu'il est « absorbé », et retournait à ses chevaux.

Plusieurs fois ils avaient envoyé des coups de pied dans la boutique du fleuriste, cassé un vitrage et des pots. Le comte n'avait rien consenti que sous la menace d'un procès et trouvait que c'était abominable de la part du fleuriste « quand on savait tout ce que Mme la comtesse avait fait pour la maison et pour le quartier ». Mais le fleuriste qui semblait n'avoir au contraire aucune notion de ce que la comtesse « faisait pour la maison et pour le quartier », et qui trouvait même extraordinaire qu'elle ne lui prît jamais de fleurs pour ses réceptions avait envisagé la chose à un autre point de vue, ce qui faisait que le comte le trouvait abominable. De plus, il disait toujours « Monsieur » et jamais « Monsieur le Comte ». Le comte ne s'en plaignait pas, mais un jour que le vicomte de Praus qui venait de s'installer au quatrième et qui causait avec le comte demandait une fleur, le fleuriste qui ne savait pas encore bien le nom dit : « Monsieur Praus. » Le comte par amabilité pour le vicomte éclata de rire : « Monsieur Praus, c'est trouvé ! Ah ! par le temps qui court, estimez-vous heureux que ce ne soit pas encore le citoyen Praus. »

Le comte déjeunait tous les jours au cercle, sauf le dimanche où il déjeunait avec sa femme. Pendant la belle saison, la comtesse recevait tous les jours de deux à trois heures. Le comte allait fumer un cigare au jardin demandant au jardinier : « Qu'est-ce que cette fleur ? Est-ce que nous aurons des pommes cette année ? » et le vieux jardinier, ému comme s'il voyait le comte pour la première fois, lui répondait d'un air

encore plus reconnaissant que respectueux, comme si
devant cette marque de son intérêt pour elles, il le
devait remercier au nom des fleurs. Au premier coup
du timbre annonçant les premières visites pour la
comtesse, il remontait précipitamment dans son cabinet, cependant que les domestiques s'apprêtaient à
apporter au jardin le vichy-cassis et l'eau minérale.

Souvent le soir on apercevait dans l'étroit petit
jardin le duc de X... ou le marquis de Y... qui venaient
plusieurs fois par semaine ; âgés, ils s'imposaient la
fatigue de s'habiller, de se tenir toute la soirée sur une
chaise peu confortable, dans ce tout petit bout de
jardin, avec la seule perspective du cassis, quand,
dans tant de maisons luxueuses de grands financiers,
on aurait été si heureux de les avoir en veston, dans de
doux sophas, avec un luxe de boissons et des cigares.
Mais le bifteck et le café sans association d'idées
d'encaillement, tel était évidemment le plaisir qu'ils
y trouvaient. C'étaient des hommes instruits et quand
le comte pour le besoin de ses amours ramenait de
temps en temps un jeune homme « que personne ne
connaissait », ils savaient le charmer en l'entretenant
des sujets qui lui fussent familiers (« Vous êtes
architecte, Monsieur ? ») avec beaucoup de savoir, de
goût et même une amabilité dont un adieu extrêmement froid marquait la terminaison ; cependant une
fois que le nouveau venu était parti, ils en parlaient
avec la plus grande bienveillance, comme pour justifier la fantaisie qu'on avait eue de le faire entrer,
faisant l'éloge de son intelligence, de ses manières et
prononçant plusieurs fois son nom comme pour
s'exercer, comme un mot nouveau, étranger et précieux qu'on viendrait d'acquérir. On parlait des
mariages projetés dans la famille, le jeune homme

étant toujours un excellent sujet, on était content pour
Isabelle, on discutait si c'était sa fille qui faisait le
beau mariage au point de vue du nom. Tous ces gens
qui étaient nobles et riches faisaient valoir la noblesse
et la fortune de gens qui n'en avaient certainement
pas plus qu'eux, comme s'ils eussent été bien heureux
d'être de même. Le comte disait : « C'est qu'il a une
immense fortune », ou « C'est tout ce qu'il y a de plus
ancien comme nom, apparenté à tout ce qu'il y a de
mieux, c'est ce qu'il y a de plus grand », alors qu'il
était certainement aussi bien né et avait d'aussi belles
alliances.

Si la comtesse faisait quelque chose qu'on désap-
prouvait, on ne la blâmait pas, on ne disait jamais son
avis sur une chose que le comte ou la comtesse
faisaient, cela faisait partie de la bonne éducation. La
conversation était d'ailleurs fort lente, à voix assez
basse. Seule la question des parentés incendiait instantanément le comte. « Mais c'est ma cousine ! »
s'écriait-il à un nom prononcé, comme s'il s'agissait
d'une chance inespérée et d'un ton qui donnait envie
de lui répondre : « Mais je ne dis pas le contraire. » Il
le disait du reste plutôt à des étrangers, car le duc de
X... et le marquis Y... n'avaient rien à apprendre de
lui à ce sujet. Quelquefois pourtant ils allaient au-
devant et disaient : « Mais c'est votre cousine, Astolphe, par les Montmorency. — Mais naturellement »,
s'exclamait Astolphe, craignant que l'affirmation du
duc de X... ne fût pas absolument certaine.

La comtesse affectait une jolie manière « ter-
rienne » de parler. Elle disait : « C'est une cousine *à*
Astolphe, elle est bête comme *eun* oie. C'est *su* le
champ de courses, la duchesse de *Rouen* (pour
Rohan). » Mais elle avait un joli langage. La conver-

sation du comte au contraire, vulgaire au possible, permettait de recueillir presque tous les parasites du langage, comme certaines plages sont favorables aux zoologistes pour y trouver de grandes quantités de mollusques. « Ma tante de Villeparisis, qui est une bonne pièce », ou « qui en a de bonnes », ou « qui est une fine mouche », ou « qui est une bonne peste », « je vous assure qu'il ne lui demanda pas son reste », « il court encore ». Si la simple suppression d'un article, le passage d'un singulier au pluriel rendait un mot plus vulgaire, on peut être sûr que c'était cette forme de langage que le mot prenait chez lui. Il aurait été naturel de dire qu'un cocher sortait de chez les Rothschild. Il disait : « Il sort de chez Rothschild », n'entendant pas par là tel Rothschild qu'il avait connu, mais disant par la voix de l'homme du commun, né noble et élevé chez les Jésuites, mais tout de même du commun qu'il était, « Rothschild ». Dans les phrases où la moustache passe mieux au pluriel, c'était porter « la moustache ». Si on lui disait de prendre le bras d'une maîtresse de maison et qu'il y eût le duc de X... il disait : « Je ne veux pas passer *avant* le duc de X... » Quand il écrivait, cela s'aggravait, les mots ne lui représentant jamais leur sens exact, il les accouplait toujours avec un mot d'une autre série. « Voulez-vous venir me trouver à l'Agricole, puisque depuis l'année dernière je *fais partie* de cet *endroit* » ; « je regrette de n'avoir pu faire connaissance de Monsieur Bourget, j'aurais été heureux de serrer la main de cet esprit si distingué », « votre lettre est charmante, surtout la péroraison », « je regrette de n'avoir pu applaudir la curieuse audition (il est vrai qu'il ajoutait, comme des gants gris perle sur une main sale : de ces exquises musiques) ». Car il trouvait raffiné de dire « des musiques » et au lieu de « mes sentiments distingués » « mes distingués sentiments ».

Mais d'ailleurs sa conversation se composait beaucoup moins de mots que de noms. Il connaissait tant de monde qu'à l'aide de la jonction « précisément » il pouvait amener immédiatement ce que dans le monde on appelait une « anecdote », et qui était généralement quelque chose comme ceci : « Mais précisément en 186..., voyons 67, j'étais à dîner chez la grande-duchesse de Bade, la sœur précisément du Prince, alors de Weimar, depuis prince héritier, qui a épousé ma nièce Villeparisis ; je me souviens parfaitement que la grande-duchesse qui était fort aimable et qui avait eu la bonté de me placer à côté d'elle voulut bien me dire que la seule manière de garder les fourrures, pardonnez-moi cette expression un peu vulgaire, elle ne craignait pas quelquefois d'emporter le morceau, était d'y mettre au lieu de naphtaline, de la pelure de radis pelés. Je vous réponds que cela n'est pas tombé dans l'oreille d'un sourd. Du reste, nous avons donné la recette à Ketty de Dreux-Brezé et à Loulou de la Chapelle-Marinière-sur-Avre qui en ont été enchantées, n'est-ce pas, Floriane ? » Et la comtesse avec simplicité disait : « Oui, c'est excellent. Essayez donc pour vos fourrures, Juliette, vous verrez. Voulez-vous que je vous en fasse envoyer un peu ? Les domestiques les préparent très bien ici et ils pourraient apprendre aux vôtres ? Ce n'est rien une fois qu'on sait. »

*

Quelquefois le marquis était venu voir son frère ; dans ce cas ils « se mettaient » volontiers sur Balzac,

car c'était une lecture de leur temps, ils avaient lu ces
livres-là dans la bibliothèque de leur père, celle
précisément qui était maintenant chez le comte qui en
avait hérité. Leur goût pour Balzac avait gardé, dans
sa naïveté première, les préférences des lectures
d'alors, avant que Balzac ne fût devenu un grand
écrivain, et soumis comme tel aux variations du goût
littéraire. Quand quelqu'un disait Balzac, le comte, si
la personne était *persona grata,* citait quelques titres, et
ce n'étaient pas ceux des romans de Balzac que nous
admirons le plus. Il disait : « Ah ! Balzac ! Balzac ! Il
faudrait du temps ! *Le Bal de Sceaux* par exemple ! Vous
avez lu *Le Bal de Sceaux* ? C'est charmant ! » Il est vrai
qu'il disait de même du *Lys dans la Vallée :* « Mme de
Mortsauf ! Vous n'avez pas lu tout cela, vous autres,
hein ! Charles (interpellant son frère), Mme de Mortsauf, *Le Lys dans la Vallée,* c'est charmant ! » Il parlait
aussi du *Contrat de Mariage* qu'il appelait de son
premier titre « *La Fleur des Pois* » et aussi de *La Maison
du Chat-qui-pelote.* Les jours où il était tout à fait mis
sur Balzac, il citait aussi des œuvres qui à vrai dire ne
sont pas de Balzac, mais de Roger de Beauvoir et de
Céleste de Chabrillan. Mais il faut dire à son excuse
que la petite bibliothèque, où on lui montait le sirop et
les biscuits et où les jours de pluie, par la fenêtre
ouverte, s'il n'y avait personne qui pût le voir d'en
bas, il recevait les saluts du peuplier fouetté par le
vent qui faisait la révérence trois fois par minute, était
pourvue à la fois des œuvres de Balzac, d'Alphonse
Karr, de Céleste de Chabrillan, de Roger de Beauvoir
et d'Alexandre Duval, tous reliés pareils. Quand on
les ouvrait et que le même papier mince couvert de
grands caractères vous présentait le nom de l'héroïne,
absolument comme si ce fût elle-même qui se fût

présentée à vous sous cette apparence portative et confortable, accompagnée d'une légère odeur de colle, de poussière et de vieillesse qui était comme l'émanation de son charme, il était bien difficile d'établir entre ces livres une division prétendue littéraire qui reposait artificiellement sur des idées étrangères à la fois au sujet du roman et à l'apparence des volumes! Et Blanche de Mortsauf, etc., employaient pour s'adresser à vous des caractères d'une netteté si persuasive (le seul effort que vous aviez à faire pour les suivre était de tourner ce papier que la vieillesse avait rendu transparent et doré, mais qui gardait le moelleux d'une mousseline) qu'il était impossible de ne pas croire que le conteur ne fût pas le même et qu'il n'y eût pas une parenté beaucoup plus étroite entre Eugénie Grandet et la duchesse de Mers, qu'entre *Eugénie Grandet* et un roman de Balzac à un franc.

Je dois avouer que je comprends M. de Guermantes, moi qui ai lu pendant toute mon enfance de la même manière, pour qui *Colomba* a été si longtemps « le volume où on ne me permettait pas de lire la *Vénus d'Ille* » (*on*, c'était toi!). Ces volumes où on a lu un ouvrage la première fois, c'est comme la première robe où on a vu une femme, ils nous disent ce que ce livre était pour nous alors, ce que nous étions pour lui. Les rechercher est ma seule manière d'être bibliophile. L'édition où j'ai lu un livre pour la première fois, l'édition où il m'a donné une impression originale, voilà les seules « premières » éditions, les « éditions originales » dont je suis amateur. Encore est-ce assez pour moi de me souvenir de ces volumes-là. Leurs vieilles pages sont si poreuses au souvenir que j'aurais peur qu'ils absorbent aussi les impressions d'aujourd'hui et que je n'y retrouve plus mes impressions d'autrefois. Je veux, chaque fois que j'y penserai, qu'ils s'ouvrent sur la page où je les fermais près de la lampe, ou sur le fauteuil d'osier du jardin, quand papa me disait : « Tiens-toi droit. »

Et je me demande quelquefois si encore aujourd'hui ma manière de lire ne ressemble pas plus à celle de M. de Guermantes qu'à celles des critiques contemporains. Un ouvrage est encore pour moi un tout vivant, avec qui je fais connaissance dès la première ligne, que j'écoute avec déférence, à qui je donne raison tant que je suis avec lui, sans choisir et sans discuter. Quand je vois M. Faguet dire dans ses *Essais de Critique* que le premier volume du *Capitaine Fracasse* est admirable et que le second est insipide, que dans *Le Père Goriot* tout ce qui se rapporte à Goriot est de premier ordre et tout ce qui se rapporte à Rastignac du dernier (ordre), je suis aussi étonné que si j'entendais dire que les environs de Combray étaient laids du côté de Méséglise mais beaux du côté de Guermantes. Quand M. Faguet continue en disant que les amateurs ne lisent pas *Le Capitaine Fracasse* au-delà du premier volume, je ne peux que plaindre les amateurs, moi qui ai tant aimé le second, mais quand il ajoute que le premier volume a été écrit pour les amateurs et le second pour les écoliers, ma pitié pour les amateurs se change en mépris pour moi-même, car je découvre combien je suis resté écolier. Enfin quand il assure que c'est avec le plus profond ennui que Gautier a écrit ce second volume, je suis bien étonné que cela ait jamais pu être si ennuyeux d'écrire une chose qui fût plus tard si amusante à lire.

Ainsi de Balzac, où Sainte-Beuve et Faguet distinguent et démêlent, trouvent que le commencement est

admirable et que la fin ne vaut rien [1]. Le seul progrès
que j'aie pu faire à ce point de vue depuis mon
enfance, et le seul point par où, si l'on veut, je me
distingue de M. de Guermantes, c'est que ce monde
inchangeable, ce bloc dont on ne peut rien distraire,
cette réalité donnée, j'en ai un peu étendu les bornes,
ce n'est plus pour moi un seul livre, c'est l'œuvre d'un
auteur. Je ne sais pas voir entre ses différents ouvrages
de bien grandes différences. Les critiques qui trouvent
comme M. Faguet que Balzac a écrit dans *Un Ménage
de Garçon* un chef-d'œuvre, et dans *Le Lys dans la Vallée*
le plus mauvais ouvrage qui soit, m'étonnent autant
que Mme de Guermantes, qui trouvait que certains
soirs le duc de X... avait été intelligent et que tel autre
jour il avait été bête. Moi, l'idée que je me fais de
l'intelligence des gens change quelquefois, mais je sais
bien que c'est mon idée qui change et non leur
intelligence. Et je ne crois pas que cette intelligence
soit une force changeante, que Dieu fait quelquefois
puissante et quelquefois faible. Je crois que la hauteur
à laquelle elle s'élève dans l'esprit est constante et que
c'est précisément à cette hauteur-là, que ce soit *Un
Ménage de Garçon* ou *Le Lys dans la Vallée,* qu'elle s'élève
dans ces vases qui communiquent avec le passé et qui
sont les Œuvres...

---

1. Ce qui est assez drôle et assez rassurant, c'est que Sainte-
Beuve dit : « Qui a jamais mieux peint les duchesses de la
Restauration ? » M. Faguet s'esclaffe sur ses duchesses et en appelle
à M. Feuillet. Enfin, M. Blum, qui aime distinguer, admire ses
duchesses, mais non en tant que duchesses de la Restauration.
  Ici, je l'avoue, je dirai comme Sainte-Beuve : « Qui vous l'a dit,
qu'en savez-vous ? » et « sur ce point, j'aime mieux m'en tenir aux
personnes qui les ont connues, et... à Sainte-Beuve tout le premier. » (*N. d. l'A.*)

*

Cependant, si M. de Guermantes trouvait « charmants », c'est-à-dire en réalité distrayants et sans vérité, « le changeant de la vie », les histoires de René Longueville ou de Félix de Vandenesse, il appréciait souvent par contraste chez Balzac l'exactitude de l'observation : « La vie des avoués, une étude, c'est tout à fait cela ; j'ai eu affaire avec ces gens-là ; c'est tout à fait cela, *César Birotteau* et *Les Employés !* »

Une personne qui n'était pas de son avis et que je te cite aussi parce qu'elle est un autre type des lecteurs de Balzac, c'était la marquise de Villeparisis. Elle niait l'exactitude de ses peintures : « Ce Monsieur nous dit : je vais vous faire parler un avoué. Jamais un avoué n'a parlé comme cela. » Mais surtout, ce qu'elle ne pouvait pas admettre, c'est qu'il eût prétendu peindre la société : « D'abord il n'y était pas allé, on ne le recevait pas, qu'est-ce qu'il pouvait en savoir ? Sur la fin, il connaissait Mme de Castries, mais ce n'est pas là qu'il pouvait rien voir, elle n'était de rien. Je l'ai vu une fois chez elle quand j'étais toute jeune mariée, c'était un homme très commun, qui n'a dit que des choses insignifiantes et je n'ai pas voulu qu'on me le présente. Je ne sais pas comment, sur la fin, il avait trouvé le moyen d'épouser une Polonaise d'une bonne famille qui était un peu parente à nos cousins Czartoryski. Toute la famille en a été désolée et je vous assure qu'ils ne sont pas fiers quand on leur en parle. Du reste, cela a très mal fini. Il est mort presque tout de suite. » Et, en baissant les yeux d'un air bougon sur son tricot : « J'ai entendu dire même des vilaines choses là-dessus. C'est sérieusement que vous dites qu'il aurait dû être à l'Académie ? (comme

on dit *au* Jockey). D'abord il n'avait pas un
« bagage » pour cela. Et puis l'Académie est une
« sélection ». Sainte-Beuve, lui, voilà un homme
charmant, fin, de bonne compagnie ; il se tenait
parfaitement à sa place et on ne le voyait que quand
on voulait. C'était autre chose que Balzac. Et puis il
était allé à Champlâtreux ; lui, au moins, il aurait pu
raconter des choses du monde. Et il s'en gardait bien
parce que c'était un homme de bonne compagnie. Du
reste, ce Balzac, c'était un mauvais homme. Il n'y a
pas un bon sentiment dans ce qu'il écrit, il n'y a pas
de bonnes natures. C'est toujours désagréable à lire, il
ne voit jamais que le mauvais côté de tout. Toujours le
mal. Même s'il peint un pauvre curé, il faut qu'il soit
malheureux, que tout le monde soit contre lui. — Ma
tante, vous ne pouvez pas nier, disait le comte devant
la galerie enthousiasmée d'assister à une joute si
intéressante et qui se poussait du coude pour se
montrer la marquise « s'emballant », que le curé de
Tours auquel vous faites allusion ne soit bien peint.
Cette vie de province, est-ce assez cela ! — Mais
justement, disait la marquise dont c'était un des
raisonnements favoris et le jugement universel qu'elle
appliquait à toutes les productions littéraires, en quoi
cela peut-il m'intéresser de voir reproduites des choses
que je connais aussi bien que lui ? On me dit : c'est
bien cela, la vie en province. Certainement, mais je la
connais, j'y ai vécu, alors quel intérêt cela a-t-il ? » Et
si fière de ce raisonnement, auquel elle tenait beaucoup, qu'un sourire d'orgueil venait briller dans ses
yeux qu'elle tournait vers les personnes présentes, et
pour mettre fin à l'orage, elle ajoutait : « Vous me
trouverez peut-être bien sotte, mais j'avoue que
quand je lis un livre, j'ai la faiblesse d'aimer qu'il

m'apprenne quelque chose. » On en avait pour deux
mois à raconter jusque chez les cousines les plus
éloignées de la comtesse, que ce jour-là, chez les
Guermantes, ç'avait été tout ce qu'il y a de plus
intéressant.

Car pour un écrivain, quand il lit un livre, l'exactitude de l'observation sociale, le parti pris de pessi-
misme, ou d'optimisme, sont des conditions données
qu'il ne discute pas, dont il ne s'aperçoit même pas.
Mais pour les lecteurs « intelligents », le fait que cela
soit « faux » ou « triste » est comme un défaut
personnel de l'écrivain, qu'ils sont étonnés et assez
enchantés de retrouver, et même exagéré, dans chaque volume de lui, comme s'il n'avait pas pu s'en
corriger, et qui finissent par lui donner à leurs yeux le
caractère antipathique d'une personne sans jugement
ou qui porte aux idées noires et qu'il est préférable de
ne pas fréquenter, si bien que chaque fois que le
libraire leur présente un Balzac ou un Eliot, ils
répondent en le repoussant : « Oh ! non, c'est toujours
faux, ou sombre, le dernier encore plus que tous les
autres, je n'en veux plus. »

Quant à la comtesse, quand le comte disait : « Ah !
Balzac ! Balzac ! Il faudrait du temps, vous avez lu *La
Duchesse de Mers ?* », elle disait : « Moi, je n'aime pas
Balzac, je trouve qu'il est exagéré. » D'une façon
générale, elle n'aimait pas les gens « qui exagèrent »
et qui, par là, semblent un blâme pour ceux qui
comme elle n'exagèrent pas, les gens qui donnaient
des pourboires « exagérés » qui faisaient paraître les
siens extrêmement pingres, les gens qui avaient pour
la mort d'un des leurs plus que la tristesse habituelle,
les gens qui, pour un ami dans le malheur, faisaient
plus qu'on en fait généralement, ou allaient exprès

dans une exposition pour voir un tableau qui n'était
pas le portrait d'un de leurs amis ou la chose « à
voir ». Pour elle, qui n'était pas exagérée, quand on
lui demandait si à l'exposition elle avait vu tel
tableau, elle répondait simplement : « Si c'est à voir,
je l'ai vu. »

La personne de la famille sur qui Balzac eut le plus
d'influence fut le marquis [1]...

*

Le lecteur de Balzac sur qui son influence se fit le
plus sentir fut la jeune marquise de Cardaillec, née
Forcheville. Parmi les propriétés de son mari, il y
avait à Alençon le vieil hôtel de Forcheville, avec une
grande façade sur la place comme dans *Le Cabinet des
Antiques*, avec un jardin descendant jusqu'à la Gracieuse, comme dans *La Vieille Fille*. Le comte de
Forcheville l'avait laissé aux jardiniers du jardin, ne
trouvant aucun plaisir à aller « s'enterrer » à Alençon. Mais la jeune marquise le rouvrit et allait y
passer quelques semaines tous les ans, y trouvant un
grand charme qu'elle qualifiait elle-même de balzacien. Elle fit venir du château de Forcheville, dans les
combles duquel ils avaient été relégués comme démo-
dés, quelques vieux meubles venant de la grand-mère
du comte de Forcheville, quelques objets se rattachant
à l'histoire ou à quelque souvenir à la fois sentimental
et aristocratique de la famille. Elle était devenue, en
effet, à Paris une de ces jeunes femmes de la société
aristocratique qui aiment leur caste d'un goût en

1. Le marquis de Querey sans doute, qu'on retrouvera au
chapitre suivant.

quelque sorte esthétique, et qui sont à l'ancienne
noblesse ce que sont à la plèbe bretonne ou normande
les hôteliers avisés du mont Saint-michel ou de
« Guillaume le Conquérant », qui ont compris que
leur charme était précisément dans la sauvegarde de
cette antiquité, charme rétrospectif auquel elles furent
surtout initiées par des littérateurs épris de leur
propre charme à elles, ce qui jette un double reflet de
littérature et de beauté contemporaine (quoique
racée) sur cet esthétisme.

Les photographies des plus belles entre les grandes
dames d'aujourd'hui étaient posées dans l'hôtel
d'Alençon sur les consoles en vieux chêne de Mlle Cormon. Mais elles y avaient ces poses anciennes, pleines
d'art, si bien associées par des chefs-d'œuvre d'art et
de littérature à des grâces d'autrefois, qu'elles n'ajou-
taient qu'un charme d'art de plus au décor, où
d'ailleurs, dès le vestibule, la présence des domestiques, ou, dans le salon, la conversation des maîtres
étaient hélas forcément d'aujourd'hui. Si bien que la
petite évocation de l'hôtel d'Alençon fut surtout
balzacienne pour les personnes de plus de goût que
d'imagination, sachant voir, mais ayant besoin de
voir, et qui en revenaient émerveillées. Mais pour ma
part, j'en fus un peu déçu. Quand j'avais appris que
Mme de Cardaillec habitait à Alençon l'hôtel de
Mlle Cormon ou de Mme de Bargeton, de savoir
qu'existait ce que je voyais si bien dans ma pensée
m'avait donné une trop forte impression pour que les
disparates de la réalité puissent la reconstituer.

Je dois dire cependant, et pour quitter enfin Balzac,
que c'est en balzacienne de beaucoup d'esprit que le
montrait Mme de Cardaillec. « Si vous voulez, vous
viendrez demain avec moi à Forcheville, me dit-elle,

vous verrez l'impression que nous produirons dans la
ville. C'est le jour où Mlle Cormon attelait sa jument
pour aller au Prébaudet. En attendant mettons-nous à
table. Et si vous avez le courage de rester jusqu'à
lundi, soir où je « reçois », vous ne quitterez pas ma
province sans avoir vu, de vos yeux vu, M. du
Bousquier et Mme de Bargeton, et vous verrez en
l'honneur de toutes ces personnes allumer le lustre, ce
qui causa, vous vous en souvenez, tant d'émotion à
Lucien de Rubempré. »

Les personnes au courant voyaient dans cette
pieuse reconstitution de ce passé aristocratique et
provincial un effet du sang Forcheville. Moi, je savais
que c'était un effet du sang Swann, dont elle avait
perdu le souvenir, mais dont elle avait gardé l'intelligence, le goût et jusqu'à ce détachement intellectuel
assez complet de l'aristocratie (quelque attachement
utilitaire qu'elle plaçât en elle) pour lui trouver,
comme à une chose étrangère, inutile et morte, un
charme esthétique.

XIII

LA RACE MAUDITE

Tous les jours après le déjeuner arrivait un gros et grand Monsieur à la démarche dandinée, aux moustaches teintes, toujours une fleur à la boutonnière : le marquis de Quercy. Il traversait la cour et allait voir sa sœur Guermantes. Je ne crois pas qu'il sût que nous habitions dans la maison. En tout cas, je n'eus pas l'occasion de le rencontrer. J'étais souvent à la fenêtre à l'heure où il venait, mais à cause des volets il ne pouvait me voir et d'ailleurs il ne levait jamais la tête. Je ne sortais jamais à cette heure-là et lui ne venait jamais à aucune autre. Sa vie était extrêmement réglée ; il voyait les Guermantes tous les jours de une heure à deux heures, montait chez Mme de Villeparisis jusqu'à trois, puis allait au club faire différentes choses et le soir allait au théâtre, quelquefois dans le monde, mais jamais chez les Guermantes le soir, excepté les jours de grande soirée, qui étaient rares et où il faisait tard une courte apparition...

*

La poésie qu'avaient perdu par la fréquentation le comte et le comtesse de Guermantes s'était reportée pour moi sur le prince et la princesse de Guermantes.

Bien qu'assez proches parents, comme je ne les connaissais pas, ils étaient pour moi le nom de Guermantes. Je les avais entrevus chez les Guermantes et ils m'avaient fait un vague salut de gens qui n'ont aucune raison de vous connaître. Mon père qui passait tous les jours devant leur hôtel, rue de Solferino, disait : « C'est un palais, un palais de conte de fées. » De sorte que cela s'était amalgamé pour moi avec les féeries incluses dans le nom de Guermantes, avec Geneviève de Brabant, la tapisserie où avait posé Charles VIII et le vitrail de Charles le Mauvais. La pensée que je pourrais un jour être lié avec eux ne me serait même pas entrée dans l'esprit, quand un jour j'ouvris une enveloppe : « Le prince et la princese de Guermantes seront chez eux le... »

Il semblait qu'un plaisir intact, non dégradé par aucune idée humaine, aucun souvenir matériel de fréquentation qui rend les choses pareilles aux autres, m'était offert sur cette carte. C'était un nom, un pur nom, encore plein de ses belles images qu'aucun souvenir terrestre n'abaissait, c'était un palais de conte de fées qui, par le fait de cette carte reçue, devenait un objet de possession possible, de par une sorte de prédilection flatteuse du nom mystérieux pour moi. Cela me sembla trop beau pour être vrai. Il y avait entre l'intention qu'exprimait, l'offre que manifestait l'adresse, et ce nom aux syllabes douces et fières, un trop grand contraste.

L'hôtel de conte de fées s'ouvrant de lui-même devant moi, moi étant invité à me mêler aux êtres de légende, de lanterne magique, de vitrail et de tapisserie qui faisaient pendre haut et court au IXe siècle, ce fier nom de Guermantes semblant s'animer, me connaître, se tendre vers moi, puisque, enfin, c'était

bien mon nom et superbement écrit qui était sur
l'enveloppe, tout cela me parut trop beau pour être
vrai et j'eus peur que ce fût une mauvaise plaisanterie
que quelqu'un m'avait faite. Les seules personnes
auprès de qui j'eusse pu me renseigner auraient été
nos voisins Guermantes, qui étaient en voyage, et
dans le doute j'aimais mieux ne pas aller chez eux. Il
n'y avait pas à répondre, il n'y aurait eu qu'à mettre
des cartes. Mais je craignais que ce ne fût déjà trop, si,
comme je le pensais, j'étais victime d'une mauvaise
farce. Je le dis à mes parents qui ne comprirent pas
(ou trouvèrent mon idée ridicule). Avec cette espèce
d'orgueil que donne l'absence entière de vanité et de
snobisme, ils trouvaient la chose du monde la plus
naturelle que les Guermantes m'eussent invité. Ils
n'attachaient aucune importance à ce que j'y allasse
on n'y allasse pas, mais ne voulaient pas que je
m'habitue à croire qu'on voulait me faire des farces.
Ils trouvaient plus « aimable » d'y aller ! Mais d'ailleurs indifférent, trouvant qu'il ne fallait pas s'attri-
buer d'importance et que mon absence serait inaperçue, mais que d'autre part, ces gens n'avaient pas de
raison de m'inviter si cela ne leur avait pas fait plaisir
de m'avoir. D'autre part, mon grand-père n'était pas
fâché que je lui dise comment cela se passait chez les
Guermantes depuis qu'il savait que la Princesse était
la petite-fille du plus grand homme d'État de Louis
XVIII, et Papa de savoir si, comme il le supposait,
cela devait être « superbe à l'intérieur ».

Bref, le soir même, je me décidai. On avait pris de
mes affaires un soin particulier. Je voulais me
commander une boutonnière chez le fleuriste mais ma
grand-mère trouvait qu'une rose de jardin serait plus
« naturelle ». Après avoir marché sur un massif en

pente et en piquant mon habit aux épines des autres,
je coupai la plus belle, et je sautai dans l'omnibus qui
passait devant la porte, trouvant plus de plaisir encore
que d'habitude à être aimable avec le conducteur et à
céder ma place à l'intérieur à une vieille dame, en me
disant que ce monsieur qui était si charmant avec eux
et qui dirait « Arrêtez-moi au pont de Solferino » sans
qu'on sût que c'était pour aller chez la princesse de
Guermantes avait une belle rose sous son pardessus
dont le parfum montait invisible à sa narine pour le
charmer comme un secret d'amour. Mais une fois au
pont de Solferino où tout le quai était encombré d'une
file stationnante et mouvante de voitures, une parfois
se détachant et des valets de pied courant avec des
manteaux de soie claire sur le bras, ma peur me
reprit : c'était sûrement une farce. Et quand j'arrivai
au moment d'entrer, entendant qu'on annonçait les
invités, j'eus envie de redescendre. Mais j'étais pris
dans le flot et ne pouvais plus rien faire, distrait
d'ailleurs par la nécessité d'avoir à enlever mon
pardessus, prendre un numéro, jeter ma rose qui
s'était déchirée sous mon paletot et dont l'immense
tige verte était tout de même trop « naturelle ». Je
murmurai mon nom à l'oreille de l'huissier dans
l'espoir qu'il m'annoncerait aussi bas, mais au même
moment j'entendis avec un bruit de tonnerre mon
nom retentir dans les salons Guermantes qui étaient
ouverts devant moi et je sentis que l'instant du
cataclysme était arrivé. Huxley raconte qu'une dame
qui avait des hallucinations avait cessé d'aller dans le
monde parce que, ne sachant jamais si ce qu'elle
voyait devant elle était une hallucination ou un objet
réel, elle ne savait comment agir. Enfin son médecin
après douze ans la força d'aller au bal. Au moment où

on lui tend un fauteuil, elle voit un vieux monsieur assis dedans. Elle se dit : il est inadmissible qu'on me dise de m'asseoir dans le fauteuil où est le vieux monsieur. Donc ou bien le vieux monsieur est une hallucination et il faut m'asseoir dans ce fauteuil qui est vide, ou c'est la maîtresse de maison qui me tend ce fauteuil qui est une hallucination, et il ne faut pas que je m'asseye sur le vieux monsieur. Elle n'avait qu'une seconde pour se décider, et pendant cette seconde comparaît le visage du vieux monsieur et celui de la maîtresse de maison, qui lui paraissaient tous deux aussi réels, sans qu'elle pût plutôt penser que c'était l'un que l'autre qui était l'hallucination. Enfin, vers la fin de la seconde qu'elle avait pour se décider, elle crut à je ne sais quoi que c'était plutôt le vieux monsieur qui était une hallucination. Elle s'assit, il n'y avait pas de vieux monsieur, elle poussa un immense soupir de soulagement et fut à jamais guérie. Si pénible que dut certainement être la seconde de la vieille dame malade devant le fauteuil, elle ne fut peut-être pas plus anxieuse que la mienne, quand, à l'orée des salons Guermantes, j'entendis, lancé par un huissier gigantesque comme Jupiter, mon nom voler comme un tonnerre obscur et catastrophique, et quand tout en m'avançant d'un air naturel pour ne pas laisser croire par mon hésitation, s'il y avait mauvaise farce de quelqu'un, que j'en étais confus, je cherchai des yeux le prince et la princesse de Guermantes pour voir s'ils allaient me faire mettre à la porte. Dans le brouhaha des conversations, ils n'avaient pas dû entendre mon nom. La Princesse, en robe mauve « Princesse », un magnifique diadème de perles et de saphirs dans les cheveux, causait sur une causeuse avec des personnes, et tendait la main sans

se lever aux entrants. Quant au Prince, je ne vis pas
où il était. Elle ne m'avait pas encore vu. Je me
dirigeais vers elle, mais en la regardant avec la même
fixité que la vieille dame regardait le vieux monsieur
sur lequel elle allait s'asseoir, car je suppose qu'elle
devait faire attention pour, dès qu'elle sentirait sous
son corps la résistance des genoux du monsieur, ne
pas insister sur l'acte de s'asseoir. Ainsi j'épiais sur le
visage de la princesse de Guermantes, dès qu'elle
m'aurait aperçu, la première trace de la stupeur et de
l'indignation pour abréger le scandale et filer au plus
vite. Elle m'aperçoit, elle se lève, alors qu'elle ne se
levait pour aucun invité, elle vient vers moi. Mon
cœur tremble, mais se rassure en voyant ses yeux
bleus briller du plus charmant sourire et son long gant
de Suède en courbe gracieuse se tendre vers moi :
« Comme c'est aimable d'être venu, je suis ravie de
vous voir. Quel malheur que nos cousins soient
justement en voyage, mais c'est d'autant plus gentil à
vous d'être venu comme cela, nous savons que c'est
pour nous seuls. Tenez, vous trouverez M. de Guermantes dans ce petit salon, il sera charmé de vous
voir. » Je m'inclinai avec un profond salut et la
Princesse n'entendit pas mon soupir de soulagement.
Mais ce fut celui de la vieille dame devant le fauteuil,
quand elle se fut assise et vit qu'il n'y avait pas de
vieux monsieur. Dès ce jour je fus à tout jamais guéri
de ma timidité. J'ai peut-être reçu depuis bien des
invitations plus inattendues ou plus flatteuses que
celles de M. et Mme de Guermantes. Mais les tapisse-
ries de Combray, la lanterne magique, les promenades du côté de Guermantes ne leur donnaient pas
leur prestige. J'ai toujours compté sur le sourire de
bienvenue et n'ai jamais compté avec la mauva¹se

farce. Et elle se fût produite que cela m'aurait été tout
à fait égal.

M. de Guermantes recevait très bien, trop bien, car
dans ces soirées où il recevait le ban et l'arrière-ban de
la noblesse, et où venaient des nobles de second ordre,
de province, pour qui il était un très grand seigneur, il
se croyait obligé à force de rondeur et de familiarité,
de main sur l'épaule, et du ton bon garçon de « Ce
n'est pas amusant chez moi » ou de « Je suis très
honoré que vous soyez venu », de dissiper chez tous la
gêne, la terreur respectueuse qui n'existait pas au
degré qu'il le supposait.

A quelques pas de lui causait avec une dame le
marquis de Quercy. Il ne regardait pas de mon côté,
mais je sentis que ses yeux de marchand en plein vent
m'avaient parfaitement aperçu. Il causait avec une
dame que j'avais vue chez les Guermantes, je le saluai
d'abord, ce qui interrompit forcément M. de Quercy,
mais malgré cela, déplacé et interrompu, il regardait
d'un autre côté absolument comme s'il ne m'eût pas
vu. Non seulement il m'avait vu, mais me voyait, car
dès que je me tournai vers lui pour le saluer, tâchant
d'attirer l'attention de son visage souriant d'un autre
côté du salon et de ses yeux épiant « la rousse », il me
tendit la main et n'eut qu'à utiliser pour moi sans
bouger son sourire disponible et son regard vacant
que je pouvais prendre pour une amabilité pour moi
puisqu'il me disait bonjour de sa main libre, que
j'aurais pu prendre pour une ironie contre moi si je ne
lui avais pas dit bonjour, ou pour l'expression de
n'importe quelle pensée aimable ou ironique à l'endroit d'un autre, ou simplement gaie, si j'avais pensé
qu'il ne m'eût pas vu. J'avais serré le quatrième doigt
qui semblait regretter dans une inflexion mélancoli-

que l'anneau d'archevêque, j'étais pour ainsi dire
entré par effraction dans son bonjour incessant et sans
acception de personne, je ne pouvais pas dire qu'il
m'avait dit bonjour. J'aurais pu à la rigueur penser
qu'il ne m'avait pas vu ou pas reconnu. Il se remit à
parler avec son interlocutrice et je m'éloignai. On joua
une petite opérette, pour laquelle on n'avait pas invité
de jeunes filles. Il en vint après et on dansa.

*

Le comte de Quercy s'était assoupi ou du moins
fermait les yeux. Depuis quelque temps, il était
fatigué, très pâle, malgré la moustache noire et les
cheveux gris frisés, on le sentait vieux, mais resté très
beau. Et ainsi, le visage blanc, immobile, noble,
sculptural, sans regard, il m'apparut tel qu'après sa
mort, sur la pierre de son tombeau dans l'église de
Guermantes. Il me semblait qu'il était sa propre
figure funéraire, que son individu était mort et que je
ne voyais que le visage de sa race, ce visage que le
caractère de chacun avait transformé, avait aménagé
à ses besoins personnels, les uns intellectualisés, les
autres rendus plus grossiers comme la pièce d'un
château, qui, selon le goût du châtelain, a été tour à
tour salle d'études ou d'escrime. Il m'apparaissait, ce
visage, bien délicat, bien noble, bien beau, ses yeux se
rouvraient, un vague sourire qu'il n'eut pas le temps
de rendre artificiel flotta sur son visage dont j'étudiais
en ce moment, sous les cheveux défaits en mèches
l'ovale du front et les yeux, sa bouche s'entrouvrit, son
regard brilla au-dessus de la ligne noble de son nez, sa
main délicate releva ses cheveux et je me dis :
« Pauvre M. de Quercy, qui aime tant la virilité, s'il

savait l'air que je trouve à l'être las et souriant que j'ai
devant moi. On dirait que c'est une femme ! »

Mais au moment même où je prononçais ces mots
en moi-même, il me sembla qu'une révolution magique s'opérait en M. de Quercy. Il n'avait pas bougé
mais, tout d'un coup, il s'éclairait d'une lumière
intérieure, où tout ce qui m'avait chez lui choqué,
troublé, semblé contradictoire, se résolvait en harmonie, depuis que je venais de me dire ces mots : on
dirait une femme. J'avais compris, c'en était une !
C'en était une. Il appartenait à la race de ces êtres,
contradictoires en effet puisque leur idéal est viril
justement parce que leur tempérament est féminin,
qui vont dans la vie à côté des autres en apparence,
mais portant avec eux en travers de ce petit disque de
la prunelle où notre désir est installé et à travers
lequel nous voyons le monde, le corps non d'une
nymphe, mais d'un éphèbe qui vient projeter son
ombre virile et droite sur tout ce qu'ils regardent et
tout ce qu'ils font. Race maudite puisque ce qui est
pour elle l'idéal de la beauté et l'aliment du désir est
aussi l'objet de la honte et la peur du châtiment, et
qu'elle est obligée de vivre jusque sur les bancs du
tribunal où elle vient comme accusée et devant le
Christ, dans le mensonge et dans le parjure, puisque
son désir serait en quelque sorte, si elle savait le
comprendre, inadmissible, puisque n'aimant que
l'homme qui n'a rien d'une femme, l'homme qui n'est
pas « homosexuel », ce n'est que de celui-là qu'elle
peut assouvir un désir qu'elle ne devrait pas pouvoir
éprouver pour lui, qu'il ne devrait pas pouvoir
éprouver pour elle, si le besoin d'amour n'était pas un
grand trompeur et ne lui faisait pas de la plus infâme
« tante » l'apparence d'un homme, d'un vrai homme

comme les autres, qui par miracle se serait pris
d'amour ou de condescendance pour lui, puisque
comme les criminels elle est obligée de cacher son
secret à ceux qu'elle aime le plus, craignant la douleur
de sa famille, le mépris de ses amis, le châtiment de
son pays ; race maudite, persécutée comme Israël et
comme lui ayant fini, dans l'opprobre commun d'une
abjection imméritée, par prendre des caractères
communs, l'air d'une race, ayant tous certains traits
caractéristiques, des traits physiques qui souvent
répugnent, qui quelquefois sont beaux, des cœurs de
femme aimants et délicats, mais aussi une nature de
femme soupçonneuse et perverse, coquette et rappor-
teuse, des facilités de femme à briller à tout, une
incapacité de femme à exceller en rien ; exclus de la
famille, avec qui ils ne peuvent être en entière
confidence, de la patrie, aux yeux de qui ils sont des
criminels non découverts, de leurs semblables eux-
mêmes, à qui ils inspirent le dégoût de retrouver en
eux-mêmes l'avertissement que ce qu'ils croient un
amour naturel est une folie maladive, et aussi cette
féminité qui leur déplaît, mais pourtant cœurs
aimants, exclus de l'amitié parce que leurs amis
pourraient soupçonner autre chose que de l'amitié
quand ils n'éprouvent que de la pure amitié pour eux,
et ne les comprendraient pas s'ils leur avouaient
quand ils éprouvent autre chose, objet tantôt d'une
méconnaissance aveugle qui ne les aime qu'en ne les
connaissant pas, tantôt d'un dégoût qui les incrimine
dans ce qu'ils ont de plus pur, tantôt d'une curiosité
qui cherche à les expliquer et les comprend tout de
travers, élaborant à leur endroit une psychologie de
fantassin qui, même en se croyant impartiale est
encore tendancieuse et admet a priori, comme ces

juges pour qui un Juif était naturellement un traître, qu'un homosexuel est facilement un assassin ; comme Israël encore recherchant ce qui n'est pas eux, ce qui ne serait pas d'eux, mais éprouvant pourtant les uns pour les autres, sous l'apparence des médisances, des rivalités, des mépris du moins homosexuel pour le plus homosexuel comme du plus déjudaïsé pour le petit Juif, une solidarité profonde, dans une sorte de franc-maçonnerie qui est plus vaste que celle des Juifs parce que ce qu'on en connaît n'est rien et qu'elle s'étend à l'infini et qui est autrement puissante que la franc-maçonnerie véritable parce qu'elle repose sur une conformité de nature, sur une identité de goût, de besoins, pour ainsi dire de savoir et de commerce, en voiture dans le voyou qui lui ouvre la portière, ou plus douloureusement parfois dans le fiancé de sa fille et quelquefois avec une ironie amère dans le médecin par qui il veut faire soigner son vice, dans l'homme du monde qui lui met une boule noire au cercle, dans le prêtre à qui il se confesse, dans le magistrat civil ou militaire chargé de l'interroger, dans le souverain qui le fait poursuivre, radotant sans cesse avec une satisfaction constante (ou irritante) que Caton était homosexuel, comme les Juifs que Jésus-Christ était Juif, sans comprendre qu'il n'y avait pas d'homosexuels à l'époque où l'usage et le bon ton étaient de vivre avec un jeune homme comme aujourd'hui d'entretenir une danseuse, où Socrate, l'homme le plus moral qui fût jamais, fit sur deux jeunes garçons assis l'un près de l'autre des plaisanteries toutes naturelles comme on fait sur un cousin et sa cousine qui ont l'air amoureux l'un de l'autre et qui sont plus révélatrices d'un état social que des théories qui pourraient ne lui être que personnelles, de même qu'il

n'y avait pas de Juifs avant la crucifixion de Jésus-
Christ, si bien que pour originel qu'il soit, le péché a
son origine historique dans la non-conformité survivant à la réputation ; mais prouvant alors par sa
résistance à la prédication, à l'exemple, au mépris,
aux châtiments de la loi, une disposition que le reste
des hommes sait si forte et si innée qu'elle leur
répugne davantage que des crimes qui nécessitent une
lésion de la moralité, car ces crimes peuvent être
momentanés et chacun peut comprendre l'acte d'un
voleur, d'un assassin mais non d'un homosexuel ;
partie donc réprouvée de l'humanité mais membre
pourtant essentiel, invisible, innombrable de la
famille humaine, soupçonné là où il n'est pas, étalé,
insolent, impuni là où on ne le sait pas, partout, dans
le peuple, dans l'armée, dans le temple ; au théâtre, au
bagne, sur le trône, se déchirant et se soutenant, ne
voulant pas se connaître mais se reconnaissant, et
devinant un semblable dont surtout il ne veut pas
s'avouer de lui-même — encore moins être su des
autres — qu'il est le semblable, vivant dans l'intimité
de ceux que la vue de son crime, si un scandale se
produisait, rendrait, comme la vue du sang, féroce
comme des fauves, mais habitué comme le dompteur
en les voyant pacifiques avec lui dans le monde à jouer
avec eux, à parler homosexualité, à provoquer leurs
grognements si bien qu'on ne parle jamais tant
homosexualité que devant l'homosexuel, jusqu'au
jour infaillible où tôt ou tard il sera dévoré, comme le
poète reçu dans tous les salons de Londres, poursuivi
lui et ses œuvres, lui ne pouvant trouver un lit où
reposer, elles une salle où être jouées, et après
l'expiation et la mort, voyant s'élever sa statue au-
dessus de sa tombe, obligé de travestir ses sentiments,

de changer tous ses mots, de mettre au féminin ses
phrases, de donner à ses propres yeux des excuses à
ses amitiés, à ses colères, plus gêné par la nécessité
intérieure et l'ordre impérieux de son vice de ne pas se
croire en proie à un vice que par la nécessité sociale de
ne pas laisser voir ses goûts ; race qui met son orgueil
à ne pas être une race, à ne pas différer du reste de
l'humanité, pour que son désir ne lui apparaisse pas
comme une maladie, leur réalisation même comme
une impossibilité, ses plaisirs comme une illusion, ses
caractéristiques comme une tare, de sorte que les
pages les premières, je peux le dire, depuis qu'il y a
des hommes et qui écrivent, qu'on lui ait consacrées
dans un esprit de justice pour ses mérites moraux et
intellectuels, qui ne sont pas comme on dit enlaidis en
elle, de pitié pour son infortune innée et pour ses
malheurs injustes, seront celles qu'elle écoutera avec
le plus de colère et qu'elle lira avec le sentiment le plus
pénible, car si au fond de presque tous les Juifs il y a
un antisémite qu'on flatte plus en lui trouvant tous les
défauts mais en le considérant comme un chrétien, au
fond de tout homosexuel, il y a un anti-homosexuel à
qui on ne peut pas faire de plus grande insulte que de
lui reconnaître les talents, les vertus, l'intelligence, le
cœur, et en somme comme à tout caractère humain, le
droit à l'amour sous la forme où la nature nous a
permis de le concevoir, si cependant pour rester dans
la vérité on est obligé de confesser que cette forme est
étrange, que ces hommes ne sont pas pareils aux autres.

*

Parfois dans une gare, dans un théâtre, vous en
avez remarqué de ces êtres délicats, au visage maladif,

à l'accoutrement bizarre, promenant d'un air d'appa-
rat, sur une foule qui leur serait indifférente, des
regards qui cherchent en réalité s'ils n'y rencontreront
pas l'amateur difficile à trouver du plaisir singulier
qu'ils offrent, et pour qui la muette investigation
qu'ils dissimulent sous cet air de paresse lointaine,
serait déjà un signe de ralliement. La nature, comme
elle fait pour certains animaux, pour certaines fleurs,
en qui les organes de l'amour sont si mal placés qu'ils
ne trouvent presque jamais le plaisir, ne les a pas
gâtés sous le rapport de l'amour. Sans doute l'amour
n'est pour aucun être absolument facile, il exige la
rencontre d'êtres qui souvent suivent des chemins
différents. Mais pour cet être à qui la nature fut si... [1]
la difficulté est centuplée. L'espèce à laquelle il
appartient est si peu nombreuse sur la terre qu'il a des
chances de passer toute sa vie sans jamais rencontrer
le semblable qu'il aurait pu aimer. Il le faudrait de
son espèce, femme de nature pour pouvoir se prêter à
son désir, homme d'aspect pourtant pour pouvoir
l'inspirer. Il semble que son tempérament soit
construit de telle manière, si étroit, si fragile que
l'amour dans des conditions pareilles, sans compter
la conspiration de toutes les forces sociales una-
nimes qui le menacent, et jusque dans son cœur par le
scrupule et l'idée du péché, soit une impossible
gageure. Ils la tiennent pourtant. Mais le plus souvent
se contentant d'apparences grossières, et faute de
trouver non pas l'homme-femme, mais la femme-
homme qu'il leur faut, ils achètent d'un homme des
faveurs de femme, ou par l'illusion dont le plaisir finit
par embellir ceux qui le procurent, trouvent quelque

---

1. Lacune dans le manuscrit.

charme viril aux êtres tout efféminés qui les aiment.

Quelques-uns, silencieux et merveilleusement beaux, Andromèdes admirables attachés à un sexe qui les vouera à la solitude, reflètent dans leurs yeux la douleur de l'impossible paradis avec une splendeur où viennent se brûler les femmes qui se tuent pour eux ; et odieux à ceux dont ils recherchent l'amour, ne peuvent contenter celui que leur beauté éveille. Et en d'autres encore, la femme est presque à demi sortie. Ses seins sortent, ils cherchent les occasions de se travestir pour les montrer, aiment la danse, la toilette, le rouge comme une fille, et dans la réunion la plus grave, pris de folie se mettent à rire et à chanter[1].

Je me souviens d'avoir vu à Querqueville un jeune garçon dont ses frères et ses amis se moquaient, qui se promenait seul sur la plage ; il avait une figure charmante, pensive et triste sous de longs cheveux noirs, dont il avivait l'éclat en y répandant en secret une sorte de poudre bleue. Bien qu'il prétendît que ce fût leur couleur naturelle, il rougissait légèrement ses lèvres au carmin. Il se promenait pendant des heures seul sur la plage, s'asseyait sur les rochers et interrogeait la mer bleue d'un œil mélancolique, déjà inquiet et insistant, se demandant si dans ce paysage de mer et de ciel d'un léger azur, le même qui brillait déjà aux jours de Marathon et de Salamine, il n'allait pas voir s'avancer sur une barque rapide et l'enlever avec lui, l'Antinoüs dont il rêvait tout le jour, et la nuit à la fenêtre de la petite villa, où le passant attardé l'apercevait au clair de lune, regardant la nuit, et

1. Proust avait donné pour titre à l'un des brouillons de ce fragment : « La Race des Tantes ».

rentrant vite quand on l'avait aperçu. Trop pur
encore pour croire qu'un désir pareil au sien pût
exister ailleurs que dans les livres, ne pensant pas que
les scènes de débauche que nous lui assimilons aient
un rapport quelconque avec lui, les mettant au même
niveau que le vol et l'assassinat, retournant toujours à
son rocher regarder le ciel et la mer, ignorant le port
où les matelots sont contents pourvu que, de quelque
manière que ce soit, ils gagnent un salaire. Mais son
désir inavoué se manifestait dans l'éloignement de ses
camarades, ou dans l'étrangeté de ses paroles et de ses
façons quand il était avec eux. Ils essayaient son
rouge, plaisantaient sa poudre bleue, sa tristesse. Et
en pantalons bleus et en casquette marine, il se
promenait mélancolique et seul, consumé de langueur
et de remords.

*

Tout jeune, quand ses camarades lui parlaient des
plaisirs qu'on a avec des femmes, il [1] se serrait contre
eux, croyant seulement communier avec eux dans le
désir des mêmes voluptés. Plus tard, il sentit que ce
n'étaient pas les mêmes, il le sentait mais ne l'avouait
pas, ne se l'avouait pas. Les soirs sans lune, il sortait
de son château du Poitou, suivait le chemin qui
conduit à la route par où on va au château de son
cousin Guy de Gressac. Il le rencontrait à la croix des
deux chemins, sur un talus ils répétaient les jeux de
leur enfance, et se quittaient sans avoir prononcé une
parole, sans s'en reparler jamais pendant les journées
où ils se voyaient et causaient, en gardant plutôt l'un

---

1. Le marquis de Quercy.

contre l'autre une sorte d'hostilité, mais se retrouvant dans l'ombre, de temps à autre, muets, comme des fantômes de leur enfance qui se seraient visités. Mais son cousin devenu prince de Guermantes avait des maîtresses et n'était repris que rarement du bizarre souvenir. Et M. de Quercy revenait souvent après des heures d'attente sur le talus, le cœur gros. Puis son cousin se maria et il ne le vit plus que comme homme causant et riant, un peu froid avec lui cependant, et ne connut plus jamais l'étreinte du fantôme.

Cependant Hubert de Quercy vivait dans son château plus solitaire qu'une châtelaine du Moyen Âge. Quand il allait prendre le train à la station, il regrettait, bien qu'il ne lui eût jamais parlé, que la bizarrerie des lois ne permît pas d'épouser le chef de gare : peut-être, bien qu'il fût très entiché de noblesse, eût-il passé sur la mésalliance ; et il aurait voulu pouvoir changer de résidence quand le lieutenant-colonel qu'il apercevait à la manœuvre partait pour une autre garnison. Ses plaisirs étaient de descendre parfois de la tour du château où il s'ennuyait comme Grisélidis, et d'aller après mille hésitations à la cuisine dire au boucher que le dernier gigot n'était pas assez tendre, ou d'aller prendre lui-même ses lettres au facteur. Et il remontait dans sa tour et apprenait la généalogie de ses aïeux. Un soir, il alla jusqu'à remettre un ivrogne dans son chemin, une autre fois, il arrangea sur un chemin la blouse défaite d'un aveugle.

Il vint à Paris. Il était dans sa vingt-cinquième année, d'une grande beauté, spirituel pour un homme du monde, et la singularité de son goût n'avait pas encore mis autour de sa personne ce halo trouble qui le distinguait plus tard. Mais Andromède attachée à un sexe pour lequel il n'était point fait, ses yeux étaient pleins d'une nostalgie qui rendait les femmes amoureuses, et tandis qu'il était un objet de dégoût pour les êtres dont il s'éprenait, il ne pouvait partager pleinement les passions qu'il inspirait. Il avait des maîtresses. Une femme se tua pour lui. Il s'était lié avec quelques jeunes gens de l'aristocratie dont les goûts étaient les mêmes que les siens.

Qui pourrait soupçonner ces élégants jeunes gens, aimés des femmes, de parler à cette table de plaisirs que le reste du monde ne comprend pas ? Ils détestent, ils invectivent ceux de leur race et ne les fréquentent point. Ils ont le snobisme et l'exclusive fréquentation de ceux qui n'aiment que les femmes. Mais avec deux ou trois autres aussi décrassés qu'eux, ils aiment à plaisanter, à sentir qu'ils sont de même race. Parfois, quand ils sont seuls, un mot consacré, un geste rituel leur échappe, dans un mouvement d'ironie volontaire, mais de solidarité inconsciente et de plaisir profond. Ceux-là dans un café seront regardés avec crainte par ces lévites barbus, qui eux ne veulent fréquenter que ceux de leur race, par peur du mépris, bureaucrates de leur vice, exagérant la correction, n'osant sortir qu'en cravate noire, et regardant d'un air froid ces beaux jeunes gens en qui ils ne peuvent soupçonner des pareils, car si l'on croit facilement ce qu'on désire, on n'ose pas non plus trop croire ce qu'on désire. Et quelques-uns de ceux-là par pudeur n'osent répondre que par un balbutiement impoli au bonjour d'un jeune homme, comme ces jeunes filles de province qui croiraient immoral de sourire ou de donner la main. Et l'amabilité d'un jeune homme jette en leurs cœurs la semence d'amours éternelles, car la bonté d'un sourire suffit à faire éclore l'espérance, et puis ils se

savent si criminels, si honnis qu'ils ne peuvent
concevoir une prévenance qui ne serait pas une
preuve de complicité. Mais dans dix ans les beaux
jeunes gens insoupçonnés et les lévites barbus se
connaîtront, car leurs pensées secrètes et communes
auront irradié autour de leur personne ce halo auquel
on ne se trompe pas et dans lequel on distingue
comme la forme rêvée d'un éphèbe ; le progrès interne
de leur mal inguérissable aura désordonné leur
démarche ; au bout de la rue où on les rencontre,
redressant d'un air belliqueux des hanches féminines,
prévenant à force d'impertinence le mépris supposé,
masquant — et redoublant — par une feinte nonchalance
l'agitation de manquer ce but dont ils se
rapprochent moins vite en feignant de ne pas le voir,
on apercevra toujours une tunique lycéenne ou une
crinière militaire ; et les uns comme les autres, on les
voit avec l'œil curieux et l'attitude indifférente des
espions rôder autour des casernes. Mais les uns et les
autres, dans le café où ils s'ignorent encore, fuient
devant la lie de leur race, devant la secte porte-
bracelets, de ceux qui dans les lieux publics ne
craignent pas de serrer contre eux un autre homme et
relèvent à tous moments leur manchette pour laisser
voir à leur poignet un rang de perles, faisant lever et
partir, comme une odeur intolérable, les jeunes gens
qu'ils pourchassent de leurs regards tour à tour
provocants et furieux, les lévites et les élégants qu'ils
désignent de rires efféminés et de gestes équivoques et
méchants, cependant que le garçon de café indigné
mais philosophe et qui sait la vie, les sert avec une
politesse irritée, ou se demande s'il va falloir chercher
la police, mais en empochant toujours le pourboire.

Mais parfois, comme le désir d'un plaisir bizarre

peut éclore une fois dans un être normal, le désir que
le corps qu'il serrait contre le sien eût des seins de
femme pareils à des roses de Bengale et d'autres
particularités plus secrètes le hantait. Il s'éprit d'une
fille de haute naissance qu'il épousa et pendant quinze
ans ses désirs furent tous contenus dans le désir d'elle,
comme une eau profonde dans une piscine azurée. Il
s'émerveillait comme l'ancien dyspeptique qui, pendant vingt ans, n'a pu prendre que du lait et qui
déjeune et dîne tous les jours au Café Anglais, comme
le paresseux devenu travailleur, comme l'ivrogne
guéri. Elle mourut et de savoir qu'il connaissait le
remède au mal lui donna moins de craintes d'y
retourner. Et peu à peu, il devenait semblable à ceux
qui lui avaient inspiré le plus de dégoût. Mais sa
situation le préservait un peu. Il s'arrêtait un moment
devant le lycée Condorcet en allant au club, puis se
consolait en pensant que c'était sur son bateau que le
duc de Parme et le grand-duc de Gênes iraient à C...,
parce qu'il n'y avait tout de même pas de grand
seigneur français qui eût une situation aussi grande
que la sienne, et que probablement à cause de cela le
roi d'Angleterre viendrait y déjeuner.

XIV

NOMS DE PERSONNES

Si je pouvais dégager délicatement des bandelettes de l'habitude et revoir dans sa fraîcheur première, ce nom de Guermantes, alors que mon rêve seul lui donnait sa couleur, mettre en regard de la Mme de Guermantes que j'ai connue et que son nom signifie pour moi maintenant l'imagination que sa connaissance réalisa, c'est-à-dire détruisit, pas plus que la ville de Pont-Aven n'était bâtie des éléments tout imaginatifs qu'évoque la sonorité de son nom, Mme de Guermantes n'était formée de la matière toute couleur et légende que je voyais en prononçant son nom. Elle était aussi une personne d'aujourd'hui, tandis que son nom me la faisait voir à la fois aujourd'hui et dans le XIIIe siècle, à la fois dans un hôtel qui avait l'air d'une vitrine et dans la tour d'un château isolé, qui recevait toujours le dernier rayon du couchant, empêchée par son rang d'adresser la parole à personne. A Paris, dans l'hôtel en vitrine, je pensais qu'elle parlait à d'autres personnes qui étaient aussi à la fois dans le XIIIe siècle et dans le nôtre, qui avaient aussi des mélancoliques châteaux et qui ne parlaient pas non plus à d'autres personnes. Mais ces nobles mystérieux devaient avoir des noms que je n'avais jamais entendus, les noms célèbres de la noblesse, La Rochefou-

cauld, La Trémoille, ceux qui sont devenus des noms
de rues, des noms d'œuvres me semblaient trop
publics, devenus trop des noms communs pour cela.

Les divers Guermantes resteront reconnaissables
dans la pierre rare de la société aristocratique où on
les apercevait çà et là, comme ces filons d'une matière
plus blonde, plus précieuse qui veinent un morceau de
jaspe. On les discernait, on suivait au sein de ce
minerai où ils étaient mêlés le souple ondoiement de
leurs crins d'or, comme cette chevelure presque
lumineuse qui court dépeignée dans le flanc de l'agate
mousse. Et ma vie aussi avait été à plusieurs endroits
de sa surface ou de sa profondeur traversée ou frôlée
par leur fil de clarté. Certes, j'avais oublié que dans
les chansons que ma vieille bonne me chantait, il y en
avait une *Gloire à la Dame de Guermantes* que ma mère se
rappelait. Mais plus tard d'année en année ces
Guermantes surgissaient d'un côté ou d'un autre des
hasards et des sinuosités de ma vie, comme un
château qu'en chemin de fer on réaperçoit toujours
tantôt à sa gauche, tantôt à sa droite.

Et à cause de cela même, des détours particuliers de
ma vie qui me mettaient en leur présence d'une façon
chaque fois différente, je n'avais dans aucune de ces
circonstances particulières pensé peut-être à cette race
des Guermantes mais seulement à la vieille dame à
qui ma grand-mère m'avait présenté et qu'il fallait
penser à saluer, à ce que pourrait penser Mlle de
Quimperlé en me voyant avec elle, etc. Ma connaissance de chaque Guermantes était issue de circonstances si contingentes et chacun avait été amené si
matériellement devant moi par les images toutes
physiques apportées par mes yeux ou par mes oreilles,
le teint couperosé de la vieille dame, ses mots :

« Venez me voir avant le dîner », que je n'avais pu avoir l'impression d'un contact avec cette race mystérieuse, un peu comme pouvait être pour les anciens une race où quelque sang animal ou divin coulait. Mais à cause de cela même, donnant peut-être quand j'y pensais quelque chose de plus poétique à l'existence, en pensant que les circonstances seules avaient déjà tant de fois approché de ma vie sous des prétextes divers ce qui avait été l'imagination de mon enfance. A Querqueville, un jour que nous parlions de M\ll\e de Saint-Étienne, Montargis m'avait dit : « Oh ! c'est une vraie Guermantes, c'est comme ma tante Septimie, ce sont des saxes, des figurines de Saxe. » Ces mots en entrant dans mon oreille apportent avec eux une si indélébile image qu'il en résulte chez moi une nécessité de prendre à la lettre ce qu'on me dit, qui va plus loin que ne ferait la plus stupide naïveté. Dès ce jour je ne peux plus penser aux sœurs de M\ll\e de Saint-Étienne et à la tante Septimie que comme des figurines de Saxe rangées dans une vitrine où il n'y aurait que des choses précieuses, et chaque fois qu'on parlait d'un hôtel Guermantes à Paris ou à Poitiers, je le voyais comme un fragile et pur rectangle de cristal, intercalé entre les maisons comme une flèche gothique entre les toits, et derrière le vitrage duquel les dames de Guermantes, près de qui n'avait le droit de s'insinuer aucune des personnes qui formaient le reste du monde, brillaient des plus douces couleurs des petites figurines de Saxe.

*

Quand je vis Mme de Guermantes j'eus la même petite déception à lui trouver des joues en chair et un

costume tailleur là où j'imaginais une statuette de
Saxe, que j'en eus à voir la façade de Saint-Marc que
Ruskin avait dite de perles, de saphirs et de rubis.
Mais je m'imaginais encore que son hôtel était une
vitrine et de fait ce que je voyais y ressemblait un peu
et ne devait d'ailleurs être qu'un emballage protecteur. Mais l'endroit même où elle habitait devait être
aussi différent du reste du monde, aussi impénétrable
et impossible à fouler pour des pieds humains que les
tablettes de cristal d'une vitrine. A vrai dire les
Guermantes réels, s'ils différaient essentiellement de
mon rêve, étaient cependant, une fois admis que
c'étaient des hommes et des femmes, assez particuliers. Je ne sais pas quelle était cette race mythologi-
que qui était issue d'une déesse et d'un oiseau, mais je
suis sûr que c'étaient les Guermantes.

Grands, les Guermantes ne l'étaient généralement
pas hélas ! d'une manière symétrique, et comme pour
établir une moyenne constante, une sorte de ligne
idéale, d'harmonie qu'il faut perpétuellement faire
soi-même comme sur le violon entre leurs épaules trop
prolongées, leur cou trop long qu'ils enfonçaient
nerveusement dans les épaules, comme si on les eût
embrassés sous l'autre oreille, leurs sourcils inégaux,
leurs jambes souvent inégales aussi par des accidents
de chasse, ils se levaient sans cesse, se tortillaient,
n'étaient jamais vus que de travers, ou redressés,
rattrapant un monocle, le levant aux sourcils, tournant un genou gauche de leur main droite.

Ils avaient, au moins tous ceux qui avaient conservé
le type de la famille, un nez trop busqué (quoique sans
aucun rapport avec le busqué juif), trop long, qui tout
de suite, chez les femmes surtout quand elles étaient
jolies, chez Mme de Guermantes plus que chez toutes,

mordait sur la mémoire comme quelque chose de
presque déplaisant la première fois, comme l'acide qui
grave ; au-dessous de ce nez qui pointait, la lèvre trop
mince, trop peu fournie donnait à la bouche quelque
chose de sec et une voix rauque, un cri d'oiseau en
sortait, un peu aigre mais qui enivrait. Les yeux
étaient d'un bleu profond, qui brillait de loin comme
de la lumière, et vous regardaient fixement, durement,
semblaient appuyer sur vous la pointe d'un saphir
inémoussable avec un air moins de domination que de
profondeur, moins de vouloir vous dominer que vous
scruter. Les plus sots de la famille héritaient par la
femelle et aussi perfectionnaient par l'éducation cet
air de psychologie à qui rien ne résiste et de domination des êtres, mais à qui leur stupidité ou leur
faiblesse avait donné quelque chose de comique, si ce
regard n'eût eu par lui-même une ineffable beauté.
Les cheveux des Guermantes étaient habituellement
blonds tirant sur le roux, mais d'une espèce particulière, une sorte de mousse d'or moitié touffe de soie,
moitié fourrure de chat. Leur teint qui était déjà
proverbial au XVIIe siècle était d'un rose mauve,
comme celui de certains cyclamens, et se granulait
souvent au coin du nez sous l'œil gauche d'un petit
bouton sec, toujours à la même place, que la fatigue
enflait quelquefois. Et dans certaines parties de la
famille, où on ne s'était marié qu'entre cousins, il
s'était assombri et violacé. Il y avait certains Guermantes, qui venaient peu à Paris, et qui, se tortillant
comme tous les Guermantes au-dessous de leur bec
proéminent entre leurs joues grenat et leurs pom-
mettes améthyste, avaient l'air de quelque cygne
majestueusement empanaché de plumes pourprées,

qui s'acharne méchamment après des touffes d'iris ou d'héliotrope.

Les Guermantes avaient les manières du grand monde, mais cependant ces manières réfractaient plutôt l'indépendance de nobles qui avaient toujours aimé tenir tête aux rois, que la gloriole d'autres nobles tout aussi nobles qu'eux qui aimaient à se sentir distingués par eux et les servir. Ainsi là où les autres disaient volontiers, même en causant entre eux : « J'ai été chez Mme la duchesse de Chartres », les Guermantes disaient même aux domestiques : « Appelez la voiture de la duchesse de Chartres. » Enfin leur mentalité était constituée par deux traits. Au point de vue moral par l'importance capitale reconnue aux bons instincts. De Mme de Villeparisis au dernier petit Guermantes, ils avaient la même intonation de voix pour dire d'un cocher qui les avait conduits une fois : « On sent que c'est un homme qui a de bons instincts, une nature droite, un bon fond. » Et parmi les Guermantes autant que dans toutes les familles humaines, il y avait beau y en avoir de détestables, menteurs, voleurs, cruels, débauchés, faussaires, assassins — ceux-là, plus charmants d'ailleurs que les autres, sensiblement plus intelligents, plus aimables, ne gardaient avec l'aspect physique et l'œil bleu scruteur et le saphir inémoussable qu'un trait commun avec les autres, c'est, dans les moments où ils montraient le tuf, où sortait le fond permanent, la nature qui se montre, de dire : « On sent qu'il a de bons instincts c'est une nature droite, un brave cœur, c'est tout cela ! »

Les deux autres traits constitutifs de la mentalité des Guermantes étaient moins universels. Tous intellectuels, ils n'apparaissaient que chez les Germantes intelligents, c'est-à-dire croyant l'être, et ayant alors l'idée qu'ils l'étaient extraordinairement, car ils étaient extrêmement contents d'eux. L'un de ces traits était la croyance que l'intelligence et aussi la bonté, la piété consistaient en choses extérieures, en connaissances. Un livre qui parlait de choses qu'on connaît leur paraissait insignifiant. « Cet auteur ne nous parle que de la vie à la campagne, des châteaux. Mais tous les gens qui ont vécu à la campagne savent cela. Nous avons la faiblesse d'aimer les livres qui nous apprennent quelque chose. La vie est courte, nous n'allons pas perdre une heure précieuse à lire *L'Orme du Mail,* où Anatole France nous raconte sur la province des choses que nous savons aussi bien que lui. »

Mais cette originalité des Germantes, que la vie me donna en compensation comme une action de jouissance, n'était pas l'originalité que je perdis dès que je les connus et qui les faisait poétiques et dorés comme leur nom, légendaires, impalpables comme les projections de la lanterne magique, inaccessibles comme leur château, vivement colorés dans une maison transparente et claire, dans un cabinet de verre, comme des statuettes de Saxe. Tant de noms nobles du reste ont ce charme d'être des noms des châteaux, des stations de chemin de fer où on a souvent rêvé, en lisant un indicateur de chemin de fer, de descendre une fin d'après-midi de l'été, quand dans le Nord les charmilles vite solitaires et profondes, entre lesquelles est intercalée et perdue la gare, sont déjà roussies par l'humidité et la fraîcheur, comme ailleurs à l'entrée de l'hiver.

*

C'est encore aujourd'hui un des grands charmes des familles nobles qu'elles semblent situées dans un coin de terre particulier, que leur nom qui est toujours un nom de lieu, ou que le nom de leur château (et c'est encore quelquefois le même) donne tout de suite à l'imagination l'impression de la résidence et le désir du voyage. Chaque nom noble contient dans l'espace coloré de ses syllabes un château où après un chemin difficile l'arrivée est douce par une gaie soirée d'hiver, et tout autour la poésie de son étang, et de son église, qui à son tour répète bien des fois le nom, avec ses armes, sur ses pierres tombales, au pied des statues peintes des ancêtres, dans le rose des vitraux héraldiques. Vous me direz que cette famille qui réside depuis deux siècles dans son château près de Bayeux, qui donne l'impression d'être battu pendant les après-midi d'hiver par les derniers flocons d'écume, prisonnier dans le brouillard, intérieurement vêtu de tapisserie et de dentelle, son nom est en réalité provençal. Cela ne l'empêche pas de m'évoquer la Normandie, comme beaucoup d'arbres, venus des Indes et du Cap, se sont si bien acclimatés à nos provinces que rien ne nous donne une impression moins exotique et plus française que leur feuillage et leurs fleurs. Si le nom de cette famille italienne se dresse orgueilleusement depuis trois siècles au-dessus d'une profonde vallée normande, si de là quand le terrain s'abaisse, on aperçoit la façade de schiste rouge et de pierre grisâtre du château, sur le même plan que les cloches de pourpre de Saint-Pierre-sur-Dives, il est Normand comme les pommiers qui... et qui ne sont venus du Cap qu'au [1]... Si cette famille provençale depuis deux

---

1. Lacune dans le manuscrit.

siècles a son hôtel au coin de la grande place à Falaise,
si les invités venus faire leur partie le soir, en les
quittant après dix heures risqueraient d'éveiller les
bourgeois de Falaise, et qu'on entend leur pas se
répercuter indéfiniment dans la nuit, jusqu'à la place
du donjon, comme dans un roman de Barbey d'Aurevilly, si le toit de leur hôtel s'aperçoit entre deux
flèches d'église, où il est encastré comme sur une plage
normande un galet entre deux coquillages ajourés,
entre les tourelles rosâtres et nervurées de deux
bernard-l'hermite, si les invités arrivés plus tôt avant
dîner peuvent, en descendant du salon plein de pièces
chinoises précieuses acquises à l'époque des grands
commerces des marins normands avec l'Extrême-
Orient, se promener avec les membres des différentes
familles nobles, qui résident de Coutances à Caen, et
de Thury-Harcourt à Falaise, dans le jardin qui
descend en pente, bordé par les fortifications de la
ville, jusqu'à la rivière rapide où, attendant le dîner,
on peut pêcher dans la propriété, comme dans une
nouvelle de Balzac, qu'importe que cette famille soit
venue de Provence s'établir ici et que son nom soit
provençal ? Il est devenu Normand comme ces beaux
hortensias roses qu'on aperçoit d'Honfleur à Valognes
et de Pont-L'Évêque à Saint-Vaast, comme un fard
rapporté, mais qui caractérise maintenant la campagne qu'il embellit, et qui mettent dans un manoir
normand la couleur délicieuse, ancienne et fraîche
d'une faïence chinoise apportée de Pékin, mais par
Jacques Cartier.

D'autres ont un château perdu dans les bois et la
route est longue pour arriver jusqu'à eux. Au Moyen
Âge on n'entendait autour de lui que le son du cor et
l'aboi des chiens. Aujourd'hui, quand un voyageur

vient le soir leur rendre visite, c'est le son de la trompe
de l'automobile qui a remplacé l'un et l'autre et qui
s'harmonise comme le premier à l'atmosphère humide
qu'il traverse sous les feuillages, puis saturé de l'odeur
des roses dans le parterre d'honneur, et émouvant,
presque humain comme le second, avertit par ses
appels la châtelaine qui se met à la fenêtre qu'elle ne
sera pas seule ce soir à dîner, puis à jouer, en face du
comte. Sans doute quand on me dit le nom d'un
sublime château gothique près de Ploërmel, que je
pense aux longues galeries du cloître, et aux allées où
on marche parmi les genêts et les roses sur les tombes
des abbés, qui vivaient là sous ces galeries, avec la vue
de ce vallon dès le VIIIe siècle, quand Charlemagne
n'existait pas encore, quand ne s'élevaient pas les
tours de la cathédrale de Chartres ni d'abbaye sur la
colline de Vézelay, au-dessus du Cousin profond et
poissonneux, sans doute si dans un de ces moments où
le langage de la poésie est trop précis encore, trop
chargé de mots et par conséquent d'images connues,
pour ne pas troubler ce courant mystérieux que le
Nom, cette chose antérieure à la connaissance, fait
courir, semblable à rien que nous ne connaissions,
comme parfois dans nos rêves, sans doute après avoir
sonné au perron et avoir vu apparaître quelques
domestiques, l'un dont l'essor mélancolique, le nez
longuement recourbé, le cri rauque et rare fait penser
que s'est incarné en lui un des cygnes de l'étang,
quand on l'a desséché, l'autre dans la figure terreuse
de qui l'œil vertigineusement apeuré fait supposer une
taupe adroite et forcée, nous trouverons dans le grand
vestibule les mêmes portemanteaux, les mêmes manteaux que partout, et dans le même salon la même
Revue de Paris et *Comœdia.* Et même si tout y sentait

encore le XIIIe siècle, les hôtes même intelligents, surtout intelligents, y diraient des choses intelligentes de ce temps-ci. (Peut-être les faudrait-il pas intelligents et que leur conversation n'ait trait qu'à des choses de lieu, comme ces descriptions qui ne sont évocatrices que s'il y a des images précises et pas d'abstractions.)

Il en est de même pour les noblesses étrangères. Le nom de tel de ces seigneurs allemands est traversé comme d'un souffle de poésie fantastique au sein d'une odeur de renfermé, et la répétition bourgeoise des premières syllabes peut faire penser à des bonbons colorés mangés dans une petite épicerie d'une vieille place allemande, tandis que dans la sonorité versicolore de la dernière syllabe s'assombrit le vieux vitrail d'Aldgrever dans la vieille église gothique qui est en face. Et tel autre est le nom d'un ruisseau né dans la Forêt Noire au pied de l'antique Wartbourg et traverse toutes les vallées hantées de gnomes et est dominé de tous les châteaux où régnèrent les vieux seigneurs, puis où rêva Luther ; et tout cela est dans les possessions du seigneur et habite son nom. Mais j'ai dîné hier avec lui, sa figure est d'aujourd'hui, ses vêtements sont d'aujourd'hui, ses paroles et ses pensées sont d'aujourd'hui. Et par élévation et ouverture d'esprit, si on parle de noblesse ou de la Wartbourg il dit : « Oh ! aujourd'hui, il n'y a plus de princes. »

Assurément, il n'y en eut jamais. Mais dans le seul sens imaginatif où il peut y en avoir, il n'y a qu'aujourd'hui qu'un long passé a rempli les noms de rêves (Clermont-Tonnerre, Latour et P... des ducs de C. T.). Le château, dont le nom est dans Shakespeare et dans Walter Scott, de cette *duchess* est du XIIIe siècle en Écosse. Dans ses terres est l'admirable abbaye que

Turner a peinte tant de fois, et ce sont ses ancêtres
dont les tombeaux sont rangés dans la cathédrale
détruite où paissent les bœufs, parmi les arceaux
ruinés, et les ronces en fleurs, et qui nous impres-
sionne plus encore de penser que c'est une cathédrale
parce que nous sommes obligés d'en imposer l'idée
immanente à des choses qui en seraient d'autres sans
cela et d'appeler le pavé de la nef cette prairie et
l'entrée du chœur ce bosquet. Cette cathédrale fut
bâtie pour ses ancêtres et lui appartient encore, et
c'est sur ses terres, ce torrent divin, toute fraîcheur et
mystère sous deux toits avec l'infini de la plaine et le
soleil baissant dans un grand morceau de ciel bleu
entouré de deux vergers, qui marquent comme un
cadran solaire, à l'inclinaison de la lumière qui les
touche, l'heure heureuse d'un après-midi avancé, et la
ville tout entière étagée au loin et le pêcheur à la ligne
si heureux que nous connaissons par Turner et que
nous parcourerions toute la terre pour trouver, pour
savoir que la beauté, le charme de la nature, le
bonheur de la vie, l'insigne beauté de l'heure et du
lieu existent, sans penser que Turner — et après lui
Stevenson — n'ont fait que nous faire apparaître
particulier et désirable en soi tel lieu choisi tout aussi
bien que n'importe quel autre où leur cerveau a su
mettre sa beauté désirable et sa particularité. Mais la
duchesse m'a invité à dîner avec Marcel Prévost, et
Melba viendra chanter, et je ne traverserai pas le
détroit.

Mais m'inviterait-elle au milieu de seigneurs du
Moyen Âge que ma déception serait la même, car il ne
peut pas y avoir identité entre la poésie inconnue qu'il
peut y avoir dans un nom c'est-à-dire une urne
d'inconnaissable, et les choses que l'expérience nous

montre et qui correspondent à des mots, aux choses connues. On peut, de la déception inévitable de notre rencontre avec des choses dont nous connaissions les noms, par exemple avec le porteur d'un grand nom territorial et historique, ou mieux de tout voyage, conclure que ce charme imaginatif ne correspondant pas à la réalité est une poésie de convention. Mais outre que je ne le crois pas et compte établir un jour tout le contraire, du simple point de vue du réalisme, ce réalisme psychologique, cette exacte description de nos rêves vaudrait bien l'autre réalisme, puisqu'il a pour objet une réalité qui est bien plus vivace que l'autre, qui tend perpétuellement à se reformer chez nous, qui désertant les pays que nous avons visités s'étend encore sur tous les autres, et recouvre de nouveau ceux que nous avons connus dès qu'ils sont un peu oubliés et qu'ils sont redevenus pour nous des *noms,* puisqu'elle nous hante même en rêve, et y donne alors aux pays, aux églises de notre enfance, aux châteaux de nos rêves l'apparence de même *nature que les noms,* l'apparence faite d'imagination et de désir que nous ne retrouvons plus réveillés, ou alors au moment où, l'apercevant, nous nous endormons ; puisqu'elle nous cause infiniment plus de plaisir que l'autre qui nous ennuie et nous déçoit, et est un principe d'action et met toujours en mouvement le voyageur, cet amoureux toujours déçu et toujours reparti de plus belle ; puisque ce sont seulement les pages qui arrivent à nous en donner l'impression qui nous donnent l'impression du génie.

Non seulement les nobles ont un nom qui nous fait rêver, mais au moins pour un grand nombre de familles, les noms des parents, des grands-parents, ainsi de suite, sont aussi de ces beaux noms, de sorte qu'aucune matière non poétique ne met d'interception dans cette greffe constante de noms colorés et pourtant transparents (parce qu'aucune matière vile n'y adhère), qui nous permettent de remonter longtemps de bourgeon à bourgeon de cristal coloré comme sur l'arbre de Jessé d'un vitrail. Les personnes prennent dans notre pensée de cette pureté de leurs noms qui sont tout imaginatifs. A gauche un œillet rose, puis l'arbre monte encore, à droite une églantine, puis l'arbre monte encore, à gauche un lys, la tige continue, à droite une nigelle bleue ; son père avait épousé une Montmorency, rose France, la mère de son père était une Montmorency-Luxembourg, œillet panaché, rose double, dont le père avait épousé une Choiseul, nigelle bleue, puis une Charost, œillet rose. Par moments un nom tout local et ancien, comme une fleur rare qu'on ne voit plus que dans les tableaux de Van Huysum, semble plus sombre parce que nous y avons moins souvent regardé. Mais bientôt nous avons l'amusement de voir que des deux côtés du vitrail où fleurit cette tige de Jessé d'autres verrières commencent qui racontent la vie des personnages qui n'étaient d'abord que nigelle et lys. Mais comme ces histoires sont antiques et peintes aussi sur le verre, le tout s'harmonise à merveille. « Prince de Wurtemberg, sa mère était née Marie de France, dont la mère était née des Deux-Siciles. » Mais alors, sa mère, ce serait la fille de Louis-Philippe et de Marie-Amélie qui épousa le duc de Wurtemberg ? Et alors nous apercevons à droite dans notre souvenir le petit vitrail, la Princesse en robe de jardin aux fêtes du mariage de son frère le duc d'Orléans, pour témoigner de sa mauvaise humeur d'avoir vu repousser ses ambassadeurs qui étaient venus demander pour elle la

main du prince de Syracuse. Puis voici un beau jeune
homme, le duc de Wurtemberg qui vient demander sa
main et elle est si heureuse de partir avec lui qu'elle
embrasse en souriant sur le seuil ses parents en
larmes, ce que jugent sévèrement les domestiques
immobiles dans le fond ; bientôt elle revient malade,
accouche d'un enfant (précisément ce duc de Wurtemberg, souci jaune, qui nous a fait le long de son
arbre de Jessé monter à sa mère, rose blanche, d'où
nous avons sauté au vitrail de gauche), sans avoir vu
l'unique château de son époux, Fantaisie, dont le nom
seul l'avait décidé à l'épouser. Et aussitôt sans
attendre les quatre faits du bas de la verrière qui nous
représentent la pauvre Princesse mourante en Italie,
et son frère Nemours accourant auprès d'elle, tandis
que la reine de France fait préparer une flotte pour
aller auprès de sa fille, nous regardons ce château
Fantaisie, où elle alla loger sa vie désordonnée, et
dans la verrière suivante nous apercevons, car les
lieux ont leur histoire comme les races, dans ce même
Fantaisie un autre prince, fantaisiste lui aussi, qui
devait aussi mourir jeune, et après d'aussi étranges
amours, Louis II de Bavière ; et en effet au-dessous du
premier vitrail nous avions lu sans même y prendre
garde ces mots de la reine de France : « Un château
près Barent. » Mais il faut reprendre l'arbre de Jessé,
prince de Wurtemberg, souci jaune, fils de Louise de
France, nigelle bleue. Comment ! Il vit encore, son fils
qu'elle connut à peine ? Et, quand, ayant demandé à
son frère comment elle allait, il lui dit : « Pas très mal,
mais les médecins sont inquiets », elle répondit :
« Nemours, je te comprends », et depuis fut tendre
pour tous mais ne demanda plus à voir son enfant, de
peur de se trahir par ses larmes. Comment ! Il vit

encore cet enfant, il vit, prince royal Wurtemberg ?
Peut-être il lui ressemble, peut-être a hérité d'elle un
peu de ses goûts de peinture, de rêve, de fantaisie,
qu'elle croyait loger si bien dans son château Fantaisie. Comme sa figure sur le petit vitrail reçoit un sens
nouveau de ce que nous le savons fils de Louise de
France ! Car ces beaux noms nobles ou sont sans
histoire et obscurs comme une forêt, ou historiques et
toujours la lumière projetée des yeux bien connus de
nous de la mère éclaire toute la figure du fils. Le
visage d'un fils qui vit, ostensoir où mettait toute sa foi
une sublime mère morte, est comme une profanation
de ce souvenir sacré. Car il est ce visage à qui ces yeux
suppliants ont adressé un adieu qu'il ne devrait pas
pouvoir oublier une seconde. Car c'est avec la ligne si
belle du nez de sa mère que son nez est fait, car c'est
avec le sourire de sa mère qu'il excite les filles à la
débauche, car c'est avec le mouvement de sourcil de
sa mère pour le plus tendrement regarder qu'il ment,
car cette expression calme que sa mère avait pour
parler de tout ce qui lui était indifférent, c'est-à-dire
de tout ce qui n'était pas lui, il l'a, lui, maintenant
pour parler d'elle, pour dire indifféremment « ma
pauvre mère ».

A côté de ces vitraux se jouent des vitraux secondaires, où nous surprenons un nom obscur alors, nom
du capitaine des gardes qui sauve le Prince, du patron
du vaisseau qui le met à la mer pour faire échapper la
Princesse, nom noble mais obscur et qui est devenu
connu depuis, né dans la fente des circonstances
tragiques comme une fleur entre deux pavés, et qui
porte à jamais en lui le reflet du dévouement qui
l'illustre et qui l'hypnotise encore. Je les trouve plus
touchants encore, ces noms nobles, je voudrais plus

encore pénétrer dans l'âme des fils qui n'est éclairée qu'à la seule lumière de ce souvenir, et qui a de toutes choses la vision absurde et déformée que donne aux choses cette lueur tragique. Je me souviens d'avoir ri de cet homme grisonnant, défendant à ses enfants de parler à un Juif, faisant ses prières à table, si correct, si avaricieux, si ridicule, si ennemi du peuple. Et son nom maintenant l'éclaire pour moi quand je le revois, nom de son père qui fit échapper la duchesse de Berri sur un bateau, âme où cette lueur de la vie enflammée que nous voyons rougir l'eau au moment où la duchesse appuyée sur lui va mettre à la voile, est restée la seule lumière. Âme de naufrage, de torches allumées, de fidélité sans raisonnement, âme de vitrail. Peut-être sous ces noms-là trouverais-je quelque chose de si différent de moi qu'à la vérité cela serait presque de même matière qu'un Nom. Mais que la nature se joue de tous! Voici que je fais connaissance d'un jeune homme infiniment intelligent et plutôt comme un grand homme de demain que d'aujourd'hui, ayant non seulement atteint et compris, mais dépassé et renouvelé le socialisme, le nietzschéisme, etc. Et j'apprends que c'est le fils de l'homme que je voyais dans la salle à manger de l'hôtel, si simple dans ses ornements anglais qu'elle semblait comme la chambre du *Rêve de sainte Ursule,* ou la chambre où la reine reçoit les ambassadeurs qui la supplient de fuir dans le vitrail avant qu'elle parte sur la mer, dont le reflet tragique éclairait pour moi sa silhouette, comme sans doute, de l'intérieur de sa pensée, il lui éclairait le monde.

XV

RETOUR À GUERMANTES

Ils ne sont plus un nom; ils nous apportent forcément moins que ce que nous rêvions d'eux. Moins? Et aussi plus peut-être. Il en est d'un monument comme d'une personne. Il s'impose à nous par un signe qui a généralement échappé aux descriptions qu'on nous en a données. Comme ce sera le plissement de sa peau quand il rit, ou ce qu'il y a d'un peu niais dans la bouche, le nez trop gros, ou la chute des épaules qui nous frappera dans l'aspect premier d'un personnage célèbre dont on nous a parlé, de même, quand nous verrons pour la première fois Saint-Marc, à Venise, le monument nous paraîtra surtout bas et en largeur avec des mâts de fête comme un palais d'exposition, ou à Jumièges ces géantes tours de cathédrale dans la cour du concierge d'une petite propriété des environs de Rouen, ou à Saint-Wandrille cette reliure rococo d'un missel roman, comme dans un opéra de Rameau ce dehors galant d'un drame antique. Les choses sont moins belles que le rêve que nous avons d'elles, mais plus particulières que la notion abstraite qu'on en a. Te souviens-tu comme tu recevais avec plaisir les simples cartes si heureuses que je t'envoyais de Guermantes? Souvent depuis tu m'as demandé : « Raconte-moi un peu ton plaisir. » Mais les enfants n'aiment pas avoir l'air d'avoir eu du plaisir, de peur que les parents ne les plaignent pas.

Je t'assure qu'ils n'aiment pas non plus avoir l'air d'avoir eu du chagrin pour que leurs parents les plaignent trop. Je ne t'ai jamais raconté Guermantes. Tu me demandais pourquoi, quand tout ce que j'ai vu, sur quoi tu comptais pour me faire plaisir, a été une déception pour moi, Guermantes ne l'a pas été. Hé bien, ce que je cherchais à Guermantes, je ne l'y ai pas trouvé. Mais j'y ai trouvé autre chose. Ce qui est beau à Guermantes, c'est que les siècles qui ne sont plus y essayent d'être encore ; le temps y a pris la forme de l'espace, mais on le reconnaît bien. Quand on entre dans l'église à gauche, il y a trois ou quatre arches rondes qui ne ressemblent pas aux arches ogivales du reste, et qui disparaissent engagées dans la pierre de la muraille, dans la construction plus nouvelle où on les a engagées. C'est le XIe siècle, avec ses lourdes épaules rondes, qui passe là, furtivement encore, qu'on a muré, et qui regarde étonné le XIIIe siècle et le XVe, qui se mettent devant lui, qui cachent ce brutal et qui nous sourient. Mais il reparaît plus bas, plus librement dans l'ombre de la crypte, où entre deux pierres, comme la tache des meurtres anciens que ce prince commit sur les enfants de Clotaire, [...] deux lourds arceaux barbares du temps de Chilpéric. On sent bien qu'on traverse du temps, comme quand un souvenir ancien nous revient à l'esprit. Ce n'est plus dans la mémoire de notre vie, mais dans celle des siècles. Quand on arrive dans la salle du cloître, qui donne entrée au château, on marche sur les tombes des abbés qui gouvernèrent ce

monastère depuis le VIIIᵉ siècle, et qui sous nos pas,
sont allongés sous les pierres gravées ; une crosse en
main, foulant aux pieds une belle inscription latine, ils
sont couchés.

Et si Guermantes ne déçoit pas, comme toutes les
choses d'imagination quand elles sont devenues une
chose réelle, c'est sans doute que ce n'est à aucun
moment une chose réelle, car même quand on s'y
promène, on sent que les choses qui sont là ne sont
que l'enveloppe d'autres, que la réalité n'est pas ici,
mais très loin, que ces choses touchées ne sont qu'une
figure du Temps, et l'imagination travaille sur Guermantes vu, comme sur Guermantes lu, parce que
toutes ces choses, ce ne sont encore que des mots, des
mots pleins de magnifiques images et qui signifient
autre chose. C'est bien ce grand réfectoire pavé de dix,
puis vingt, puis cinquante abbés de Guermantes, tous
grandeur nature, représentant le corps qui est dessous. C'est comme si un cimetière de dix siècles avait
été retourné pour nous servir de dallage. La forêt qui
descend en pente au-dessous du château, ce n'est pas
de ces forêts comme il y en a autour des châteaux, des
forêts de chasse, qui ne sont qu'une multiplication
d'arbres. C'est l'antique forêt de Guermantes où
chassait Childebert, et vraiment, comme dans ma
lanterne magique, comme dans Shakespeare ou dans
Maeterlinck, « à gauche, il y a une forêt ». Elle est
peinte sur la colline qui domine Guermantes, elle a
velouté de vert tragique le côté ouest, comme dans
l'illustration enluminée d'une chronique mérovin-
gienne. Elle est grâce à cette perspective, quoique
profonde, délimitée. Elle est « la forêt » qui est « à
gauche » dans le drame. Et de l'autre côté, en bas, le
fleuve où furent déposés les énervés de Jumièges. Et

les tours du château sont encore, je ne te dis pas *de* ce
temps-là, mais *dans* ce temps-là. C'est ce qui émeut en
les regardant. On dit toujours que les vieilles choses
ont vu bien des choses depuis, et que c'est le secret de
leur émotion. Rien n'est plus faux. Regarde les tours
de Guermantes : elles voient encore la chevauchée de
la reine Mathilde, leur consécration par Charles
le Mauvais. Elles n'ont plus rien vu depuis. L'instant
où vivent les choses est fixé par la pensée qui les
reflète. A ce moment-là, elles sont pensées, elles
reçoivent leur forme. Et leur forme, immortellement,
fait durer un temps au milieu des autres. Songe
qu'elles s'élevèrent, les tours de Guermantes, dressant
indestructiblement le XIIIe siècle là, à une époque où,
si loin que leur vue eût porté, elles n'eussent pas
aperçu pour les saluer et leur sourire, les tours de
Chartres, les tours d'Amiens, les tours de Paris qui
n'existaient pas encore. Plus ancienne qu'elles, songe
à cette chose immatérielle, l'abbaye de Guermantes,
plus ancienne que ces constructions, qui existait
depuis bien longtemps, quand Guillaume partit à la
conquête de l'Angleterre, alors que les tours de
Beauvais, de Bourges ne se dressaient pas encore et
que le soir le voyageur qui s'éloignait ne les voyait pas
au-dessus des collines de Beauvais se dresser sur le
ciel, à une époque où les maisons de La Rochefoucauld, de Noailles, d'Uzès, élevaient à peine au-dessus
de terre leur puissance qui devait, comme une tour,
monter peu à peu dans les airs, traverser un à un les
siècles, alors que, tour de beurre de la grasse Normandie, Harcourt au nom fier et jaunissant n'avait pas
encore au sommet de sa tour de granit ciselé les sept
fleurons de la couronne ducale, alors que, bastion à
l'italienne qui devait devenir le plus grand château de

France, Luynes n'avait pas encore fait jaillir de notre
sol toutes ces seigneuries, tous ces châteaux de prince
et tous ces châteaux forts, la princerie de Joinville, les
remparts crénelés de Châteaudun et de Montfort, les
ombrages du bois de Chevreuse avec ses hermines et
ses biches, tous ces biens au soleil unis mystiquement
à travers la France, un château au Midi, une forêt à
l'Ouest, une ville au Nord tout cela uni par des
alliances et rejoint par des remparts, tous ces biens au
soleil brillant, assemblés côte à côte, abstraitement
dans sa puissance, comme dans un symbole héraldi-
que, comme un château d'or, une tour d'argent, des
étoiles de sable qu'au travers des siècles, conquêtes et
mariages ont inscrit symétriquement dans les quar-
tiers d'un champ d'azur.

— Mais, si tu étais si bien, pourquoi es-tu revenu?

— Voilà. Un jour, contrairement à nos habitudes,
nous avions été faire une promenade dans la journée.
A un endroit où nous étions déjà passés quelques jours
auparavant et où l'œil embrassait une belle étendue
de champs, de bois, de hameaux, soudain à gauche
une bande du ciel sur une petite étendue sembla
s'obscurcir et prendre une consistance, une sorte de
vitalité, d'irradiation que n'aurait pas eue un nuage,
et enfin cristallisa selon un système architectural en
une petite cité bleuâtre dominée par un double
clocher. Immédiatement je reconnus la figure irrégulière, inoubliable, chérie et redoutée, Chartres! D'où
venait cette apparition de la ville au bord du ciel,
comme telle grande figure symbolique apparaissait la
veille d'une bataille aux héros de l'Antiquité,
comme... vit Carthage, comme Énée [1]?...

_____

1. Lacunes dans le manuscrit.

Mais si l'édification géométrique et vaporeuse, qui scintillait vaguement, comme si la brise l'eût imperceptiblement balancée, avait ce caractère d'une apparition surnaturelle, elle était aussi familière, elle mettait à l'horizon la figure aimée de la ville de notre enfance comme dans certains paysages de Ruysdaël, il aimait dans le lointain du ciel bleu ou gris laisser apercevoir son cher clocher d'Harlem...

*

Quand c'était avec ma grand-mère que nous allions à Combray, elle nous faisait toujours arrêter à Chartres. Sans trop savoir pourquoi, elle leur[1] trouvait cette absence de vulgarité et de petitesse qu'elle trouvait à la nature, quand la main de l'homme ne le fignole pas, et à ces livres qu'à ces deux conditions — aucune vulgarité, aucune mièvrerie — elle croyait inoffensifs pour les enfants, à ces personnes qui n'ont rien de vulgaire ni rien de mesquin. Je pense qu'elle leur trouvait l'air « naturel » et l'air « distingué ». En tout cas elle les aimait, et elle pensait que nous avions profit à les voir. Comme elle ne savait absolument rien d'architecture, elle ignorait qu'ils fussent beaux et disait : « Mes enfants, moquez-vous de moi, ils ne sont pas pareils, ils ne sont peut-être pas beaux « dans les règles », mais leur vieille figure irrégulière me plaît. Il y a dans leur rudesse quelque chose qui m'est très agréable. Je sens que s'ils jouaient du piano, ils ne joueraient pas sec. » Et en les regardant elle s'adressait si bien à eux que sa tête, son regard, s'élançait, on aurait dit qu'elle voulait s'élancer avec eux, et en

1. Il s'agit des clochers.

même temps qu'elle souriait avec douceur aux vieilles pierres usées.

Je pense même qu'elle qui ne « croyait » pas, avait cependant cette foi implicite, que cette espèce de beauté qu'elle trouvait à certains monuments, elle la mettait, sans le savoir, sur un autre plan, sur un plan plus réel que notre vie. Car l'année où elle mourut d'un mal qu'elle connaissait et dont elle savait l'échéance, elle vit pour la première fois Venise où elle n'aima vraiment que le palais des Doges. Elle était heureuse chaque fois qu'il apparaissait au retour d'une promenade, de loin sur la lagune, et souriait aux pierres grises et roses avec cet air vague qu'elle avait quand elle cherchait à s'unir à un rêve noble et obscur. Or, elle dit à plusieurs reprises qu'elle était bien heureuse de l'avoir vu avant de mourir, penser qu'elle aurait pu ne pas l'avoir vu. Je crois qu'à un moment où les plaisirs qui ne sont que des plaisirs ne comptent plus, puisque l'être par rapport à qui ils sont des plaisirs n'existera plus, et que l'un des deux termes s'évanouissant disparaît l'autre, elle n'aurait pas attaché tant d'importance à cette joie, si elle ne l'avait pas sentie une de ces joies qui, dans un sens que nous comprenons mal, survivent à la mort, s'adressant en nous à quelque chose qui du moins n'est pas sous son empire. Le poète qui donne sa vie à une œuvre qui ne recueillera de suffrages qu'après sa mort obéit-il vraiment au désir d'une gloire qu'il ne connaîtra pas ? Et n'est-ce pas plutôt une part éternelle de lui-même qui travaille, pendant que lui est laissé (et même si elle ne peut travailler que dans cette habitation éphémère), à une œuvre éternelle aussi ? Et s'il y a contradiction entre ce que nous savons de la physiologie et la doctrine de l'immortalité de l'âme,

n'y a-t-il pas contradiction aussi entre certains de nos
instincts et la doctrine de la mortalité complète ? Peut-
être ne sont-elles pas plus vraies l'une que l'autre et la
vérité est-elle toute différente, comme par exemple
deux personnes, à qui l'on aurait parlé il y a cinquante
ans du téléphone, si l'une avait cru que c'était une
supercherie, et l'autre que c'était un phénomène
d'acoustique et que la voix était conservée indéfiniment dans des tuyaux, se seraient trompées toutes
deux également.

*

Moi je ne voyais au contraire jamais sans tristesse
les cloches de Chartres, car souvent c'est jusqu'à
Chartres que nous accompagnions Maman quand elle
quittait Combray avant nous. Et la forme inéluctable
des deux clochers m'apparaissait aussi terrible que la
gare. J'allais vers eux comme vers le moment où il
faudrait dire adieu à Maman, sentir mon cœur
s'ébranler dans ma poitrine, se détacher de moi pour
la suivre et revenir seul ! Je me souviens d'un jour
particulièrement triste...

Mme de Z... nous ayant invités à venir passer
quelques jours chez elle, il fut décidé qu'elle partirait
avec mon frère et que j'irais la rejoindre un peu plus
tard avec mon père. On ne me le dit pas, pour que je
ne fusse pas trop malheureux à l'avance. Mais je n'ai
jamais pu comprendre quand on essaye de nous
cacher quelque chose comment le secret, si bien gardé
qu'il soit, agit involontairement sur nous, excite en
nous une sorte d'irritation, de sentiment de persécu-
ton, de délire de recherches ? C'est ainsi qu'à un âge
où les enfants ne peuvent avoir aucune idée des lois de

la génération, ils sentent qu'on les trompe, ont le
pressentiment de la vérité. Je ne sais quels indices
obscurs s'accumulaient dans ma cervelle. Quand le
matin du départ, Maman entra gaiement dans ma
chambre, dissimulant je crois bien du chagrin qu'elle
avait aussi, et me dit en riant, me citant Plutarque :
« Léonidas dans les grandes catastrophes savait montrer un visage[1]... J'espère que mon jaunet va être
digne de Léonidas », je lui dis « Tu pars » sur un ton
si désespéré qu'elle fut visiblement troublée, je crus
sentir que je pourrais peut-être la retenir ou me faire
emmener ; je crois que c'est cela qu'elle alla dire à
mon père, mais sans doute il refusa, et elle me dit
qu'elle avait encore un peu de temps avant d'aller se
préparer, qu'elle s'était réservé ce temps pour me
faire une petite visite.

Elle devait partir, je l'ai dit, avec mon petit frère, et
comme il quittait la maison mon oncle l'avait emmené
pour le faire photographier à Évreux. On lui avait
frisé ses cheveux comme aux enfants de concierge
quand on les photographie, sa grosse figure était
entourée d'un casque de cheveux noirs bouffants avec
des grands nœuds plantés comme les papillons d'une
infante de Velasquez ; je l'avais regardé avec le sourire
d'un enfant plus âgé pour un frère qu'il aime, sourire
où l'on ne sait pas trop s'il y a plus d'admiration, de
supériorité ironique ou de tendresse. Maman et moi
nous partîmes le chercher pour que je lui dise adieu,
mais impossible de le trouver. Il avait appris qu'il ne
pourrait pas emmener le chevreau qu'on lui avait
donné, et qui était, avec le tombereau magnifique
qu'il traînait toujours avec lui, toute sa tendresse, et

1. Lacune dans le manuscrit.

qu'il « prêtait » quelquefois à mon père, par bonté.
Comme après le séjour chez Mme de Z... il rentrait à
Paris, on allait donner le chevreau à des fermiers du
voisinage. Mon frère, en proie à l'accablement de la
douleur, avait voulu passer la dernière journée avec
son chevreau, peut-être aussi je crois se cacher, pour
faire par vengeance manquer le train à Maman.
Toujours est-il qu'après l'avoir cherché partout nous
longions le petit bosquet au milieu duquel se trouvait
le cirque où on attelait les chevaux pour faire monter
l'eau et où jamais n'allait plus personne, sans certes
nous douter que mon frère pût être là, quand une
conversation entrecoupée de gémissements frappa
notre oreille. C'était bien la voix de mon frère, et
bientôt nous l'aperçûmes, qui ne pouvait pas nous
voir ; assis par terre contre son chevreau et lui
caressant tendrement la tête avec la main, l'embrassant sur son nez pur et un peu rouge de bellâtre
couperosé, insignifiant et cornu, ce groupe ne rappelait que bien peu celui que les peintres anglais ont
souvent reproduit d'un enfant caressant un animal. Si
mon frère, dans sa petite robe des grands jours et sa
jupe de dentelle, tenant d'une main, à côté de
l'inséparable tombereau, de petits sacs de satin où on
avait mis son goûter, son nécessaire de voyage et de
petites glaces de verre avait bien la magnificence des
enfants anglais près de l'animal, en revanche sa figure
n'exprimait, sous ce luxe qui n'en rendait le contraste
que plus sensible, que le désespoir le plus farouche, il
avait les yeux rouges, la gorge oppressée de ses
falbalas, comme une princesse de tragédie pompeuse
et désespérée. Par moments, de sa main surchargée du
tombereau, des sacs de satin qu'il ne voulait pas
lâcher, car l'autre ne cessait d'étreindre et de caresser

le chevreau, il relevait ses cheveux sur sa tête avec
l'impatience de Phèdre.

Quelle importune main en formant tous ces nœuds,
A pris soin sur mon front d'assembler mes cheveux?

« Mon petit chevreau, s'écriait-il, en attribuant au
chevreau la tristesse que seul il éprouvait, tu vas être
malheureux sans ton petit maître, tu ne me verras
plus jamais, jamais », et ses larmes brouillaient ses
paroles, « personne ne sera bon pour toi, ne te
caressera comme moi! Tu te laissais pourtant bien
faire; mon petit enfant, mon petit chéri », et sentant
ses pleurs l'étouffer, il eut tout d'un coup pour mettre
le comble à son désespoir l'idée de chanter un air qu'il
avait entendu chanter à Maman et dont l'appropria-
tion à la situation redoubla ses sanglots. « Adieu, des
voix étranges m'appellent loin de toi, paisible sœur
des anges. »

Mais mon frère, quoiqu'il n'eût que cinq ans et
demi, était plutôt d'un naturel violent, et passant de
l'attendrissement sur ses malheurs et ceux du chevreau à la colère contre les persécuteurs, après une
seconde d'hésitation il se mit à briser vivement par
terre ses glaces, à trépigner les sacs de satin, à
s'arracher, non pas les cheveux mais les petits nœuds
qu'on lui avait mis dans les cheveux, à déchirer sa
belle robe asiatique, poussant des cris perçants :
« Pourquoi serais-je beau, puisque je ne te verrai
plus ? » s'écriait-il en pleurant. Ma mère, voyant les
dentelles de la robe s'arracher, ne pouvait rester
insensible à un spectacle qui jusqu'ici l'avait plutôt
attendrie. Elle s'avança, mon frère entendit du bruit,
se tut immédiatement, l'aperçut, ne sachant pas s'il

avait été vu, et d'un air profondément attentif et en
reculant se cacha derrière le chevreau. Mais ma mère
alla à lui. Il fallut venir, mais il mit comme condition
que le chevreau l'accompagnerait jusqu'à la gare. Le
temps pressait, mon père en bas s'étonnait de ne pas
nous voir revenir, ma mère m'avait envoyé lui dire de
nous rejoindre à la voie ferrée qu'on traversait en
passant par un raccourci derrière le jardin, car sans
cela nous aurions risqué de manquer le train, et mon
frère s'avançait, conduisant d'une main le chevreau
comme au sacrifice, et de l'autre tirant les sacs qu'on
avait ramassés, les débris des miroirs, le nécessaire et
le tombereau qui traînait à terre. Par moments, sans
oser regarder Maman, il lançait à son adresse tout en
caressant le chevreau des paroles sur l'intention
desquelles elle ne pouvait se méprendre : « Mon
pauvre petit chevreau, ce n'est pas toi qui chercherais
à me faire de la peine, à me séparer de ceux que
j'aime. Toi tu n'es pas une personne, mais aussi tu
n'es pas méchant, tu n'es pas comme ces méchants »,
disait-il en jetant un regard de côté à Maman comme
pour juger de l'effet de ses paroles et voir s'il n'avait
pas dépassé le but, « toi tu ne m'as jamais fait de
peine », et il se mettait à sangloter. Mais arrivé à la
voie ferrée, et m'ayant demandé de tenir un moment
le chevreau, dans sa rage contre Maman il s'élança,
s'assit sur la voie ferrée et nous regardant d'un air de
défi ne bougea plus. Il n'y avait pas à cet endroit de
barrière. A toute minute un train pouvait passer.
Maman, folle de peur, s'élança sur lui, mais elle avait
beau tirer, avec une force inouïe de son derrière sur
lequel il avait l'habitude de se laisser glisser et de
parcourir le jardin en chantant dans des jours meilleurs, il adhérait aux rails sans parvenir à l'arracher.

Elle était blanche de peur. Heureusement à ce moment mon père débouchait avec deux domestiques qui venaient voir si on n'avait besoin de rien. Il se précipita, arracha mon frère, lui donna deux claques, et donna l'ordre qu'on ramenât le chevreau. Mon frère terrorisé dut marcher, mais regardant longuement mon père avec une fureur concentrée, il s'écria : « Je ne te prêterai plus jamais mon tombereau ». Puis comprenant qu'aucune parole ne pourrait dépasser la fureur de celle-là, il ne dit plus rien. Maman me prit à part et me dit : « Toi qui es plus grand, sois raisonnable, je t'en prie, n'aie pas l'air triste au moment du départ, ton père est déjà ennuyé que je parte, tâche qu'il ne nous trouve pas tous les deux insupportables. » Je ne proférai pas une plainte pour me montrer digne de la confiance qu'elle me témoignait, de la mission qu'elle me confiait. Par moments une irrésistible fureur contre elle, contre mon père, un désir de leur faire manquer le train, de ruiner le plan ourdi contre moi de me séparer d'elle, me prenait. Il se brisait devant la peur de lui faire de la peine et je restais souriant et brisé, glacé de tristesse.

Nous revînmes déjeuner. On avait fait, à cause « des voyageurs », un vrai déjeuner dînatoire avec entrée, volaille, salade, entremets. Mon frère toujours farouche dans sa douleur, ne dit pas un mot pendant tout le repas. Immobile sur sa chaise haute, il semblait tout à son chagrin. On parlait de choses et autres, quand à la fin du repas, à l'entremets, un cri perçant retentit : « Marcel a eu plus de crème au chocolat que moi », s'écriait mon frère. Il avait fallu la juste indignation contre une pareille injustice pour lui faire oublier la douleur d'être séparé de son chevreau. Ma mère m'a dit du reste qu'il n'avait jamais reparlé

de cet ami, que la forme des appartements de Paris
l'avait obligé à laisser à la campagne, et nous croyons
qu'il n'y a jamais repensé non plus.

Nous partîmes pour la gare. Maman m'avait
demandé de ne pas l'accompagner à la gare, mais
devant mes prières, elle avait cédé. Depuis la dernière
soirée, elle avait l'air de trouver mon chagrin légitime,
de le comprendre, de me demander seulement de le
mépriser. Une fois ou deux sur la route, une sorte de
fureur m'envahit, je me considérais comme persécuté
par elle et mon père, qui m'empêchait de partir avec
elle, j'aurais voulu me venger en lui faisant manquer
le train, en l'empêchant de partir, en mettant le feu à
la maison ; mais ces pensées ne duraient qu'une
seconde ; une seule parole un peu dure effraya ma
mère, mais bien vite je repris ma douceur passionnée
avec elle, et si je ne l'embrassais pas autant que
j'aurais voulu, c'était pour ne pas lui faire de peine.
Nous arrivâmes devant l'église, puis on pressait le
pas ; cette marche progressive au-devant de ce qu'on
redoute, les pas qui avancent et le cœur qui s'enfuit...
Puis on tourna encore une fois. « Nous aurons cinq
minutes d'avance », dit mon père. Enfin, j'aperçus la
gare. Maman me pressa légèrement la main en me
faisant signe d'être ferme. Nous allâmes sur les quais,
elle monta dans son wagon et nous lui parlions d'en
bas. On vint nous dire de nous éloigner, que le train
allait partir. Maman en souriant me dit : « Régulus
étonnait par sa fermeté dans les circonstances doulou-
reuses. » Son sourire était celui qu'elle prenait pour
citer des choses qu'elle jugeait pédantes, et pour aller
au-devant des moqueries, si elle se trompait. Il était
aussi pour signifier que ce que je trouvais un chagrin
n'en était pas un. Mais tout de même elle me sentait

bien malheureux, et comme elle nous avait dit adieu à tous, elle laissa mon père s'éloigner, me rappela une seconde et me dit : « Nous nous comprenons, mon loup, tous les deux, n'est-ce pas ? Mon petit aura demain un petit mot de sa Maman s'il est bien sage. *Sursum corda* », ajouta-t-elle, avec cette indécision qu'elle affectait quand elle faisait une citation latine, pour avoir l'air de se tromper. Le train partit, je restais là, mais il me sembla que quelque chose de moi s'en allait aussi.

*

C'est comme cela que je l'avais vu[1] quand je rentrais des promenades du côté de Guermantes et que tu ne devais pas venir me dire bonsoir dans mon lit, comme cela que je le voyais quand nous t'avions mise en chemin de fer et que je sentais que c'était dans une ville où tu ne serais plus qu'il allait falloir vivre. Alors, j'ai eu ce besoin que j'avais alors, ma petite Maman, et que personne ne pouvait entendre, d'être près de toi et de t'embrasser. Et comme les hommes sont moins courageux que les enfants, et que leur vie est moins cruelle, j'ai fait ce que j'aurais fait, si j'avais osé, les jours où tu venais de quitter Combray, j'ai pris le train. Je heurtais dans ma tête toutes les possibilités de partir, d'avoir encore le train du soir, les résistances qu'on m'opposerait peut-être parce qu'on ne comprendrait pas ma volonté sauvage, mon besoin de toi comme un besoin d'air quand on étouffe. Et Mme de Villepariris, qui ne comprenait pas, mais qui sentait que la vue de Combray m'avait remué, se

1. Le clocher de Chartres.

taisait. Je ne savais encore ce que je devais lui dire. Je
voulais ne parler qu'à coup sûr, savoir les trains,
commander la voiture, qu'on ne puisse plus matériellement m'empêcher. Et je marchais à côté d'elle, on
parlait des visites du lendemain, mais je savais bien
que je ne les ferais pas. Enfin nous arrivâmes, le
village, le château ne me faisaient plus l'effet de vivre
ma vie, mais d'une vie qui continuait déjà sans moi,
comme celle des gens qui nous quittent au train et
retournent reprendre sans nous les occupations du
village. Je trouvai une dépêche insignifiante de Montargis, je dis qu'elle était de toi, qu'elle m'obligeait à
repartir, que tu avais besoin de moi pour une affaire.
Mme de Villeparisis fut désolée, fort gentille, me
conduisit à la gare, eut de ces mots que la coquetterie
de la maîtresse de maison et les traditions de l'hospi-
talité font ressembler à l'émotion et à l'amitié. Mais à
Paris, vrai ou faux, elle m'a dit plus tard : « Je n'avais
pas besoin de voir votre dépêche. Je l'ai bien dit à mon
mari. Sur la route, pendant que nous rentrions, vous
n'étiez plus le même, et j'ai compris tout de suite :
voilà un garçon qui n'a pas le cœur tranquille. Il fait
des projets pour les visites qu'il viendra faire avec moi
demain, mais ce soir il sera sur la route de Paris. »

— Cela me fait de la peine, mon pauvre loup, me
dit Maman d'une voix troublée, de penser qu'autrefois mon petit avait du chagrin comme cela, quand je
quittais Combray. Mais mon loup, il faut nous faire
un cœur plus dur que cela ! Qu'est-ce que tu aurais
fait si ta Maman avait été en voyage ?

— Les jours m'auraient paru longs.

— Mais si j'avais été partie pour des mois, pour
des années, pour...

Nous nous taisions tous les deux. Il ne s'est jamais

agi entre nous de nous prouver que chacun aimait l'autre plus que tout au monde : nous n'en avons jamais douté. Il s'est agi de nous laisser croire que nous nous aimions moins qu'il ne semblait et que la vie serait supportable à celui qui resterait seul. Je ne voulais pas que ce silence durât, car il était plein pour ma mère de cette angoisse si grande, qu'elle a dû avoir si souvent que c'est ce qui me donne plus de force, en pensant qu'elle n'était pas nouvelle, pour me souvenir qu'elle l'aurait à l'heure de sa mort. Je lui pris la main presque avec calme, je l'embrassai et je lui dis :

— Tu sais, tu peux te le rappeler, comme je suis malheureux les premiers temps où nous sommes séparés. Puis, tu sais comme ma vie s'organise autrement, et, sans oublier les êtres que j'aime, je n'ai plus besoin d'eux, je me passe très bien d'eux. Je suis fou les huit premiers jours. Après cela je resterai bien seul des mois, des années, toujours.

J'ai dit : toujours. Mais le soir, à propos de tout autre chose je lui ai dit que contrairement à ce que j'avais cru jusqu'ici les dernières découvertes de la science et les plus extrêmes recherches de la philosophie ruinaient le matérialisme, faisaient de la mort quelque chose d'apparent, que les âmes étaient immortelles et étaient un jour réunies...

XVI

CONCLUSION

Dès que je lisais un auteur, je distinguais bien vite sous les paroles l'air de la chanson, qui en chaque auteur est différent de ce qu'il est chez tous les autres, et tout en lisant, sans m'en rendre compte, je le chantonnais, je pressais les notes ou les ralentissais ou les interrompais, pour marquer la mesure des notes et leur retour, comme on fait quand on chante, et on attend souvent longtemps, selon la mesure de l'air, avant de dire la fin d'un mot.

Je savais bien que si, n'ayant jamais pu travailler, je ne savais écrire, j'avais cette oreille-là plus fine et plus juste que bien d'autres, ce qui m'a permis de faire des pastiches, car chez un écrivain, quand on tient l'air, les paroles viennent bien vite. Mais ce don, je ne l'ai pas employé, et de temps en temps, à des périodes différentes de ma vie, celui-là, comme celui aussi de découvrir un lien profond entre deux idées, deux sensations, je le sens toujours vif en moi, mais pas fortifié, et qui sera bientôt affaibli et mort. Pourtant, il aura de la peine, car c'est souvent quand je suis le plus malade, que je n'ai plus d'idées dans la tête ni de forces, que ce moi que je reconnais parfois aperçoit ces liens entre deux idées, comme c'est souvent à l'au-

tomne, quand il n'y a plus de fleurs ni de feuilles,
qu'on sent dans les paysages les accords les plus
profonds. Et ce garçon qui joue ainsi en moi sur les
ruines n'a besoin d'aucune nourriture, il se nourrit
simplement du plaisir que la vue de l'idée qu'il
découvre lui donne, il la crée, elle le crée, il meurt,
mais une idée le ressuscite, comme ces graines qui
s'interrompent de germer dans une atmosphère trop
sèche, qui sont mortes : mais un peu d'humidité et de
chaleur suffit à les faire renaître.

Et je pense que le garçon qui en moi s'amuse à cela
doit être le même que celui qui a aussi l'oreille fine et
juste pour sentir entre deux impressions, entre deux
idées, une harmonie très fine que d'autres ne sentent
pas. Qu'est-ce que cet être, je n'en sais rien. Mais s'il
crée en quelque sorte ces harmonies, il vit d'elles,
aussitôt il se soulève, germe, grandit, de tout ce
qu'elles lui donnent de vie, et meurt ensuite, ne
pouvant vivre que d'elles. Mais si prolongé que soit le
sommeil où il se trouve ensuite (comme pour les
graines de M. Becquerel), il ne meurt pas, ou plutôt il
meurt mais pour renaître si une autre harmonie se
présente, même si simplement entre deux tableaux
d'un même peintre il aperçoit une même sinuosité de
profils, une même pièce d'étoffe, une même chaise,
montrant entre les deux tableaux quelque chose de
commun : la prédilection et l'essence de l'esprit du
peintre. Ce qu'il y a dans le tableau d'un peintre ne
peut le nourrir, ni dans un livre d'un auteur non plus,
et dans un second tableau du peintre, un second livre
de l'auteur. Mais si dans le second tableau ou le
second livre, il aperçoit quelque chose qui n'est pas
dans le second et le premier, mais qui en quelque sorte
est entre les deux, dans une sorte de tableau idéal,

qu'il voit en matière spirituelle se modeler hors du tableau, il a reçu sa nourriture et recommence à exister et à être heureux. Car pour lui exister et être heureux n'est qu'une seule chose. Et si entre ce tableau idéal et ce livre idéal dont chacun suffit à le rendre heureux, il trouve un lien plus haut encore, sa joie s'accroît encore [1]. Car il meurt instantanément dans le particulier, et se remet immédiatement à flotter et à vivre dans le général. Il ne vit que du général, le général l'anime et le nourrit, et il meurt instantanément dans le particulier. Mais le temps qu'il vit, sa vie n'est qu'une extase et qu'une félicité. Il n'y a que lui qui devrait écrire mes livres. Mais aussi seraient-ils plus beaux ?

*

Qu'importe qu'on nous dise : vous perdez à cela votre habileté. Ce que nous faisons, c'est remonter à la vie, c'est briser de toutes nos forces la glace de l'habitude et du raisonnement qui se prend immédiatement sur la réalité et fait que nous ne la voyons jamais, c'est retrouver la mer libre. Pourquoi cette coïncidence entre deux impressions nous rend-elle la réalité ? Peut-être parce que alors elle ressuscite avec ce qu'elle *omet,* tandis que si nous raisonnons, si nous cherchons à nous rappeler, nous ajoutons ou nous retirons.

Les beaux livres sont écrits dans une sorte de langue étrangère. Sous chaque mot chacun de nous met son sens ou du moins son image qui est souvent un contresens. Mais dans les beaux livres, tous les

1. Variante : s'il découvre entre deux tableaux de Vermeer...

contresens qu'on fait sont beaux. Quand je lis le
berger de *l'Ensorcelée,* je vois un homme à la Mantegna, et de la couleur de la T... de Botticelli. Ce n'est
peut-être pas du tout ce qu'a vu Barbey. Mais il y a
dans sa description un ensemble de rapports qui,
étant donné le point de départ faux de mon contresens, lui donnent la même progression de beauté [1].

Il semble que l'originalité d'un homme de génie ne
soit que comme une fleur, une cime superposée au
même moi que celui des gens de talent médiocre de sa
génération ; mais ce même moi, ce même talent
médiocre existe chez eux. Nous croyons que Musset,
que Loti, que Régnier sont des êtres à part. Mais
quand Musset bâclait de la critique d'art, nous
voyons avec horreur les phrases les plus plates de
Villemain naître sous sa plume, nous sommes stupé-
faits de découvrir en Régnier un Brisson ; quand Loti
a à faire un discours académique et quand Musset a à
fournir un article sur la main-d'œuvre pour une revue
de peu d'importance, n'ayant pas le temps de forer
son moi banal pour en faire sortir l'autre qui viendrait
se superposer, nous voyons que sa pensée et son
langage sont pleins [2]...

*

Il est si personnel, si unique, le principe qui agit en
nous quand nous écrivons et crée au fur et à mesure
notre œuvre, que dans la même génération les esprits
de même sorte, de même famille, de même culture, de

1. Note en marge : « Aussi les variantes, les corrections, les
meilleures éditions n'ont-elles pas tant d'importance. Diverses
versions du sonnet de Verlaine *Tite et Bérénice.* »
2. Manuscrit interrompu.

même inspiration, de même milieu, de même condition, prennent la plume pour écrire presque de la même manière la même chose décrite et ajoutent chacun la broderie particulière qui n'est qu'à lui, et qui fait de la même chose une chose toute nouvelle, où toutes les proportions des qualités des autres sont déplacées. Et ainsi le genre des écrivains originaux se poursuit, chacun faisant entendre une note essentielle qui cependant, par un intervalle imperceptible, est irréductiblement différente de celle qui la précède et de celle qui la suit. Voyez, l'un à côté de l'autre, tous nos écrivains : les originaux seulement, et les grands aussi, qui sont aussi des écrivains originaux et qu'à cause de cela, ici, il n'y a pas lieu d'en distinguer. Vois comme ils se touchent et comme ils diffèrent. Suis à côté l'un de l'autre, comme dans une guirlande tressée à l'âme et faite de fleurs innombrables, mais toutes différentes, sur un rang, France, Henri de Régnier, Boylesve, Francis Jammes, dans une même rangée, cependant que sur une autre rangée tu verras Barrès, sur une autre Loti.

Sans doute quand Régnier et France ont commencé tous deux à écrire, avaient-ils la même culture, la même idée de l'art, ont-ils cherché à peindre de même. Et ces tableaux qu'ils essayaient de peindre, ils avaient sur leur réalité objective à peu près la même idée. Pour France la vie est le rêve d'un rêve, pour Régnier les choses ont le visage de nos songes. Mais cette similitude de nos pensées et des choses, aussitôt Régnier, méticuleux et approfondi, est plus tourmenté de n'oublier jamais de la vérifier, de démontrer la coïncidence, il répand en son œuvre sa pensée, sa phrase s'allonge, se précise, se tortille, sombre et minutieuse comme une ancolie, quand celle de France

rayonnante, épanouie et lisse est comme une rose de
France.

*

Et parce que cette réalité véritable est intérieure,
peut se dégager d'une impression connue, même
frivole ou mondaine, quand elle est à une certaine
profondeur et libérée de ces apparences, pour cette
raison je ne fais aucune différence entre l'art élevé, qui
ne s'occupe pas que de l'amour, à nobles idées, et l'art
immoral ou futile, ceux qui font la psychologie d'un
savant ou d'un saint plutôt que d'un homme du
monde. D'ailleurs dans tout ce qui est du caractère et
des passions, des réflexes, il n'y a pas de différence ; le
caractère est le même pour les deux, comme les
poumons et les os, et le physiologiste pour démontrer
les grandes lois de la circulation du sang ne se soucie
pas que les viscères aient été extraits du corps d'un
artiste ou d'un boutiquier. Peut-être quand nous
aurons affaire à un artiste véritable, qui ayant brisé les
apparences sera descendu à la profondeur de la vie
véritable, pourrons-nous alors, comme il y aura œuvre
d'art, nous intéresser davantage à une œuvre mettant
en jeu des problèmes plus étendus [1]. Mais d'abord
qu'il y ait profondeur, qu'on ait atteint les régions de
la vie spirituelle où l'œuvre d'art peut se créer. Or,
quand nous verrons un écrivain à chaque page, à
chaque situation où se trouve son personnage, ne
jamais l'approfondir, ne pas le repenser sur lui-même,
mais se servir des expressions toutes faites, que ce qui

---

1. Proust avait ajouté ici entre parenthèses : ne pas laisser cet
horrible style.

en nous vient des autres — et des plus mauvais autres
— nous suggère quand nous voulons parler d'une
chose, si nous ne descendons pas dans ce calme
profond où la pensée choisit les mots où elle se
reflétera tout entière ; un écrivain qui ne voit pas sa
propre pensée, alors invisible à lui, mais se contente
de la grossière apparence qui la masque à chacun de
nous à tout moment de notre vie, dont le vulgaire se
contente dans une perpétuelle ignorance, et que
l'écrivain écarte, cherchant à voir ce qu'il y a au fond ;
quand par le choix ou plutôt l'absence absolue du
choix de ses mots, de ses phrases, la banalité rebattue
de toutes ses images, l'absence d'approfondissement
d'aucune situation, nous sentirons qu'un tel livre,
même si à chaque page il flétrit l'art maniéré, l'art
immoral, l'art matérialiste, est lui-même bien plus
matérialiste, car il ne descend même pas dans la
région spirituelle d'où sont sorties des pages ne faisant
que décrire des choses matérielles peut-être, mais avec
ce talent qui est la preuve indéniable qu'elles viennent
de l'esprit. Il aura beau nous dire que l'autre art n'est
pas de l'art populaire, mais de l'art pour quelques-
uns, nous penserons, nous, que c'est le sien qui est cet
art-là, car il n'y a qu'une manière d'écrire pour tous,
c'est d'écrire sans penser à personne, pour ce qu'on a
en soi d'essentiel et de profond. Tandis que lui écrit en
pensant à quelques-uns, à ces artistes dits maniérés, et
non pas essayant de voir par où ils pèchent, approfon-
dissant jusqu'à trouver l'éternel l'impression qu'ils lui
produisent, éternel que cette impression contient aussi
bien que le contient un souffle d'aubépine ou n'importe quelle chose qu'on sait pénétrer ; mais ici
comme partout, en ignorant ce qui se passe au fond de
lui, en se contentant des formules rebattues et de sa

mauvaise humeur, sans chercher à voir au fond :
« Air renfermé de chapelle, allez donc au-dehors. Que
me fait votre pensée, hé bien ! qu'est-ce que ça peut
faire qu'on soit clérical. Vous me dégoûtez, ces
femmes-là devraient être fessées. Il n'y a donc pas de
soleil en France. Vous ne pouvez donc pas faire une
musique légère. Il faut que vous salissiez tout, etc. » Il
est d'ailleurs en quelque sorte obligé à cette superfi-
cialité et ce mensonge, puisqu'il choisit pour héros un
génie mauvais coucheur dont les boutades terrible-
ment banales sont exaspérantes, mais pourraient se
rencontrer chez un homme de génie. Malheureusement quand Jean Christophe, car c'est de lui que je
parle, cesse de parler, M. Romain Rolland continue à
entasser banalités sur banalités, et quand il cherche
une image plus précise, c'est une œuvre de recherche
et non de trouvaille, et où il est inférieur à tout
écrivain d'aujourd'hui. Les clochers de ses églises, qui
sont comme de grands bras, sont inférieurs à tout ce
qu'ont trouvé M. Renard, M. Adam, peut-être même
M. Leblond.

Aussi cet art est-il le plus superficiel, le plus
insincère, le plus matériel (même si son *sujet* est
l'esprit, puisque la seule manière pour qu'il y ait de
l'esprit dans un livre, ce n'est pas que l'esprit en soit le
sujet mais l'ait fait. Il y a plus d'esprit dans *le Curé de
Tours* de Balzac que dans son caractère du peintre
Steinbock), et aussi le plus mondain. Car il n'y a que
les personnes qui ne savent pas ce que c'est que la
profondeur et qui, voyant à tout moment des banalités, des faux raisonnements, des laideurs, ne les
aperçoivent pas mais s'enivrent de l'éloge de la
profondeur, qui disent : « Voilà de l'art profond ! »,
de même que quand quelqu'un dit tout le temps :

« Ah ! moi je suis franc, moi je n'envoie pas dire ce que je pense, tous nos beaux messieurs sont des flatteurs, moi je suis un rustre », et fait illusion aux gens qui ne savent pas, un homme délicat sait que ces déclarations n'ont rien à voir avec la vraie franchise en art. C'est comme en morale : la prétention ne peut être réputée pour le fait. Au fond, toute ma philosophie revient, comme toute philosophie vraie, à justifier, à reconstruire ce qui est. (En morale, en art, on ne juge plus seulement un tableau sur ses prétentions à la grande peinture et la valeur morale d'un homme sur ses discours.) Le bon sens des artistes, le seul critérium de la spiritualité d'une œuvre, c'est le talent.

Le talent est le critérium de l'originalité, l'originalité est le critérium de la sincérité, le plaisir (pour celui qui écrit) est peut-être le critérium de la vérité du talent.

Il est presque aussi stupide de dire pour parler d'un livre : « C'est très intelligent », que « Il aimait bien sa mère. » Mais le premier n'est pas encore mis en lumière.

Les livres sont l'œuvre de la solitude et les *enfants du silence*. Les enfants du silence ne doivent rien avoir de commun avec les enfants de la parole, les pensées nées du désir de dire quelque chose, d'un blâme, d'une opinion, c'est-à-dire d'une idée obscure.

La matière de nos livres, la substance de nos phrases doit être immatérielle, non pas prise telle quelle dans la réalité, mais nos phrases elles-mêmes et les épisodes aussi doivent être faits de la substance transparente de nos minutes les meilleures, où nous sommes hors de la réalité et du présent. C'est de ces gouttes de lumière cimentées que sont faits le style et la fable d'un livre.

En outre, il est aussi vain d'écrire spécialement pour le peuple que pour les enfants. Ce qui féconde un enfant, ce n'est pas un livre d'enfantillages. Pourquoi croit-on qu'un ouvrier électricien a besoin que vous écriviez mal et parliez de la Révolution française pour vous comprendre? D'abord c'est juste le contraire. Comme les Parisiens aiment à lire des voyages d'Océanie et les riches des récits de la vie des mineurs russes, le peuple aime autant lire des choses qui ne se rapportent pas à sa vie. De plus, pourquoi faire cette barrière? Un ouvrier (voir Halévy) peut être baude-lairien.

Cette mauvaise humeur qui ne veut pas voir au fond de soi (qui est en esthétique le pendant d'un homme qui tient à connaître quelqu'un et qui, snobé, dit : « Est-ce que j'ai besoin de lui, ce monsieur? Qu'est-ce que ça peut me faire de le connaître, il me dégoûte ») c'est en bien plus gros ce que je reproche à Sainte-Beuve, c'est (bien que l'auteur ne parle que d'Idées, etc.) une critique matérielle, de mots qui font plaisir aux lèvres, aux coins de la bouche, aux sourcils remontés, aux épaules, et au contre-flot desquels l'esprit n'a pas le courage de remonter pour voir ce qu'il y a. Mais dans Sainte-Beuve, malgré tout, beaucoup plus d'art prouve beaucoup plus de pensée.

*

L'archaïsme est fait de beaucoup d'insincérités, dont l'une est de prendre pour des traits assimilables du génie des anciens des traits extérieurs, évocateurs dans un pastiche, mais dont ces anciens eux-mêmes n'avaient pas conscience, car leur style ne rendait pas

alors de son ancien. De nos jours un poète s'est
rencontré, qui croit qu'a passé en lui la grâce de la
voix de Virgile et de Ronsard, parce qu'il appelle le
premier comme fait le second « le docte Mantouan ».
Son *Ériphyle* a de la grâce, car un des premiers il a
senti que la grâce avait dû vivre, et il donne à la fille le
gentil zézaiement d'une petite femme « mon époux,
c'était un héros, mais il avait trop de barbe » et elle
secoue la tête avec fâcherie à la fin comme une petite
jument (peut-être ayant remarqué la vie que donnent
les anachronismes involontaires de la Renaissance et
du XVIIᵉ siècle) ; son amant lui dit : « Noble dame »
(église chercheuse de grâce, gentilhomme du Pélopon-
nèse). Il se rattache à l'école (Boulanger ?) — et
Barrès — en ce qu'il indique d'un mot, l'école du
sous-entendu. C'est juste l'opposé de Romain Rolland. Mais ce n'est qu'une qualité, et cela ne prévaut
pas contre le néant du fond et l'absence d'originalité.
Ses célèbres *Stances* ne se sauvent que parce que
l'inachèvement, une sorte de banalité et de manque de
souffle sont voulus, et comme elles seraient sans cela
involontaires, le défaut du poète conspire avec son
but. Mais dès qu'il s'oublie et veut dire quelque chose,
dès qu'il parle il écrit des choses comme ceci [1] :

> *Ne dites pas : la vie est un joyeux festin ;*
> *Ou c'est d'un esprit sot ou c'est d'une âme basse.*
> *Surtout ne dites pas : elle est malheur sans fin ;*
> *C'est d'un mauvais courage et qui trop tôt se lasse.*

1. Nous restituons ici la citation de Moréas que Proust indiquait
dans son manuscrit par les notes suivantes :
« Citer la strophe où il y a « d'un esprit sot et d'une âme trop
basse » et qui finit par cette banalité dite cent fois après Leconte de
Lisle, l'ombre d'un rêve. »

Riez comme au printemps s'agitent les rameaux.
Pleurez comme la bise ou le flot sur la grève.
Goûtez tous les plaisirs et souffrez tous les maux.
Et dites : c'est beaucoup, car c'est l'ombre d'un rêve.

*

Les écrivains que nous admirons ne peuvent pas
nous servir de guides, puisque nous possédons en nous
comme l'aiguille aimantée ou le pigeon voyageur, le
sens de notre orientation. Mais tandis que guidés par
cet instinct intérieur nous volons de l'avant et suivons
notre voie, par moments, quand nous jetons les yeux
de droite et de gauche sur l'œuvre nouvelle de Francis
Jammes ou de Maeterlinck, sur une page que nous ne
connaissons pas de Joubert ou d'Emerson, les réminiscences anticipées que nous y trouvons de la même
idée, de la même sensation, du même effort d'art que
nous exprimons en ce moment, nous font plaisir
comme d'aimables poteaux indicateurs qui nous montrent que nous ne nous sommes pas trompés, ou,
tandis que nous reposons un instant dans un bois,
nous nous sentons confirmés dans notre route par le
passage tout près de nous à tire-d'aile de ramiers
fraternels qui ne nous ont pas vus. Superflus si l'on
veut. Pas tout à fait inutiles cependant. Ils nous
montrent ce qui...[1] à ce moi tout de même un peu
subjectif qu'est notre moi œuvrant, l'est aussi, d'une
valeur plus universelle pour les moi analogues, pour
ce moi plus objectif, ce tout le monde cultivé que nous
sommes quand nous lisons, l'est non seulement pour

1. Lacune dans le manuscrit.

notre monde particulier mais aussi pour notre monde universel...

*

Les belles choses que nous écrirons si nous avons du talent sont en nous, indistinctes, comme le souvenir d'un air, qui nous charme sans que nous puissions en retrouver le contour, le fredonner, ni même en donner un dessin quantitatif, dire s'il y a des pauses, des suites de notes rapides. Ceux qui sont hantés de ce souvenir confus des vérités qu'ils n'ont jamais connues sont les hommes qui sont doués. Mais s'ils se contentent de dire qu'ils entendent un air délicieux, ils n'indiquent rien aux autres, ils n'ont pas de talent. Le talent est comme une sorte de mémoire qui leur permettra de finir par rapprocher d'eux cette musique confuse, de l'entendre clairement, de la noter, de la reproduire, de la chanter. Il arrive un âge où le talent faiblit comme la mémoire, où le muscle mental qui approche les souvenirs intérieurs comme les extérieurs n'a plus de force. Quelquefois cet âge dure toute la vie, par manque d'exercice, par trop rapide satisfaction de soi-même. Et personne ne saura jamais, pas même soi-même, l'air qui vous poursuivait de son rythme insaisissable et délicieux.

DU MÊME AUTEUR

Aux Éditions Gallimard

À LA RECHERCHE DU TEMPS PERDU, *roman :*

    DU CÔTÉ DE CHEZ SWANN

    À L'OMBRE DES JEUNES FILLES EN FLEURS

    LE CÔTÉ DE GUERMANTES

    SODOME ET GOMORRHE

    LA PRISONNIÈRE

    ALBERTINE DISPARUE

    LE TEMPS RETROUVÉ.

PASTICHES ET MÉLANGES.

LES PLAISIRS ET LES JOURS, *chroniques.*

CHRONIQUES.

MORCEAUX CHOISIS.

UN AMOUR DE SWANN, *roman.*

LETTRES À LA N.R.F.

JEAN SANTEUIL, *roman.*

CONTRE SAINTE-BEUVE *suivi de* NOUVEAUX
    MÉLANGES, *essais.*

LETTRES À REYNALDO HAHN.

TEXTES RETROUVÉS.

CORRESPONDANCE AVEC JACQUES RIVIÈRE.

LE CARNET DE 1908, *notes.*

L'INDIFFÉRENT, *nouvelle.*

POÈMES.

MATINÉE CHEZ LA PRINCESSE DE GUERMANTES,
   récit inédit.

Impression Bussière à Saint-Amand (Cher),
le 2 septembre 1987.
Dépôt légal : septembre 1987.
Numéro d'imprimeur : 1955.
ISBN 2-07-032428-1./Imprimé en France.